Jansenismo no Brasil

AMARILDO JOSÉ DE MELO

Jansenismo no Brasil

Traços históricos de uma Moral rigorista

EDITORA
SANTUÁRIO

DIREÇÃO EDITORIAL: Pe. Marcelo C. Araújo, C.Ss.R.	REVISÃO: Cristina Nunes
EDITOR: Pe. Márcio Fabri dos Anjos, C.Ss.R.	DIAGRAMAÇÃO E CAPA: Marcelo Tsutomu Inomata
COORDENAÇÃO EDITORIAL: Ana Lúcia de Castro Leite	ILUSTRAÇÃO DA CAPA: Jean Morin - *Cornelius Jensen, Bishop of Ypres*
COPIDESQUE: Luana Galvão	

Dados Internacionais de Catalogação na Publicação (CIP)
(Câmara Brasileira do Livro, SP, Brasil)

Melo, Amarildo José de
    Jansenismo no Brasil: traços históricos de uma moral rigorista / Amarildo José de Melo. – Aparecida, SP: Editora Santuário, 2014.

    ISBN 978-85-369-0336-1

    1. Europa – História eclesiástica 2. Igreja Católica 3. Jansenistas – Brasil – História 4. Jansenistas – Europa – História I. Título.

13-14035   CDD-273.7

Índices para catálogo sistemático:
1. Jansenismo: Igreja Católica: História 273.7

Todos os direitos reservados à **EDITORA SANTUÁRIO** – 2014

Composição, CTcP, impressão e acabamento:
Editora Santuário - Rua Pe. Claro Monteiro, 342
12570-000 – Aparecida-SP – Tel. (12) 3104-2000

INTRODUÇÃO 9

Parte I. HISTÓRIA E EVOLUÇÃO DO JANSENISMO 15

1. História do Jansenismo na Europa 17
  1.1. Primeira Fase: da publicação do "Augustinus" até a paz "Clementiniana" (1640 – 1668) 20
  1.2. Segunda Fase: de Pasquier Quesnel à Aceitação da bula Unigenitus 26
  1.3. Terceira Fase: o Jansenismo fora da França 27
    1.3.1. O Jansenismo nos Países Baixos 27
    1.3.2. O Jansenismo na Itália 28
    1.3.3. O Jansenismo na Espanha e em Portugal 32

2. Aspecto dogmático do Jansenismo – Disputas em torno do *Augustinus* 55

3. Aspecto moral do Jansenismo 63
  3.1. Jansênio 64
  3.2. Du Vergier de Hauranne – O Saint-Cyran 64
  3.3. Antônio Arnauld 65
  3.4. Maria Angélica Arnauld 69
  3.5. Irmã Inez Arnauld e o Rosário do Santíssimo Sacramento 72
  3.6. Os Solitários de Port-Royal 73
  3.7. Blaise Pascal 74

Parte II. O JANSENISMO NO BRASIL..79

1. O Jansenismo no final do período colonial...............................81

2. O Jansenismo no Primeiro Império e Regência.....................87
 2.1. Os padres do Patrocínio de Itu...89

3. O Jansenismo durante o Segundo Império...........................97
 3.1. Bispos reformadores no Século XIX.....................................97

Parte III. JANSENISMO EM MINAS GERAIS.......................101

1. O movimento de reforma católica em Minas Gerais................103

2. Aspectos biográficos de dom Antônio Ferreira Viçoso............107
 *2.1. Contexto social no qual nasceu e foi formado dom Viçoso:
    Portugal no final do século XVIII e início do XIX*...................107
 2.2. A formação familiar de dom Antônio Ferreira Viçoso...............114
 *2.3. Sua formação presbiteral e missionária: A Congregação
    da missão de São Vicente de Paulo*....................................114
 *2.4. Padre Antônio Ferreira Viçoso:
    missionário lazarista no Brasil*.......................................116
 *2.5. Dom Antônio Ferreira Viçoso, sétimo bispo
    de Mariana*...119

**3. Um Olhar sobre a Igreja em Minas Gerais, quando
 da chegada de dom Antônio Ferreira Viçoso a Mariana**........123

4. Dom Antônio Ferreira Viçoso e a Reforma do Clero...............129
 4.1. Tradução de Textos Estrangeiros.......................................134
 4.2. Retiro ou exercícios espirituais para o Clero.........................151

4.2.1. Conferências aos Ordinandos 152

4.2.2. Conferências ao Clero em Geral 163

4.3. Visitas pessoais aos padres da diocese 176

4.4. Cartas pessoais a padres da diocese 177

5. Dom Viçoso e a reforma do Seminário 187

5.1. Regulamento do Seminário 192

5.2. Explicação motivada dos principais artigos do Regulamento do Seminário Eclesiástico de Mariana 195

5.3. Espiritualidade do Seminário 198

5.4. Contratação de funcionários disciplinadores 204

5.5. Entrega do seminário à Congregação da Missão 205

Considerações conclusivas 215

6. Dom Viçoso e a Reforma do Povo 217

6.1. Confecção de catecismos e tradução de obras de autores estrangeiros 219

6.1.1. Obras Compostas por dom Viçoso 220

A. Primeira Carta Pastoral 220

B. Catecismo de Mariana 222

6.1.2. Obras traduzidas e prefaciadas por dom Viçoso 229

A. Thesouro do Cristão 230

B. Manual da Primeira Comunhão e da Confirmação ... 243

C. Missão abreviada de padre Manoel José Gonçalves Couto 250

D. A prática da confissão de padre Silvério Gomes Pimenta 255

6.2. Colégios católicos – Vinda das Irmãs Vicentinas 257

6.3. Novas devoções 260

6.4. Hinos e orações 266

6.5. Missões populares 279

Considerações conclusivas 288

7. Ideias fundamentais que marcaram a Reforma Católica em Minas Gerais 291

7.1. *Uma nova imagem de Deus: Juiz severíssimo* 293

7.2. *Uma cosmológica negativa* 295

7.3. *Uma antropologia pessimista* 296

7.4. *Marginalidade: o lugar e o papel da mulher* 297

7.5. *A Castidade como a Rainha das Virtudes* 300

7.6. *Espiritualidade da fuga do pecado e do medo do inferno* 306

7.7. *Insegurança com relação à própria salvação: "são poucos os que se salvam"* 306

7.8. *Privatismo narcisístico* 314

7.9. *A centralidade do sacramento da penitência na hierarquia dos sacramentos* 315

7.10. *Eucaristia: prêmio para os puros* 316

CONCLUSÃO 321

BIBLIOGRAFIA 327

Introdução

O objetivo desse livro, passando pelo multifacético fenômeno religioso e político que o envolve, é conhecer sua influência na formação do ethos católico brasileiro. Incentivaram-nos nesse trabalho as intuições frei Bernardino Leers (OFM), professor de Teologia Moral, grande estudioso e conhecedor do catolicismo popular e um dos primeiros a falar sobre a influência do jansenismo na formação do catolicismo brasileiro. Incentivaram-nos os mais de vinte e cinco anos de ação pastoral no interior de Minas Gerais, na diocese de Divinópolis, como pároco nas cidades de Carmo do Cajuru (Nossa Senhora do Carmo 1988–1991), Itaúna, (Sant'Ana 1991–2003), Pará de Minas (Imaculada Conceição 2003–2006 e São Francisco 2007–2012), e São Joaquim de Bicas (São Joaquim – a partir de 2012), cidades tradicionais, e paróquias antigas, erigidas há mais de 150 anos enquanto pertenciam ainda à diocese de Mariana, anteriores à criação das dioceses de Belo Horizonte e Divinópolis.

Nesse trabalho pastoral, além da centralidade da pessoa do padre na vida eclesial, pude perceber também outros elementos pertinentes ao tema desse estudo: a centralidade do sacramento da Penitência na vida do povo, o rigor, o medo e os escrúpulos no confessar os pecados, bem como a grande frequência a este sacramento; uma estreita ligação entre a confissão e a Eucaristia; muitos pedidos de bênçãos; o temor de se cometerem sacrilégios esquecendo pecados na confissão e comungando indignamente; os muitos medos: de castigos, de almas penadas, de demônios, da condenação eterna e do fogo do inferno. Se de um lado contemplávamos a alegria nas festas, de outro uma religião do medo, de aversão ao mundo e ao corpo, que condenava todo prazer.

O presente livro carrega um forte cunho histórico. Mergulharemos na história buscando as ideias. Através de bibliografia especializada procuraremos conhecer o fenômeno do jansenismo em seu berço: a Europa Católica do século XVII. Percorreremos o caminho conflituoso desse fenômeno no interior das universidades europeias, na vida eclesial e eclesiástica na França, Países Baixos, Itália, Espanha e Portugal, desde a condenação das teses de Miguel Baio (1567), passando por Jansênio e o seu *Augustinus*, Saint-Cyran, o movimento no interior e ao redor dos mosteiros de Port-Royal, Antônio Arnauld e família, Pascal e Quesnel, Tamburini e o Sínodo de Pistoia, e a ação do marquês de Pombal em Portugal e colônias. Veremos a reação da Santa Sé desde a bula *Ex omnibus afflictionibus*, condenando as 79 teses de Baio até a bula *Unigenitus* (1713), que condenou de forma solene e definitiva o jansenismo.

A partir do Sínodo de Pistoia, veremos o nascimento de um jansenismo jurisdicista, eivado de influências galicanas, e o surgimento do sonho da criação de igrejas nacionais, independentes de Roma; veremos que esse novo jansenismo encontrou apoio em outros países, especialmente Espanha e Portugal; expandiu-se graças a muitas universidades europeias. Para o nosso caso, especialmente a Universidade de Coimbra, tornada pelo marquês de Pombal o centro cultural do império português e o espaço de formação de uma uniformidade ideológica, baseada nas ideias iluministas, para todo o império. Nesta universidade foi formado grande parte do clero e das elites brasileiras durante o período colonial.

No segundo momento, veremos que este jansenismo jurisdicista, casado com ideias galicanas, além dos púlpitos, invadiu também as tribunas políticas; atentaremos para a forte ação antijesuítica e contrária às ordens tradicionais do marquês de Pombal; na radicalização do direito de padroado, teremos a imposição dessas ideias por ele para a formação do clero e do povo; imposição que influenciou também o Brasil, a muitos líderes políticos e religiosos na colônia, especialmente o padre Diogo Antônio Feijó que, com os *Padres do Patrocínio de Itu,* chegou a elaborar um plano de reforma eclesiástica baseado nessas novas ideias. Registraremos a influência da *Teologia de Lyon,* do *Catecismo de Montpellier e* da *Tentativa Theologica* de padre Antônio Pereira de Figueiredo, obras eivadas dessas ideias para a formação do nosso clero e povo católico.

Por fim, refletiremos sobre o jansenismo em um terceiro momento, o neojansenismo francês na ação pastoral de dom Antônio Ferreira Viçoso, décimo bispo da diocese de Mariana, grande protagonista da reforma tridentina do catolicismo brasileiro. Analisaremos sua ação pastoral na reforma do clero, do seminário e do povo. Enfoque especial daremos à ação dos padres da Missão e das Irmãs da Caridade. De origem francesa, foram seus grandes colaboradores no seu programa de reformas eclesiásticas, bem como a seus escritos e às obras traduzidas, aprovadas e incentivadas por dom Viçoso.

Para esse capítulo terei por fontes principais os dados fornecidos pelo Arquivo da Arquidiocese de Mariana (verdadeiro tesouro para o estudo da história), especialmente as obras: *Nova Missão Abreviada* e *Para os meus irmãos os reverendos Sacerdotes*, Catecismo de Mariana, estatutos do seminário, cartas oficiais e pessoais, os livros *Vida de Dom Antônio Ferreira Viçoso* de dom Silvério Gomes Pimenta, e *Arquidiocese de Mariana, Subsídios para sua História* de cônego Raimundo Trindade. Também estudaremos o processo de beatificação de dom Antônio Ferreira Viçoso, rico em documentos e informações sobre sua personalidade, espiritualidade e ação pastoral. Como fontes secundárias principais nos valeremos da tese de doutorado pela USP de Maurílio José de Oliveira Camello *Dom Antônio Ferreira Viçoso e a Reforma do Clero em Minas Gerais no Século XIX,* da tese de mestrado pela PUG de Roma de padre Gil Antônio Moreira (hoje arcebispo da Arquidiocese de Juiz de Fora), *Dom Viçoso e suas reformas, d*e minha dissertação de mestrado pela FAJE-BH, *A Influência do jansenismo na formação do ethos Católico brasileiro,* e de minha dissertação de doutorado em Teologia Moral pela Academia Alfonsiana de Roma, *Dom Antônio Ferreira Viçoso e sua obra reformadora da Igreja em Minas Gerais: uma releitura* *teológico pastoral.* Além disso, usaremos artigos de Riolando Azzi, Frater Henrique Cristiano Matos e outros autores afins. Como pano de fundo, as muitas reflexões de frei Bernardino Leers (OFM), sobre o ethos católico e o catolicismo popular.

Dom Viçoso não era um jansenista no sentido estrito da palavra, mas um homem da Igreja, um servo fiel que tudo fez para tornar a sua diocese verdadeiramente católica, livre das amarras do padroado e das constantes ingerências do poder civil nas questões internas de sua diocese. Tendo os documentos de Pio IX em mãos procurou empreender seu plano de reformas.

Português de nascimento viveu o drama de seu povo no final do século XVIII sob o medo de outro terremoto e tsunami como o que aconteceu em 1755. Esse ceifou milhares de vidas. Destruiu quase por completo Lisboa e as cidades litorâneas do país; arruinou a economia, gerando fome e insegurança sob todos os aspectos. Tornou seu país alvo fácil para os interesses imperialistas da França de Napoleão Bonaparte e da Inglaterra. Dom Viçoso foi educado em meio às crises na vida religiosa em razão da política regalista do marquês de Pombal que expulsou do império português os jesuítas, e quase levou à ruína as Ordens Religiosas tradicionais com a política de esvaziamento e extinção de conventos; em sua reforma educacional, interveio na vida cultural do país criando outras escolas, fora dos padrões jesuítas; centralizou a vida cultural portuguesa e das colônias na Universidade de Coimbra, tornada o grande instrumento de uniformização ideológica sob as ideias iluministas, e impondo para a formação do clero e do povo uma literatura marcada por ideias galicanas e jansenistas.

A partir do princípio do limite possível procuraremos conhecer e compreender melhor a dom Antônio Ferreira Viçoso, figura importantíssima na história da Igreja em Minas Gerais e no Brasil. Estudaremos seu plano de reformas eclesiais, com um olhar atento às influências do complexo fenômeno do jansenismo em sua ação pastoral.

Além da preocupação acadêmica, temos o interesse pastoral. Pessoalmente como pastor e professor de Teologia Moral, interessa-nos analisar as origens de uma religião do medo, de escrúpulos e de uma mentalidade puritana e rigorista presente em nosso meio, sobretudo em Minas Gerais. Preocupa-nos, sobretudo, a tendência de retorno desta mentalidade e ideias, muitas vezes até com as mesmas expressões linguísticas do passado, agora com um colorido novo, através de meios de comunicação de massa e movimentos religiosos católicos contemporâneos.

Uma certeza temos: o jansenismo não constitui um acontecimento passado, encerrado nas páginas dos livros de história, mas continua vivo e influenciando profundamente a conduta religiosa, política, social e moral de grande parte de nossa população brasileira, impedindo a plena cidadania, tirando a alegria, apagando a esperança e gerando profundos medos.

Parte I

História e evolução do Jansenismo

1

História do Jansenismo na Europa

O jansenismo é um fenômeno religioso de origem europeia, bastante complexo e de muitas faces. Talvez até possamos falar dele no plural, pois historicamente admitiu muitas interpretações: movimento (até 1650), heresia, seita de Estado, seita, cisma (Utretch) e partido de oposição patriota contra o Estado absolutista (após a bula *Unigenitus*); além disso, muitos foram os seus protagonistas; e influenciou a vida religiosa e moral de muitos povos diferentes, em todos adquirindo características próprias, mantendo, no entanto, seus elementos essenciais. Outro elemento que deve ser levado em conta na compreensão desse complexo fenômeno é que ele se desenvolveu em meio a muitas polêmicas e disputas com os jesuítas, a Santa Sé, o governo francês, o ultramontanismo, o calvinismo e os filósofos das luzes. Isto com certeza marcou a sua história, talvez até fazendo com que se desvirtuasse do propósito inicial, que era reformar a Igreja a partir de seu interior e das suas origens: a Sagrada Escritura e os Santos Padres, especialmente Santo Agostinho. Os jansenistas nunca se aceitaram como hereges. Mesmo acirradamente apegados a suas ideias, sempre se identificavam como Católicos romanos.

No século XVII, no clima de profunda efervescência teológica na Europa, com a crescente penetração das Igrejas da Reforma com o seu rigorismo e, sobretudo, da questão gerada no interior da Igreja pelas teses de Miguel Baio, mestre de Lovaina, as questões sobre a graça e o livre arbítrio – não definidas pelo Concílio de Trento (1545-1563) – estavam em profunda discussão, apaixonando os espíritos.

Miguel Baio (1513-1589), mestre da Universidade de Lovaina, conseguiu reunir ao seu redor numerosos discípulos. Crítico do método escolástico e da própria Escolástica buscava o dogma puro nas Sagradas Escrituras e nos padres antigos, especialmente em Agostinho. Nesse sentido menosprezava São Tomás e todos os escolásticos. Afirmava ter lido nove vezes toda a obra de Agostinho e sessenta vezes os seus escritos contra os pelagianos. Interpretava a doutrina da Graça de Agostinho de uma forma muito estreita, muito próxima a Lutero e Calvino. Ele negava o caráter sobrenatural da condição original do homem no paraíso terrestre, deduzindo daí, com lógica, a total corrupção do homem depois do pecado original, a perda do livre-arbítrio e da capacidade ao bem moral e que não se pode resistir à graça eficaz.

Roma viu em Baio um cripto-protestante. A 1º de outubro de 1567, Pio V, com a bula *Ex omnibus afflictionibus*, condenou 79 proposições dele, declarando-as em parte heréticas, errôneas, escandalosas e suspeitas. Em 1580, Gregório XIII repetiu a condenação. Miguel Baio submeteu-se sem, no entanto, reconhecer que as teses condenadas fizessem parte de seu pensamento. Essas condenações não encerraram a questão, pois problemas de interpretação da bula de Pio V continuaram dando aos discípulos de Baio espaço para questionamentos, acusações de falsificação do documento original etc. Seu maior opositor foi o também professor da Universidade de Lovaina, Leonardo Lessius (SJ).

Dentro do dogma católico, duas tendências se combatiam: a corrente chefiada pelo dominicano Domingo Banhês e a do jesuíta Luís de Molina. Essa disputa dividiu grande parte da Europa católica em dois partidos: os molinistas e banhesianos, que se tratavam mutuamente como calvinistas (banhesianos-Dominicanos) e semipelagianos (Jesuítas).

Essa preconceituosa expressão de acusação do humanismo jesuíta faz referência ao movimento e doutrina oriunda de Pelágio, um monge leigo bastante culto, oriundo provavelmente da Britânia, que vivia em Roma em fins do séc. IV. A ele se uniu outro monge leigo, Celéstio. Confiando excessivamente na força de vontade, negavam o pecado original e sustentavam que o homem, depois do pecado original, ainda possuísse plena capacidade de operar o bem e até de conservar-se imune de pecado (*impecantia*). Pelágio expôs suas ideias, de modo mais explícito, no comentário às cartas de São Paulo. Expressava um forte otimismo antropológico. Foi muito combatido por Santo Agostinho – bispo de Hipona – que em seu livro *De natura et gratia* mostrou que o homem tem absoluta necessidade da graça para ser justificado, pois, com o pecado de Adão, perdeu sua força e inocência originais. Tal graça é concedida por Deus não por mérito do homem, mas de forma totalmente gratuita, por pura benevolência. O Pelagianismo foi condenado no Sínodo de Orange, de 529 (o chamado Concílio "Arausicanum II") e, posteriormente, no concílio de Trento (1545-1563). A Igreja também rejeitou, como herético, o semipelagianismo, ou seja, a doutrina segundo a qual o homem seria capaz de iniciar, com as próprias forças, o ato meritório, só sendo necessária a graça para completá-lo.

A questão da graça, que dividia a Igreja nestes dois partidos, os molinistas e banhesianos, levou o papa Clemente VIII a intervir e impor as duas partes rigoroso silêncio. Mas a questão não foi plenamente resolvida. Durante o governo de Pio V, o debate voltou. Esse debate, fruto da influência do rigorismo calvinista e luterano na França e Países Baixos, está na base desse complexo fenômeno religioso chamado jansenismo.

A expressão jansenismo vem de seu fundador *Cornélio Jansênio*. Ele é considerado o herdeiro direto das ideias de Bayo. Nasceu de família pobre, a 28 de outubro de 1585, na vila de Acquoy – Holanda Meridional. Estudou gramática em Leerdam e Humanidades em Utrecht. Também aí iniciou o curso de Filosofia, concluindo-o na Universidade de Lovaina, sob a orientação dos jesuítas. Tendo sido rejeitado na Companhia de Jesus, por motivo de saúde, estudou Teologia no colégio Adriano da mesma Universidade, onde foi introduzido na doutrina de Bayo por Jacobo Janson, que o orientou até o mais rígido agostinianismo. Era um homem de estudo, dotado de grande memória, tenacidade e perseverança no trabalho. Por questões de saúde foi em 1604 para Paris, onde conheceu *Duvergier de Hauranne* (futuro abade de Saint-Cyran em 1620) com quem construiu duradoura amizade, e com quem estudou, em profundidade, na ótica de Bayo as obras de Agostinho e dos Santos padres. Ambos estudaram na Universidade de Sorbona, e podem ser considerados os pais do jansenismo. Por uma obra escrita contra o nacionalismo francês "Mars Gallicus" foi eleito por Felipe II, rei da Espanha, e confirmado por Urbano VIII como bispo de Ypres. Morreu a 8 de Maio de 1638.

A história do Jansenismo pode ser dividida em três fases principais: A primeira, que vai da publicação do *Augustinus* de Jansênio (1640) até a Paz Clementiniana (1668); a segunda etapa vai do aparecimento de Quesnel (1701) até a sua submissão ao arcebispo de Paris, Noialles (1728), aceitando a bula papal de Clemente VIII *Unigenitus*; e a terceira, que nos mostra o avanço das ideias jansenistas além das fronteiras da França.

1.1. Primeira Fase: da publicação do "Augustinus" até a "Paz Clementiniana" (1640-1668)

Esse movimento nasceu na França da reflexão feita pelo bispo de Ypres, Cornélio Jansênio, em sua obra póstuma *Augustinus*, sobre a tradicional polêmica da relação entre a graça e o livre-arbítrio na obra de Santo Agostinho. Sob esse aspecto e em oposição tanto à tradição escolástica, como à concepção humanística do homem que se configura a si mesmo livre, e soberanamente em ordem à perfeição humana e religiosa, Jansênio acorre à teologia patrística, e em especial à teologia de Santo Agostinho, nas obras contra o Pelagianismo. O Jansenismo é, portanto, uma forma moderna de Agostinianismo.

O jansenismo não constituiu obra apenas de Jansênio, pois muitos personagens participaram da sua construção. Dentre os muitos, destacamos Duvergier de Hauranne, que em 1619 se tornou vigário geral de Poitiers e abade comendatário do mosteiro de Saint-Cyran, do qual herdou o nome.

Duvergier de Hauranne, o *Saint-Cyran,* pode ser considerado também pai desse movimento que marcou a história da França e de toda a Europa Católica por mais de um século. Eles estudaram juntos as obras de Agostinho e dos Santos Padres. Juntos, na consciência de que a Igreja perdera a sua pureza inicial, realizaram um plano de sua reforma, visando fazê-la voltar a suas fontes: Sagrada Escritura e Santos Padres. Jansênio trabalharia no campo dogmático, procurando restituir à teologia a sua dignidade, purificando-a do filosofismo aristotélico – Escolástica –, e Duvergier de Hauranne (Saint-Cyran) em restaurar a disciplina eclesiástica conforme a severidade dos primeiros séculos, atuando mais no campo disciplinar. Nesse sentido, escreveu *Petrus Aurelius de Hierarquie.*

Jansenius e Saint-Cyran eram pessoas muito seguras do que queriam. Ufanava-se Jansênio de ter lido por dez vezes a totalidade da obra de Agostinho e trinta vezes os escritos sobre a Graça e o Pelagianismo. Ambos, além de estudiosos, manifestaram-se como grandes estrategistas, conseguindo muitas vezes driblar a vigilância do Santo Ofício, levando avante o seu intento.

Um fato interessante, nessa primeira fase, foi a aprovação por Jansênio, em carta a Saint-Cyran, da doutrina do sínodo calvinista de Dordrecht (1618), que estabeleceu as seguintes proposições:

1. que a predestinação acontece por um decreto de Deus, independente dos méritos do homem;
2. que o Salvador não morreu por todos os homens;
3. que não se pode resistir à graça eficaz;
4. que a graça suficiente não existe;

5. que se o fiel não persevera na graça, é por causa do pecado original, que implica a reprovação positiva de Deus.

Jansênio guardou as atas deste sínodo em sua biblioteca particular, e sem dúvida influíram em suas próprias ideias.[1]

A expansão do movimento nesta sua primeira fase deveu-se, sobretudo, a Saint-Cyran. Com sua obra *Petrus Aurelius Hierarquie*, lançou as ideias que marcaram toda a história do jansenismo no campo disciplinar, na França e em outros países, inclusive no Brasil.

Contra a tendência ultramontana de centralização do poder eclesiástico na pessoa do papa, Saint-Cyran via no episcopado a plenitude do poder eclesiástico. Lançava, assim, as bases para os fortes conflitos entre bispos franceses com a Santa Sé, na defesa dos interesses jansenistas. Quanto aos sacerdotes, dizia que deveriam ser tratados pelo bispo não como servos, mas como filhos. Dizia que acima das ordens religiosas estava a dignidade do sacerdócio. Que as Ordens Religiosas têm origem nas mãos humanas, enquanto o sacerdócio é de origem divina.

A partir de 1621, Saint-Cyran estabeleceu-se em Paris. Aí, conseguiu através de Roberto Arnauld d'Andilly – alto funcionário da corte do cardeal Richelieu – as simpatias de toda a família Arnauld, sobretudo de Maria Angélica (abadessa de Port-Royal) e de Antônio Arnauld que se constituíram em grandes lideranças e fanáticos sustentáculos do movimento.

Maria Angélica Arnauld: seu nome era Jacobina Maria (1591-1661). Sua opção religiosa e entrada no mosteiro, ainda aos sete anos de idade, aconteceram por influência familiar; também por influência da família, de grande prestígio na França, conseguiu ainda aos nove anos tornar-se a abadessa do mosteiro de Port-Royal de Paris. Com sua profissão religiosa assumiu o nome de Maria Angélica de Santa Madalena. No início resistiu tanto à vida

---

[1] Cf. RICARDO GARCIA VILLOSLADA (Pe.). El Jansenismo e el partido jansenista. In: *Historia de la Iglesia Catolica*, IV Edad Moderna: La época del absolutismo monárquico (1648-1814). Madrid: Biblioteca de Autores Cristianos (BAC), 1980, p. 193-194.

religiosa, quanto ao cargo de abadessa, mas em março de 1608, por influência do capuchinho, padre Basílio, não só abraçou plenamente a vida religiosa, como também a missão de reformadora. Reformou e transformou aquela comunidade cisterciense na fidelidade a São Bernardo, em um clima de estrita observância da regra. O primeiro passo da reforma foi a clausura que ela impôs a si e às outras monjas, ainda aos dezoito anos, gerando problemas com seu próprio pai, que a partir desse momento passou a conversar com ela somente através das grades do parlatório e com o bispo local. A partir daí outros passos foram dados como os bens em comum, a abstinência de carne, o silêncio, a vigília noturna e todas as austeridades previstas na regra beneditina. Em 1614, a reforma foi concluída. No entanto, não se pode ainda falar de jansenismo na espiritualidade e disciplina deste monastério. Tal reforma fez com que, em pouco tempo, aumentasse o número das religiosas vindas de outros mosteiros. Se no ano de 1602 o número de religiosas era de doze, em 1625 passou a oitenta e quatro, e em 1658, chegou a cento e trinta e duas monjas. Com a morte de São Francisco de Sales, que exercia forte autoridade sobre Maria Angélica e sua missão, passou a orientar-se pessoalmente com Saint-Cyran, que depois assumiu a missão de confessor e diretor espiritual de todo o mosteiro (1663), tornando Port-Royal-des-Champs, nos arredores de Paris, o mais forte centro europeu do jansenismo.

Antônio Arnauld: filho dessa abastada e influente família da corte francesa, irmão da abadessa Maria Angélica Arnauld, formou-se em Direito seguindo as pegadas de muitos outros Arnaulds, advogados e parlamentares. Sob a influência de sua mãe, estudou teologia; estudou a teologia de Santo Agostinho com espírito jansenista. Em 1641 doutorou-se na Sorbona e foi ordenado sacerdote. Caracterizou-se pela tenacidade incansável e a obstinação cega na defesa de suas ideias. Durante cinquenta anos, foi o principal defensor do jansenismo, com sua pena afiada; grande sucessor de Saint-Cyran. Sob sua influência escreveu a sua mais importante obra: *De la fréquente communion* (1643).

Em Paris, além da família Arnauld, Saint-Cyran tentou também ganhar toda a congregação do Oratório, na luta contra os jesuítas, através da amizade com Carlos Coldren. Nessa época, aproximou-se também de São Vicente de Paulo e conquistou-lhe a amizade, até o dia em que São Vicente ouviu de Saint-Cyran críticas violentas à Igreja e palavras de apoio ao calvinismo. A partir daí São Vicente se afastou, deixou de conversar com ele e o mesmo aconselhou a seus amigos.[2]

Aconselhado por Jansênio, e como parte do plano reformador, Saint-Cyran assumiu estrategicamente a missão de pregador, confessor e diretor espiritual de Maria Angélica Arnauld e, depois, do mosteiro cisterciense de Port-Royal de Paris[3] do qual era superiora. A partir daí, esse mosteiro, fundado em 1204 e reformado em um espírito de austeridade e rigor por Maria Angélica, conheceu uma fase de grande prosperidade e tornou-se o principal centro divulgador das ideias jansenistas na França, e centro de polêmicas. Isso gerou grande temor no primeiro ministro Richelieu, que começou a ver no movimento grande perigo. Mandou prender a Saint-Cyran a 14 de Maio de 1638, o que aumentou ainda mais sua popularidade e autoridade, ganhando de seus seguidores, sobretudo das monjas de Port-Royal, o "status" de mártir.

Durante o tempo em que esteve preso, morre Jansênio e é impresso na Alemanha, mesmo proibido por Urbano VIII, a sua polêmica obra *Augustinus*.

O *Augustinus* de Jansênio. Esta obra é dividida em três tomos. O tomo I constitui-se em uma narrativa da história do Pelagianismo e do Semipelagianismo. Analisa os principais pontos de doutrina conflitivos e procura fazer com que os semipelagianos se identifiquem com os jesuítas. O tomo II, *De gratia primi hominis, angelorum, de statu naturae lapsae et purae*, é composto de 340 colunas e nove livros. "Depois de uma introdução sobre o método teológico, ponderando sobre a autoridade de Santo Agostinho e falando contra a filosofia aristotélica, de onde, segundo ele, surgiu o Pelagianismo, e contra a vã ciência dos escolásticos, a quem

---

[2] VILLOSLADA, *El Jansenismo, Ibidem,* p. 195.

[3] Deve-se distinguir Port-Royal-des-Champs, fora de Paris, de Port-Royal de Paris. Em 1625, fugindo da forte vigilância de Richelieu, as monjas deslocaram-se do primeiro para o segundo, mas em volta de Port-Royal des Champs começaram a viver muitos leigos, os solitários de Port-Royal, animados pelo espírito do mesmo movimento.

trata indignamente, descreve o estado de graça do primeiro homem e dos anjos, a liberdade do homem inocente, a necessidade da graça, o estado da natureza decaída, a natureza e a essência do pecado original, as penas deste pecado (ignorância, concupiscência, diminuição do livre-arbítrio e suas consequências), finalmente, o estado de natureza pura, negando a possibilidade de tal estado e declarando impossível a bem-aventurança natural e o amar a Deus naturalmente, todo com ideias de Bayo, Lutero e de Calvino." "O tomo III, 'De gratia Salvatoris', em 10 livros, 441 colunas, conclui a parte principal da obra de Jansênio, e trata dos seguintes temas: a graça atual, a distinção entre a graça de Adão e a do homem decaído, a graça habitual e suas propriedades, critica o conceito de graça suficiente, fala da impossibilidade de guardar certos mandamentos por própria força, negação da vontade salvífica universal, a natureza da graça eficaz, delectação celeste e terrena, delectação vitoriosa, graça preveniente, concomitante, excitante, cooperante e subsequente, o livre-arbítrio, a liberdade e a necessidade, concordância da liberdade e da graça, doutrina de Santo Agostinho e sua diferença da de Calvino, predestinação e condenação. Termina com um apêndice, em que traça um paralelo entre os pelagianos e alguns teólogos modernos (os jesuítas Molina, Suárez, Vásquez e sobretudo Léssio).[4]

Saint-Cyran teve acesso ao *Augustinus* ainda na prisão. A edição dessa obra constituiu em um grande impulso para o crescimento do movimento e para o acirramento do conflito com os jesuítas, a Santa Sé, e mesmo com o governo francês.

Nessa primeira fase, podemos distinguir três aspectos do Jansenismo: o dogmático, o disciplinar e o moral. O primeiro está sintetizado no *Augustinus* de Jansênio e nos escritos que resultaram da controvérsia ao seu redor; o disciplinar, na ação de Saint-Cyran e na disciplina do mosteiro de Port-Royal, onde era confessor e diretor espiritual; o aspecto moral pode ser encontrado

---

[4] Sobre a obra *Augustinus* de Jansênio, ver também o estudo de J.Carreyre, DTC, cols. 330-448.

sobretudo no livro *De la fréquente Communion* de Antônio Arnauld – grande defensor de Saint-Cyran – e nas *Provinciales* de Blaise Pascal.

1.2. Segunda Fase: de Pasquier Quesnel à aceitação da bula Unigenitus"

O último grande defensor do Jansenismo foi Pasquier Quesnel. Era oratoriano. Foi ele quem acompanhou Antônio Arnauld em seus últimos momentos, no exílio em Bruxelas. Escreveu o livro *Réflexions morales* sobre os Evangelhos, impregnado de ideias jansenistas. Esse livro, mesmo condenado por Clemente X em 1665 e com maior solenidade por Clemente XI, em 1708, proibindo a obra, foi aprovado por Noailles, arcebispo de Paris. Não aceitando a condenação, o livro foi submetido a um novo e cuidadoso exame em Roma. Terminou com uma nova condenação mais solene, expressa em 1713, pela bula *Unigenitus,* que censurou em bloco mais de cem proposições extraídas das *Réflexions morales* de Quesnel. Essa bula reúne de forma sistemática os vários aspectos do jansenismo, condenando de forma definitiva e irreformável a teoria da predestinação de Jansênio, o rigorismo de Saint-Cyran e as tendências reformadoras heterodoxas de Port-Royal.

A bula *Unigenitus* não foi plena e amistosamente aceita. A França ficou dividida entre os que a aceitaram e rejeitaram-na. Um problema eclesiológico grave surgiu, já que o arcebispo de Paris, L. A. Noailles, com outros catorze bispos a recusaram. Com o apoio da Universidade de Paris, de grande parte do clero e de leigos, Noailles e quatro destes bispos, em 1717, aplicando o quarto artigo do clero galicano,[5] que afirma que os decretos

---

[5] Os artigos galicanos surgiram em pleno conflito do papado com o imperador Luis XIV, que lutava para manter as regalias do imperador frente à Igreja no império. Foram escritos por Bossuet (1682) que substituiu a Choisieul, encarregado de redigir os direitos da coroa, que iria levar a Igreja da França ao cisma. São eles: 1) O papa não tem sobre o poder temporal dos reis nenhum direito, nem mesmo indiretamente. 2) O Pontífice Romano é inferior ao concílio universal. 3) Por conseguinte, o papa está subordinado aos Cânones da Igreja. 4) Os decretos dogmáticos não são irreformáveis.

dogmáticos podem ser reformáveis, apelaram por um concílio que resolvesse a questão. Diante do perigo de um cisma, Clemente XI, em 1718, usou do recurso da excomunhão contra os apelantes e de novo formulário de submissão com a bula *Pastoralis Offici*, confirmando todos os documentos já promulgados contra o jansenismo.

Com a morte de Quesnel, a força da oposição às definições de Roma enfraqueceu. O próprio governo francês (Luis XIV), por motivos políticos, quis acabar de uma vez por todas com aquele velho e desagradável conflito. Além de ter interditado e mandado destruir o mosteiro de Port-Royal--des-Champs (1707 e 1709), última resistência do jansenismo, fez registrar a bula *Unigenitus* como lei do Estado e promulgou disposições severas contra os renitentes (1730). Em 1728, Noailles se submeteu, em carta de reconciliação escrita de próprio punho. A partir daí, o Jansenismo se enfraquece como movimento religioso, mas começa a se estruturar como partido de oposição ao governo absolutista de Luís XIV.

1.3. Terceira fase: O Jansenismo fora da França

Com a destruição de Porty-Royal-des-Champs — centro europeu do jansenismo –, a perseguição no interior da França, esse movimento organizou-se localizadamente em outros países.

1.3.1. O Jansenismo nos Países Baixos

Nos Países Baixos encontrou acolhida na Bélgica e Holanda, mas foi na *Holanda* onde se estruturou com maior força. Em Utrecht chegou a constituir-se em um cisma.[6] Em 1723, o capítulo da catedral elegeu Cornélio Steenhoven como arcebispo sem a devida autorização de Roma. O prelado

---

[6] MARTINA, Giacomo. *História da Igreja de Lutero a nossos dias*: II a era do Absolutismo. Loyola, São Paulo, p. 215, nota 19.

foi consagrado em 1724 por Dominique Varlet, bispo missionário francês, residente em Amsterdã, mas suspenso *a divinis*. A consagração, embora irregular, foi válida, originando-se daí a Igreja cismática de Utrecht,[7] os Veterocatólicos. Após o Concílio Vaticano I, essa Igreja cismática aliou-se aos jansenistas visando a sua sobrevivência, frente à conclusão do projeto ultramontano, codificado na aprovação do dogma da infalibilidade papal. A propagação das ideias jansenistas dessa Igreja se deu através da revista *Nouvelles ecclésiastiques* (1728-1803).

1.3.2. O Jansenismo na Itália

No século XVIII o jansenismo encontrou solo fértil na *Itália*.[8] Um jansenismo com profundas influências de Pasquier Quesnel. Os principais centros italianos foram: Pávia, com Pedro Tamburini; Pistoia, com o bispo Scipião de Ricci, que promoveu vasta reforma da Igreja, mediante o famoso sínodo de Pistoia em 1789; Roma, com João Caetano Bottari e Domênico Passionei; Nápolis, com o bispo José Capecelatro; Bréscia, Gênova e alguns mosteiros espalhados pelo país. Na Itália, além do antijesuitismo que marcou toda a história do jansenismo em todos os países, vemos o surgimento de um jansenismo de Jurisdição. Jansenistas, sob ideias galicanas, aproximam-se da política civil, visando forçar reformas eclesiásticas.

O Sínodo de Pistoia. Esse sínodo aconteceu em *Pistoia*, no ano de 1786, com duração de dez dias, de 19 a 28 de setembro de 1786, em um trabalho intenso, onde se aprovou vários decretos proibindo abusos da época, purificando o culto e permitindo uma participação mais ativa dos fiéis. Mas, o que caracterizou mesmo o sínodo foi o seu espírito – antirromano e anticurial.

---

[7] ZAGHENI, Guido. *Curso de História da Igreja*. 4v., Paulus, 1999, p. 298, nota.

[8] Sobre o Jansenismo na Itália, excelente comentário e farta bibliografia podem ser encontrados em Michel Dupui. Jansénisme. In: *Dictionaire de Spiritualitè*, Fasc. LII-LIII, 1972, col. 125ss.

Aconteceu sob a direção do bispo desta igreja, Scipione de Ricci. Sua origem deveu-se, sobretudo, ao desejo do grão-duque Leopoldo II da Toscana de introduzir no seu ducado as mesmas reformas galicanas e jansenistas que o seu irmão de dom José II da Áustria introduziu em seu império. Foi preparado com a ajuda de jansenistas franceses, holandeses e italianos, especialmente o professor da Universidade de Pávia, o bresciano Pedro Tamburini. Esse sínodo constituiu-se na codificação de um programa de reformas eclesiásticas no espírito jansenista. Participaram 250 sacerdotes e, no parecer de Ricci, seria o primeiro passo para a formação de uma igreja nacional independente de Roma. Nos decretos aprovados nas solenes assembleias, aprovaram elementos para a purificação do culto e para a maior participação dos leigos na liturgia. O espírito antirromano e anticurial estavam presentes em vários de seus artigos, sobretudo, na aprovação dos artigos galicanos de 1682 e na aceitação do controle da Igreja por parte do Estado.

Um dos elementos mais polêmicos desse sínodo foi a decisão de extinguir as Ordens Religiosas, fazendo com que houvesse apenas uma Ordem religiosa, conforme o modelo do mosteiro de Port-Royal des Champs.

São estes os principais decretos desse sínodo:

- O culto ao sagrado coração de Jesus é condenado, manifestando uma adoração ilegítima porque separa ou divide a única pessoa de Cristo, adorando a humanidade em separado da divindade.
- Sobre a Igreja, diz que ela tem a missão de conservar o depósito da fé e da moral, cuja verdade está na antiguidade (os acréscimos posteriores são falsos). A verdadeira Igreja é a comunidade dos pastores de Cristo, da qual o papa é somente a cabeça ministerial.
- Sobre a graça e a predestinação: os últimos séculos têm tornado obscura a verdade, razão pela qual é necessário retornar à antiguidade, de modo particular, à doutrina de Santo Agostinho.
- Fiel a Trento reconhece os sete sacramentos, porém com diferenças na interpretação de sua doutrina:

- Quanto ao Batismo, coloca a sua atenção no batismo das crianças. Afirma a necessidade do batismo das crianças em no máximo vinte e quatro horas depois do nascimento, mesmo que não tenha o consenso dos pais.
- Eucaristia: mesmo sem falar em transubstanciação, não entra na discussão sobre a presença real de Cristo neste sacramento. Abole a comunhão fora da missa, introduz a língua vernácula e a leitura em alta voz das orações litúrgicas.
- Quanto à Penitência, o Sínodo revelou-se profundamente rigorista, tentando retornar à disciplina antiga, de apenas celebrar a penitência uma única vez depois do Batismo.
- Unção dos Enfermos. Afirma que o fundamento bíblico desse sacramento está na carta de Tiago. Que o costume de celebrá-lo apenas no final de vida é um abuso posterior introduzido na Igreja.
- Quanto ao sacramento da Ordem, reconhece os decretos da reforma do clero impostos pelo grão-duque Leopoldo II.
- Quanto à espiritualidade popular, o sínodo considera falsa a devoção ao Sagrado Coração de Jesus, a Via-Sacra, os exercícios espirituais e as missões populares. Regula a vida devocional, em especial a devoção mariana; condena a veneração de falsas imagens miraculosas e obriga a retirada das igrejas de todas as imagens ou estátuas que não se referem ao mistério de Cristo.
- Os altares laterais das igrejas são suprimidos, a glória ao soberano nas igrejas torna-se obrigatória. Além disso, regula a realização do ofício dos defuntos aos domingos nas paróquias, aprova-se a reforma do breviário, a redução de novenas, de procissões e festas, transferindo-as para os domingos.

Para confirmar as decisões de Pistoia foi convocado o Concílio Nacional de Florença em 1787, mas que se esvaziou diante do fato que dos dezessete bispos do ducado, catorze se mostraram contrários a suas conclusões. Diante disso, Leopoldo II dissolveu a assembleia e por própria autoridade publicou decretos reformistas. Decisivo para o fim das pretensões jansenistas foi o fato de que logo depois, em 1790, Leopoldo II foi chamado à Áustria por ocupar o trono imperial vacante com a morte de seu irmão dom José.

Com a perda do apoio imperial, Scipião de Ricci renunciou a sua diocese em 1791 e fugiu de seu território temendo a revolta do povo. Diante disso, as leis e decretos reformistas foram em grande parte revogadas. Em 1794, o papa Pio VI pela bula *Auctorem Fidei* censurou 85 proposições do Sínodo de Pistoia.[9] Scipião de Ricci submeteu-se à Santa Sé em 1805.

Esse sínodo lançou as bases para a edificação de uma Igreja nacional, independente de Roma. Suas definições deveriam tornar-se lei de Estado na Toscana, só não conseguindo em razão do esvaziamento do Concílio Nacional de Florença e a partida de grão duque para a Áustria.

Este jansenismo de jurisdição, sintetizado nas definições do Sínodo de Pistoia (1789), encontrou apoio também na Espanha, Portugal e Alemanha. Sua divulgação deu-se, sobretudo, pelas universidades empenhadas em reformas da Igreja, como a de Coimbra (onde foram formados grande parte dos padres e da nobreza que iam para as colônias, inclusive para o Brasil), Pávia, Salamanca e Ingolstadt.

Como mentalidade, esse movimento penetrou profundamente na vida interna da Igreja, afetando todas as camadas do povo de Deus. Isso se deu graças à admiração que muitos eclesiásticos e religiosos tinham da austeridade do movimento em Port-Royal, diante da luta antiprobabilista[10] – doutrina moral defendida pelos jesuítas – que muitas vezes, em alguns dos seus expoentes, manifestou-se como laxismo moral. A popularização de suas ideias deu-se também através de farta bibliografia escrita na França e acolhida em outros estados, como o manual de Françoise Genet, usado na formação de grande parte do clero europeu nesse período.

---

[9] Cf. Dz 2600-2700.

[10] **Probabilismo:** Sistema moral, formulado por Bartolomeu de Medina (1528-1580), dominou a teologia moral durante a primeira metade do século XVII e foi sempre seguido pela maior parte dos moralistas jesuítas. Indica que em caso de dúvidas pode seguir-se a opinião provável, mesmo que exista outra que seja mais provável. No fundo, o probabilismo valoriza a liberdade humana, apostando nela acima da lei. O probabilismo exagerado deu origem ao Laxismo.

1.3.3. O Jansenismo na Espanha e em Portugal

O Jansenismo entrou na vida eclesial e social espanhola e portuguesa por meio das reformas empreendidas por Sebastião José de Carvalho e Melo, o marquês de Pombal (1699-1782), primeiro ministro de dom José I, rei de Portugal – que na época reinava também sobre Espanha e suas colônias, em razão de seu casamento com dona Mariana Vitória da Espanha. O marquês de Pombal foi o grande protagonista na abertura de Portugal, Espanha e colônias ao jansenismo-galicanismo. Faz parte do chamado Absolutismo iluminado, também chamado Iluminismo mitigado, empreendendo reformas baseadas nas ideias iluministas sem, no entanto, abandonar o absolutismo monárquico.

O período Pombalino compreende os anos de 1750 a 1777, tempo em que o marquês de Pombal ocupou o posto de primeiro ministro do império, até o advento de dona Maria I ao trono, quando Pombal perdeu todo o seu poder. É o chamado período do Despotismo iluminado, em que as ideias liberais contra o absolutismo monárquico começam a ser introduzidas na Espanha, em Portugal e colônias. É um tempo conturbado, marcado por profundas crises políticas, guerras europeias e pressão internacional da França, Inglaterra e Espanha e também pelo grande terremoto e consequente maremoto (1º de novembro de 1755), que devastaram a capital Lisboa e outras cidades litorâneas de Portugal. É o período da reconstrução de Lisboa e das outras cidades atingidas por esse desastre natural, que levou à morte milhares de pessoas. Um tempo de reformas profundas em todos os setores da administração e vida social, política, econômica, religiosa e cultural. Um tempo profundamente conturbado e marcado por grande efervescência política.

Dois acontecimentos foram essenciais para a ascensão ao poder do marquês de Pombal. Primeiro a tragédia do terremoto e maremoto que destruíram a capital Lisboa e outras cidades litorâneas, gerando uma crise econômica e social sem precedentes. Muitos até leram esse acontecimento com olhares escatológicos, vendo nesse desastre natural um castigo de Deus em razão dos abusos da política pombalina contra a Igreja e a nobreza portuguesa. Se de um lado os liberais viam com extremo entusiasmo a política de reconstrução econômica e cultural pombalina, vendo-o como um salvador da pátria, por outro, parte da nobreza descontente e do clero sofreram perseguições, prisões e execuções em praça pública.

O segundo acontecimento foi a crise da mineração no Brasil. As minas de ouro em Minas Gerais esgotaram a sua capacidade e o império enfraqueceu-se política e militarmente diante da pressão entre as duas grandes potências políticas e militares da Europa à época, Inglaterra e França. O ouro das minas no Brasil ajudava Portugal a manter-se diante da pressão que esses dois impérios europeus exerciam sobre toda a Península Ibérica. Essa pressão acontecia também no interior do império, já que os liberais portugueses organizaram-se em dois partidos, um favorável à aliança com a França (Francesismo), outro à Inglaterra.

A política pombalina foi vista sob formas diferentes pela população do império. Os liberais o viram como salvador da pátria, pelo trabalho de reconstrução de Lisboa e da economia do império, por outro, como um tirano brutal, pela forma como utilizou o poder para a satisfação de suas ambições e vinganças. No entanto, é preciso considerar o gênio e a capacidade administrativa, de renovação das instituições e da mentalidade portuguesa.

A ação governativa de Pombal que se tornou mais conhecida foi sua ação contra a Companhia de Jesus. Via nos padres jesuítas verdadeiros inimigos do império e tudo fez para extirpá-los. Primeiramente tirou-os da educação em Portugal e nas colônias. A universidade de Évora, entregue a seus cuidados, depois de séculos de fecunda existência, foi fechada. Essa decisão levou a uma crise sem precedentes na educação em Portugal e nas colônias. A partir da filosofia iluminista, não queria que a educação servisse à fé, mas às novas ideias que vieram do iluminismo. Além disso, interveio profundamente no índex, proibindo livros que servissem ao antigo regime e impondo uma literatura baseada nas novas ideias.

Questões políticas levaram a uma radicalização de seu ódio contra os jesuítas. Com o fracasso do Tratado de Tordesilhas, não conseguindo mais realizar a divisão dos territórios descobertos entre Portugal e Espanha, foi celebrado o Tratado de Madri (13/01/1750). Mas esse também não resolveu todos os conflitos, já que problemas de fronteiras no norte e no sul do Brasil continuaram agravando o conflito entre Portugal e Espanha. E a grande questão eram as missões jesuíticas. Para aplicar esse tratado, Pombal encarregou duas pessoas: o seu irmão Francisco Xavier de Mendonça Furtado, encarregado de regularizar as fronteiras ao norte e Gomes Freire de Andrade, ao sul. O papel de Mendonça Furtado na expulsão dos jesuítas foi primordial. Acusando os jesuítas de crimes de lesa-majestade contra o rei e suas leis, de impedirem o cumprimento desse tratado, de apoio aos indígenas em sua luta contra a transferência da região dos sete povos para a Espanha, Pombal tomou a decisão de expulsá-los de Portugal e das colônias, o que se deu através da lei de 3 de setembro de 1759. Além disso, por meio da régia inquisição, condenou o grande missionário jesuíta Gabriel Malagrida à morte na fogueira a 21 de setembro de 1761.

O afastamento completo dos jesuítas da vida educacional portuguesa, o consequente fechamento da Universidade de Évora fez com que Pombal tomasse a iniciativa de concentrar toda a vida universitária do império na Universidade de Coimbra. Em visita solene no ano de 1772, publicou os novos estatutos dessa universidade, fazendo da velha universidade de Coimbra a nova universidade, que iria tornar-se o centro da cultura e das artes, da divulgação das novas ideias, baseadas no Iluminismo para Portugal e colônias. Coimbra tornou-se o centro da formação da nobreza, da nascente burguesia e do clero para todo o império português, fortalecendo o Estado e conferindo homogeneidade ideológica.

A política religiosa de dom José I, orientada pelos princípios do despotismo regalista, contou com a colaboração do alto clero, em especial com o apoio do Patriarcado de Lisboa, das arquidioceses de Braga e Évora e do bispado de Coimbra, pela íntima ligação com a universidade. O imperador, com o apoio de seu primeiro ministro, procurava manifestar a superioridade do poder temporal ao espiritual, confirmando a autoridade dos bispos no quadro da obediência à coroa. Apresentava-se como o "protetor da religião e dos Cânones". A luta desencadeada para a expulsão dos jesuítas deu maior força no país e no estrangeiro à política de Pombal face à Igreja. Por duas vezes rompeu com a Santa Sé, em 1760 e 1769, deixando os bispos portugueses sem o apoio da Santa Sé, na maior dependência do Estado.

Com o apoio de muitos eclesiásticos, Pombal combateu um movimento de reforma da Igreja, renovação espiritual que dava a primazia à ascese e à piedade na renovação dos institutos religiosos e da vida cristã, chamado Jacobeia. A busca da pureza da consciência e da oração como meios de purificação e salvação eram os seus grandes objetivos. Um dos meios para se chegar a isso era a confissão constante. Pombal acusava os jacobeus de sigilistas, de procurarem, por meio do sacramento da confissão, desvendar a vida dos fiéis e familiares. Considerava os membros desse movimento, presentes em diversas Ordens religiosas, inimigos do despotismo esclarecido. Em razão disso, perseguiu e levou à prisão muitos de seus membros, inclusive o bispo de Coimbra.

Problemas de relacionamento com a Santa Sé, com a influência dos jesuítas e suas ideias, e o combate à Jacobeia fez com que Pombal interferisse na censura a ideias. Pela Lei de 5 de abril de 1768, criou a Real Mesa Censória para examinar os livros e papéis que deviam correr no reino. Por essa iniciativa, afastou da missão eclesiásticos que até então eram encarregados da censura e índex, encarregou outros cidadãos, leigos e clérigos da confiança da Coroa, versados em religião, cultura, Direitos Civil e Canônico. Além do presidente, essa mesa deveria contar com sete membros (teólogos, juristas e políticos), de preferência da Universidade de Coimbra. Essa Real Mesa Sensória, proibindo e incentivando a produção e tradução de obras literárias, teológicas e jurídicas, proibiu até bulas papais e catecismos, e colaborou para a introdução de muitas obras marcadas pelas ideias iluministas, galicanas e jansenistas no reino português.

O jansenismo que Pombal conheceu não foi o jansenismo teológico do *Augustinus* de Jansênio, ou eclesial-disciplinar de Saint-Cyran, ou ainda o moral de Port-Royal de Paris e des Champs, da família Arnauld ou dos Solitários de Port-Royal, mas o jansenismo eivado de galicanismo, já encontrado em Blaise Pascal, Quesnel, Nicole e, sobretudo, no italiano Pedro Tamburini, um jansenismo codificado nas conclusões do sínodo de Pistoia, um jansenismo toscano, jurisdicista, que buscava apoio no poder civil visando reformas eclesiásticas.

Para implantar o jansenismo na Espanha e Portugal, o marquês de Pombal usou da força e de todos os mecanismos que o seu alto cargo lhe proporcionava. Além da grande perseguição aos jesuítas,[11] considerados perigosos, tratados como inimigos públicos por causa de sua ligação direta com a Santa Sé e o papa, Pombal, usando do direito do Padroado,[12] interferiu em todos os aspectos da vida da Espanha, Portugal e colônias, até mesmo na vida religiosa, interferindo no índex, proibindo algumas obras e incentivando outras, nas missões, nos aldeamentos, na vida educacional e até na formação do clero secular e regular. Fez uma opção aberta por um clero secular e nacional, pela extinção dos Jesuítas e todas as Ordens Religiosas tradicionais.

---

[11] Sobre a perseguição aos jesuítas por Pombal ver: Cônego Luís Castanho de Almeida. *O Marquês de Pombal segundo os contemporâneos,* Revista Vozes de Petrópolis, Setembro-Outubro (1947), p. 595-605.

[12] Entende-se por **Padroado**, a aplicação do princípio *Cuius regio, illius et religio* pelos reis católicos de Portugal, Espanha e França, no sentido de que estes reis tinham o direito e o dever de organizar a religião católica em seus domínios ultramarinos. Em 1508, o papa Júlio III concedeu aos reis da Espanha esses direitos patronais sobre a Igreja em seus domínios – *vicariato regio.* Nesse sentido, o rei de Espanha, e depois também de Portugal, considerava-se como grão-mestre da ordem de Cristo, prelado ordinário, bispo ou patriarca da Igreja, tornava-se o chefe efetivo da Igreja em seu reino, competindo-lhe a tarefa da evangelização e catequese, bem como a promoção do culto e o sustento dos ministros eclesiásticos. Visando levar à plenitude esta missão, no ano 1532, foi criada, em Lisboa, *a Mesa de Consciência e Ordens,* uma espécie de ministério encarregado das questões religiosas nas colônias. Nas colônias, em nosso caso, no Brasil, a figura do papa, tão distante e obscurecida, competia quase que simplesmente a confirmação das decisões régias em matéria religiosa. Nesse sentido, um dos direitos que os reis se atribuíam, e que foi radicalizado na era pós-pombalina até a proclamação da República no Brasil, foi o direito de *placet,* impedindo a interferência direta de Roma em assuntos religiosos internos. Sobre esse tema ver: Riolando Azzi. A Instituição Eclesiástica Durante a Primeira Época Colonial. O Padroado Português. In: *CEHILA, História Geral da Igreja na América Latina,* tomo II, Vozes, 1977, p. 160-169.

A reforma pombalina, promulgada em 1772, constituiu-se no grande instrumento de divulgação das ideias iluministas, mas também do jansenismo em Portugal e no Brasil. Auxiliado pelos padres do Oratório, Pombal introduziu em Portugal e no Brasil a *Teologia de Lyon*, também chamada *teologia Lugdunense,* texto impregnado de jansenismo e galicanismo para a formação do clero nacional.

a) A Teologia de Lyon

A Teologia de Lyon: Institutiones theologicae autoritate DD. Archiepiscopi Lugdunensis ad usum Scholarum suae diocesis editae. Lugduni, ex tipis fratrum *perisse. Teologia de Valla e Tabaraut.* Esse compêndio escrito em seis volumes, pelo oratoriano padre José Valla e seu confrade padre Mateus Maturin Tabaraud (1744-1832), foi publicado pelo bispo de Lyon, mons. Antoine Malvin de Montazet em 1780. Foi usado na formação dos jovens clérigos espanhóis, portugueses e brasileiros; foi o terceiro livro mais lido no Brasil nesse período.

Tabaraud deu publicidade a outras obras importantes. Em 1792 publicou o *Traité historique et critique sur l'election des évêques*, Paris, 2 vols. Em 1811, publicou em Paris o *Essai historique et critique sur l'institution des évêques*. Editou também outros trabalhos, atacando as devoções ao Sagrado Coração de Jesus e Sagrado Coração de Maria, a crença sobre a Imaculada Conceição e a Assunção de Nossa Senhora. Para ele, a autoridade civil pode estabelecer impedimentos dirimentes, e os verdadeiros princípios do matrimônio encontram-se no código civil L'Eglise doit ceder en cela à la jurisprudence.

Na teologia Lugdunense padre Valla relacionou vários autores que já estavam no índice: Bossuet (da defensio declarationis Cleri gallcani), Nicole, Pithou, Marca, Van Espen, Dupin, Fleury, Launoy e Richer e, sobretudo, os Livros de Nicole — grande personagem da história do Jansenismo que teve no índice quatro condenações. No cabeçalho da bibliografia, Tabaraud e Valla escrevem: *Index scriptorum quae circa praecipuas theologiae quaestio-*

nes utiliter consuli possunt, incentivando a leitura de tais obras. Julgavam útil que os jovens manuseassem os livros de tais autores.[13] Por causa dos muitos problemas com a ordodoxia, a Santa Sé colocou a teologia Lugdunense no índex em 1792. Quando foi adotada por Pombal no império, já estava, portanto, desaprovada solenemente pela Santa Sé.

b) Catecismos de Montepellier

Outra obra imposta pelo marquês de Pombal em sua reforma educacional foi o *Catecismo de Montpellier*.[14] Esse catecismo foi escrito pelo oratoriano Pouget (1666-1723), em 1702. Seu estilo era comum à época, no estilo tridentino, em forma de perguntas e respostas. Profundamente pormenorizado, procurava transmitir as verdades da fé de forma clara e precisa. O catecismo apresentou-se sobre o patrocínio de dois bispos notoriamente jansenistas: Colbert, de Montpellier; e Noailles, metropolitano de Paris, ao tempo do papa Clemente XI. Foi posto no índex o catecismo de Pauget. A tradução latina foi feita pelo próprio autor. Pombal promoveu e patrocinou a tradução dessa obra para a língua portuguesa.[15] Sua tradução para o Português foi promovida pelo arcebispo de Évora dom João Cosme da Cunha em 1765, para melhor adaptar-se à política pombalina e combater a mentalidade jesuítica.

Destacamos algumas perícopes das lições desse catecismo, no qual podemos ver de forma clara as influências do rigorismo moral, tão comum às obras jansenistas.

---

[13] Ver: PIRES, Heliodoro (Pe.). A teologia na Biblioteca Nacional e na História Brasileira. In: *REB*, v. 9, fasc. 2 (1949), p. 333-345, do mesmo autor: Uma Teologia Jansenista no Brasil. In: *REB*, v. 8, fasc. 2 (1948), p. 327-340, e Luís Castanho de Almeida (cônego). Notas para a História dos Seminários. In: *REB*, v. 9, fasc. L (1949), p. 114-130.

[14] Catecismos da diocese de Montpellier, impressos por ordem do bispo Carlos Joaquim Colbert, traduzidos na língua portuguesa para por eles ensinar "A Doutrina Cristã aos meninos das Escolas dos Reinos", e domínios de Portugal. Typografia de Manoel Antônio da Silva Serva, Anno M.DCCC. XVII. Texto completo, tradução em língua portuguesa, de 1817 in www.brasiliana.usp.br.

[15] Cf. PIRES, Heliodoro (Pe.). *Op. cit.*, p. 341.

Uma das grandes características da doutrina jansenista é a antropologia negativa, o homem era, sobretudo, o homem da queda. Isso era demonstrado em uma dificuldade muito grande em reconhecer valor à corporeidade, sobretudo à sexualidade. Na décima quarta lição sobre o sexto mandamento, manifestará toda a dificuldade de se tratar do tema:

> O que nos proíbe Deus no sexto mandamento expressado nestes termos: não fornicarás? Proíbe toda a impureza e tudo aquilo que conduz a esse horrendo delito.
>
> Quais são as coisas que conduzem à impureza? A ociosidade, a sensualidade, a curiosidade, a assistência às comédias, às óperas, aos bailes, as leituras arriscadas, a familiaridade muito frequente com pessoas de diferentes sexo (p. 120), a imodéstia nos vestidos, as pinturas desonestas, as cantigas lascivas etc.
>
> Que devemos fazer para não cair nesse infame pecado? Devemos evitar tudo aquilo que conduz para ele, amar a oração, o retiro, a mortificação, a ocupação contínua, cuidar muitas vezes na morte, e frequentar os sacramentos.[16]

A reflexão sobre o tema será continuada na décima quinta lição:

> Que nos proíbe Deus em o nono mandamento expressado nestes termos: não desejarás a mulher do teu próximo? Proíbe o desejo das coisas desonestas, cuja ação está proibida no sexto mandamento.[17]

A dimensão polêmica do jansenismo manifestou-se, como vimos na obra de Jansênio, *Augustinus*, quando tratava a difícil relação entre a graça de Deus e o livre arbítrio. O tema aparecerá na terceira parte dessa obra, na primeira lição, sob o título "Da Graça":

---

[16] *Catecismo de Montpellier*, p. 120-121.
[17] *Ibidem*, p. 123.

Podemos nós, por nossas próprias forças, fazer na terra uma vida santa e cristã? Não, temos necessidade, para isso, do auxílio de Deus e da sua graça.

Que graça é necessária para viver santamente? Uma graça que ilumine o entendimento, que mova o coração e que faça obrar.

Podemos nós merecer esta graça por nossas próprias forças? Não, quando Deus a dá é um puro efeito da sua misericórdia. Por merecimento de quem nos dá Deus graça? Pelos merecimentos de Jesus Cristo.

Não podemos nós resistir à graça? Sim. E, com efeito, muitas vezes resistimos à graça de Deus.

Dá Deus a todos os homens as mesmas graças? Não, Deus dá mais graças aos cristãos que aos outros homens, e entre os cristãos uns recebem mais que outros por efeito da sua misericórdia e da sua justiça.

Por que meios dá Deus ordinariamente a sua graça? Por meio dos Sacramentos, da oração. Os Sacramentos a comunicam e a oração a concilia.[18]

Da obra de Antônio Arnauld, *De la fréquente Communion*, vemos a partir da consideração negativa da humanidade, a exigência de uma pureza incomum para aproximar-se do sacramento da Eucaristia, portanto, uma ligação necessária entre os dois sacramentos da Eucaristia e da Penitência. Na oitava lição, sobre o sacramento da Eucaristia, vemos a manifestação dessa mentalidade, que se tornou comum na vida católica brasileira:

A Eucaristia produz os efeitos que ficam explicados em todos aqueles que comungam? Não os produz mais naqueles que comungam dignamente.

Os que comungam indignamente não recebem o corpo e o sangue de Jesus Cristo como os outros? Sim, mas recebendo-o comem e bebem a sua própria condenação e conciliam para si a indignação de Deus.

---

[18] *Catecismo de Montpellier*, p. 131-132.

Por que? Porque se atrevem a profanar o corpo e o sangue de Jesus Cristo Nosso Senhor e nosso Deus.

Quem são os que comungam indignamente? Os que não estão em estado de graça.

A que chamais estado de graça? Já fica dito que os que conservam a inocência do Batismo, ou em havê-la reparado por uma sincera penitência.

Quem são os que comungam dignamente? Os que comungam com as disposições espirituais e corporais que convêm a uma ação santa.

Quais são as disposições espirituais necessárias para comungar dignamente? A pureza de consciência, a fé, a humildade, o amor a Deus e ao próximo.

Quais são as disposições corporais necessárias para se comungar dignamente? Estar em Jejum depois da meia noite e chegar à Sagrada Mesa com grande modéstia e grande respeito exterior.

(...) É necessário comungar? Sim. Estamos obrigados a fazê-lo ao menos uma vez no ano, no tempo da páscoa, mas é muito justo que o façamos com mais frequência contanto que se faça dignamente.[19]

Esta estreita ligação dos Sacramentos da Eucaristia e da Penitência, a exigência de uma pureza angelical para poder aproximar do Sacramento da Eucaristia, fará com que o sacramento da Penitência se torne central na hierarquia dos sacramentos e na espiritualidade católica. Essa questão é aprofundada nas lições nove a quinze, que têm por título: *Do Sacramento da Penitência*.

Que coisa é o Sacramento da Penitência? É um sacramento que remite os pecados cometidos depois do Batismo.

Quem são os que conferem o Sacramento da Penitência? Os sacerdotes aprovados para isso.

(...) Que devemos fazer para recebermos a absolvição de nossos pe-

---

[19] *Catecismo de Montpellier*, p. 149-151.

cados pelo Sacramento da Penitência? Devemos ter dor de nossas culpas, confessá-las todas, e estar com a resolução de não tornar a cair nelas, e de satisfazer a Deus e ao próximo, confessando todos os pecados mortais sem ocultar algum voluntariamente.

Que coisa é ter dor de ter ofendido a Deus? É uma detestação sincera dos próprios pecados, na qual se inclui a determinação de nunca mais os cometer.

Que condições deve ter esta dor? É preciso que seja interior, sobrenatural, suprema e universal.

De que modo podemos reconhecer que temos a dor de nossos pecados necessária para obter a remissão deles? Pela mudança de nossas obras, e das interiores disposições: quando deixamos o pecado e o amor ao pecado, e começamos a amar a justiça.

Que devemos fazer para conseguir esta dor? Devemos pedi-la a Deus com instância e excitar-nos a ela pela consideração dos motivos mais urgentes.

Como se chama a dor que temos de nossos pecados? Chama-se contrição.

Não há muitas sortes de contrição? Sim, há duas. Uma perfeita e uma imperfeita.

Que coisa é a contrição perfeita? É a que tem por princípio a caridade perfeita.

Que coisa é contrição imperfeita que os teólogos chamam também atrição? É uma dor de nossos pecados concedida pelo motivo do temor das penas do inferno, da fealdade e de um princípio de amor de Deus, mas ainda fraco e imperfeito.

É necessário ter atualmente a contrição perfeita para receber a remissão dos próprios pecados no Sacramento da Penitência? Não, basta a contrição imperfeita, com tanto que seja acompanhada da dor e detestação do pecado, da resolução sincera de nunca mais o cometer, e da esperança do perdão, e, por conseguinte, de um princípio de amor de Deus.

(...) Que devemos fazer antes de confessar os nossos pecados ao sacerdote? Devemos examinar a nossa consciência com cuidado, para fazer conhecer bem ao sacerdote o estado de nossa alma.

Sobre o que devemos examinar-nos? Sobre as obrigações gerais do cristianismo compreendidas nos mandamentos de Deus e da Igreja, sobre as obrigações de nosso estado, sobre as nossas obrigações pessoais, sobre os nossos hábitos e nossas disposições.

Que devemos considerar para fazer bem este exame? Os lugares em que nos tivermos achado, as pessoas com quem frequentamos, os empregos que houvermos exercido, os nossos pensamentos, palavras e obras, as nossas disposições interiores e os nossos hábitos.

Que devemos fazer depois deste exame? Pedir perdão a Deus, prometer-lhe mudar de vida, mediando a sua graça, tomar os meios para esta mudança, e ir buscar o sacerdote para confessar-se.

Que circunstâncias deve ter a confissão para ser bem feita? Deve ser inteira, humilde, sincera e prudente.

Quando é inteira a confissão? Quando nos acusamos de todos os pecados mortais, e seu número e suas diferentes espécies e das circunstâncias agravantes.

(...) Se nos esquecemos de algum pecado mortal será nula a confissão? Se o esquecimento for pecaminoso e voluntário, a confissão será nula, e em tal caso, devemos fazê-la de novo. Porém, se o esquecimento não é voluntário, bastará que nos confessemos na primeira ocasião do pecado esquecido.

Há ocasiões em que seja preciso fazermos confissão geral de toda a nossa vida? Sim, convém absolutamente fazê-la quando nunca chegamos ao Sacramento da Penitência com as disposições convenientes, ou quando as confissões precedentes tiveram algum defeito essencial.

Que devemos obrar depois de haver feito uma confissão nula? Devemos tornar a fazê-la de novo e todas as outras que se lhe seguirem, e fazer penitência deste sacrilégio.

Que devemos fazer quando nos acharmos duvidosos neste particular? Devemos seguir o conselho de algum confessor sábio e virtuoso (...).[20]

Além do Catecismo para adultos, de onde essas perícopes foram tiradas, no corpo do Catecismo de Montpellier, encontra-se ainda um catecismo para as crianças de cinco ou seis anos, dividido em vinte e nove lições, que deveriam aprender de cor a todos os princípios de fé desse catecismo. Há também um Compêndio de fé, com lições e muitas orações, apresentadas por esse catecismo como sendo essenciais para todos os cristãos.

Na introdução, resumindo a história da salvação, manifestou seu pessimismo com relação à vida humana na Terra, sua antropologia negativa, apresentando o homem, como o homem da queda, dizendo que os homens pecadores participarão dos mesmos destinos dos anjos apóstatas, e que serão salvos pela misericórdia de Deus que prometeu um salvador, Jesus Cristo:

> os anjos e homens são as criaturas de Deus mais perfeitas. Deus as criou para fazer felizes eternamente. Muitos anjos gozam da eterna felicidade; um grande número de outros, por sua soberba, estão excluídos dela para sempre, e merecerão as penas eternas do inferno. Depois de sua queda são chamados diabos ou demônios.
>
> Os homens merecerão as mesmas penas dos anjos apóstatas, porque Adão e Eva foram os primeiros homens criados por Deus, no estado de santidade e de justiça, desobedeceram a Deus, comendo do fruto que Deus lhe tinha proibido que comessem e comunicaram este pecado geralmente a todos os homens, que são seus descendentes, de sorte que nascemos todos réus deste pecado, o qual se chama pecado original. Em consequência desta culpa foram os homens condenados a morrer, e nascerem sujeitos a toda a sorte de trabalho, e de enfermidades, ignorantes, sujeitos ao demônio, escravos

---

[20] *Catecismo de Montpellier*, p. 151-159.

do pecado, inimigos de Deus e dignos do inferno. Merecem eles serem deixados eternamente nestas misérias. Mas Deus, por efeito de sua infinita misericórdia, fez aos homens uma graça que não fez aos anjos. Esta graça foi prometer-lhes e enviar-lhes um Redentor e salvador que os resgatou da escravidão do pecado, que os retirou do poder do demônio e do inferno, que os reconciliou com Deus, e que lhes restituiu o direito à felicidade eterna, para a qual haviam sido criados, mas que tinham perdido pela culpa (...).[21]

Na introdução a bela e ortodoxa oração da manhã, vemos a exaltação da misericórdia de Deus, a manifestação desse pessimismo com relação ao ser humano e sua missão no mundo, característica comum à doutrina jansenista em todos os lugares e momentos de sua história.

Espírito Santo vinde a nós, e enchei os nossos corações do fogo do vosso amor. Dai-nos a atenção e o respeito que devemos ao nosso Deus, nosso Pai, e nosso Juiz, a quem tomamos a liberdade de falar, nós que não somos mais que pó, e não temos por herança mais que a culpa, se não nos provém a vossa misericórdia.[22]

Nas orações que deveriam ser feitas todas as manhãs na igreja paroquial antes da Missa e pelos pais de família junto a seus filhos, vemos também ideias galicanas, quando as crianças e o povo em geral são levados a rezar a Deus pelo rei, pela família real e por todos os que governam.

Oremos a Deus por nosso Santo padre, o Papa, pelo senhor N. nosso bispo, por todos os pastores da Igreja, pelos sacerdotes, por todos os outros ministros do Senhor, por todas as pessoas que estão consagradas a Deus no estado religioso, pelo Rei, pela Rainha, por

---

[21] *Catecismo de Montpellier*, p. 239-242.
[22] *Ibidem*, p. 255.

toda a família Real, por todos aqueles que nos governam, por todos os Magistrados, por todos os nossos irmãos que estão ausentes, pelos cativos, enfermos ou aflitos, pelos que estão em perigo, pelos que se acham na guerra, e por todos os membros desta paróquia.[23]

Na oração da manhã abreviada, vemos novamente a oração pelo rei, pela família real e por todos os que governam.

Soberano Senhor, nós vos rogamos com instância por toda a Igreja, e por este reino, por nosso Santo Padre o papa, por nosso bispo, por nosso rei e toda a família real, por todos aqueles que nos governam e nos conduzem, por todos aqueles que compõem esta paróquia, (e esta família), e geralmente por todos os irmãos ausentes, por Jesus Cristo Nosso Senhor, amém![24]

A oração da manhã é concluída por uma prece manifestando a fugacidade deste mundo, alertando quanto à possibilidade da morte, convidando à fuga do pecado e de suas circunstâncias. Por detrás das palavras, a insegurança com relação à própria salvação, a pedagogia do medo da morte repentina, e a preocupação com uma vida disciplinada, não deixando tempo para o pecado.

Consideremos que este dia nos foi dado para trabalhar na nossa salvação: que será talvez o último da nossa vida; que a morte nos surpreenderá quando menos o cuidarmos. Elejamos os meios mais convenientes para não cair nas faltas que ontem cometemos. Lembremos muitas vezes de Deus no decurso do dia. Não deixemos passar dia algum sem ler alguma coisa devota, que seja capaz de instruir-nos solidamente em nossas obrigações, e edificar-nos. Elevemos de tempos em tempos o nosso coração a Deus, com aspirações curtas, mas fervorosas. Fujamos

---

[23] *Catecismo de Montpellier*, p. 263-264.
[24] *Ibidem*, p. 269.

à ociosidade e todos os outros pecados. Enfim, façamos uma vida perfeita e regular, que seja conforme a de Jesus Cristo, nossa cabeça e nosso modelo, para que por este meio possamos chegar à vida eterna. Pelo mesmo Jesus Cristo, nosso Senhor, amém.[25]

Na oração da noite, que deveria acontecer nas igrejas paroquiais ao final do dia de trabalho, ou pelo pai de família junto de seus filhos, esta mesma mentalidade aparece. Após a invocação do Espírito Santo, oração introdutória e o exame de consciência, vemos uma oração penitencial, em que aparece a antropologia negativa e o pessimismo com relação à ação do homem no mundo:

> Meu Deus, grande é o nosso pesar por termos agravado a vossa bondade, de quem temos recebido tantos benefícios; e reconhecemos, depois de termos examinadas as nossas culpas, que não havendo em nós mais que miséria, mentira e pecado, nunca podemos merecer o perdão delas. Por isso, abatidos aos pés do trono da vossa misericórdia, com gemidos e um coração contrito e humilhado, e com a resolução que a vossa graça nos inspira de nunca mais ofender-vos, vos suplicamos que os merecimentos de Jesus Cristo vosso Filho, na morte do qual pomos a nossa esperança, nos alcancem a remissão dos pecados, e a graça de fazer penitência delas em toda a nossa vida (...).[26]

Após essa oração vemos algumas jaculatórias, dentre as quais destacamos algumas que expressam essa mentalidade:

> Senhor, livrai-nos do mal, de todo o pecado, e da vossa ira, de uma morte improvisa, e dos embustes do demônio. (Livrai-nos Senhor).
> Senhor, livrai-nos de nossas más inclinações e de toda a sorte de vícios. (Livrai-nos, Senhor).

---

[25] *Catecismo de Montpellier*, p. 271.
[26] *Ibidem*, p. 278-279.

Senhor, livrai-nos da morte eterna e do dia terrível do vosso juízo. (Livrai-nos, Senhor).

Senhor, nós vos rogamos: nos guieis a uma verdadeira penitência, nos deis a fé, esperança e caridade, a humildade a paciência, e o desapego dos bens deste mundo, e das vaidades do século, enfim a perseverança em uma boa vida até a morte. (Ouvi-nos, Senhor). (...).[27]

Em seguida às jaculatórias, deveriam rezar a oração do Pai-Nosso, a Ave-Maria, e recitarem o Credo. Depois uma oração conclusiva e uma recomendação final, que transcrevemos por expressar essa mentalidade:

Lembremos que este dia será talvez o último de nossa vida, e que não sabemos se morremos esta noite. Façamos o que está da nossa parte para por no estado, em que queríamos ser achados na hora da morte. Quando nos deitamos lembremo-nos de alguma coisa devota. Tomemos então água benta, lancemo-la sobre a cama, façamos o sinal da cruz, recomendemo-nos a Deus, à Santíssima Virgem, aos anjos da guarda, e aos santos do nosso nome, e descansemos no Senhor, sem buscar satisfazer com o sono à sensualidade, mas somente à necessidade. Se despertar-nos de noite, levantemos o coração a Deus por meio de alguma breve oração.[28]

c) *Tentativa Theologica de padre Antônio Pereira de Figueiredo*

Uma terceira obra que influenciou profundamente a reforma educacional do marquês de Pombal foi a *Tentativa Theologica,* de padre Antônio Pereira de Figueiredo (1725-1779).[29]

---

[27] *Catecismo de Montpellier*, p. 289.

[28] *Ibidem*, p. 286.

[29] *Tentativa Theologica* de Pe. Antônio Pereira de Figueiredo. Texto completo in books. google.com.br.

Os escritos da contracapa dessa obra já nos permitem vislumbrar o seu conteúdo: *"Tentativa Theologica em que pretende mostrar que impedido o recurso à Sé Apostólica se devolve aos senhores bispos a faculdade de dispensar nos impedimentos públicos do matrimônio e de prover espiritualmente em todos os mais casos reservados ao papa, todas as vezes que o pedir a pública e urgente necessidade dos súditos"*. Apresenta em sua obra essa tese em sete princípios, procurando fundamentar suas afirmações em textos da Sagrada Escritura, da Tradição, das definições Conciliares e da história. Um belo exemplar do estilo comum à época da Ilustração foi Antônio Pereira de Figueiredo, além de presbítero da congregação do Oratório de Lisboa, professor de filosofia, teologia, história eclesiástica e retórica, além de deputado da Real Mesa Sensória.

São estes os dez princípios, sobre os quais construiu sua argumentação:

– **Primeiro Princípio:** "A jurisdição episcopal considerada em si mesma, isto é, na sua instituição, feita por Cristo, e prescindindo da Lei, uso ou reserva em contrário, é uma jurisdição absoluta e ilimitada a respeito de cada diocese".[30]

– **Segundo Princípio:** "Antes de haver na Igreja algum corpo de Leis ou Cânones, que como Direito comum regula-se universalmente todos os pontos da disciplina; eram os bispos os que nos seus sínodos provinciais estabeleciam os impedimentos do matrimônio, um mais cedo, outros mais tarde, conforme o pedia a necessidade e utilidade das dioceses que governam".[31]

– **Terceiro Princípio:** "Por muitos séculos se conservaram os bispos na posse de dispensar até nas leis dos Concílios Gerais e dos Romanos Pontífices e, por conseguinte, nos impedimentos matrimoniais".[32]

– **Quarto Princípio**: "Em todo o corpo de Direito Canônico, e ainda no Concílio de Trento, não há texto algum que negue ou tire aos bispos a faculdade de dispensar os impedimentos do matrimônio. Só por costume

---

[30] *Tentativa Theologica*, p. 1.
[31] *Ibidem*, p. 44.
[32] *Ibidem*, p. 53.

ou tolerância dos bispos se foram pouco a pouco reservando à Sé Apostólica estas e outras dispensas".[33]

– **Quinto Princípio**: "Sem o consentimento dos bispos, não podia o papa privá-los do poder de dispensar nos impedimentos do matrimônio e mais leis canônicas".[34]

– **Sexto Princípio**: "Quando os bispos consentiram nas reformas do papa (se é que de fato consentiram ou consentiram em todas) foi logo com a condição de que, embaraçado por qualquer via o recurso a Roma, tornasse para eles interinamente a jurisdição e poder de forma interina".[35]

– **Sétimo Princípio:** "Embaraçados pelos reis e príncipes soberanos o acesso e recurso a Roma, não cabe aos bispos averiguar a justiça da causa, mas, sim, obedecer e prover interinamente o que for necessário para bem espiritual dos súditos. Doutrina dos apóstolos sobre a obediência devida aos príncipes e soberanos".[36]

– **Oitavo Princípio:** Enquanto a não deverem ou a não poderem licitamente dispensar sem justa causa; tão obrigados estão os Papas como os bispos. Porque a necessidade ou utilidade dos súditos é a regra, por onde uns e outros devem medir as dispensas".[37]

– **Nono Princípio:** "Preferentemente há em Portugal não só causa suficiente, mas também necessária e urgentíssima, e essa pública, para se dispensar nos impedimentos do matrimônio".[38]

– **Décimo Princípio:** "Não devem recear os nossos bispos, que o Sumo Pontífice leve a mal ou reprove as dispensas matrimoniais que eles concederem. Porque o espírito da Sé Apostólica e de toda a Igreja (ao qual se deve conformar o Supremo Pastor) é assentir as dispensas episcopais, quando para elas concorrem tão urgentes razões, como as que de presente concorrem em Portugal".[39]

---

[33] *Tentativa Theologica*, p. 88.
[34] *Ibidem*, p. 98.
[35] *Ibidem*, p. 189.
[36] *Ibidem*, p. 195.
[37] *Ibidem*, p. 203.
[38] *Ibidem*, p. 207.
[39] *Ibidem*, p. 213.

Sua obra pode ser considerada de cunho episcopalista e conciliarista, tendo o galicanismo francês como modelo e fazendo frente ao ultramontanismo da época, afirma que todos os bispos recebem seu poder e jurisdição do próprio Cristo e não de São Pedro. Que a sua jurisdição é absoluta e sem limites em suas dioceses:

> Também de ser o papa e primeiro e supremo presidente dos bispos, não se segue poder o papa por autoridade própria cortar e restringir como e quando quiser a jurisdição que os bispos têm de Cristo, e não do papa: ou poder tirar dos bispos e reservar para si de moto próprio o exercício de umas funções, que por isso mesmo são próprias da ordem episcopal e por instituição de Cristo próprias dos bispos, não pode o papa atribuí-las e reservá-las a si sem os bispos consentirem nisso como senhores que são de seus direitos e liberdades. De outra sorte, não seria divina, mas humana a autoridade dos bispos.[40]

Nesta tendência regalista reconhecerá a autoridade dos reis de estabelecerem impedimentos para o matrimônio, afirmando que a concentração destas licenças em Roma não tinha outro objetivo senão a preocupação financeira:

> Bem viam, finalmente, que em lugar de ponderar o grau da necessidade ou utilidade pública, não cuidava a mesma cúria senão de extrair das províncias católicas grossas somas, dando assim ocasião a católicos e hereges que se queixassem publicamente, de que contra os preceitos de Cristo e seus apóstolos, se vendiam em Roma os sacramentos e as graças espirituais.[41]

Citando a intervenção do Fernão Martins de Mascarenhas, representante do rei dom Sebastião de Portugal no Concílio de Trento, exigia que

---

[40] *Tentativa Theologica*, p. 44.
[41] *Ibidem*, p. 89.

para essas licenças acontecessem somente se recorresse a Roma, depois de esgotadas todas as possibilidades no interior dos reinos. No fundo requeria que essas questões fossem resolvidas pelos próprios bispos locais.

Uma questão polêmica é levantada nessa obra, quando citando o exemplo de Santo Hilário, Santo Atanásio, São Dâmaso, e Santo Euzébio, que se colocaram contra o papa Libério, que passou a apoiar os arianos contra o Concílio de Niceia, dirá que *"Ilustra-se aquele dito de Santo Hilário, bispo de Potiers contra o Papa Libério: 'Anatema tibi Liberi' mostra-se daqui que não é sempre o mesmo estar separado do Papa, que estar separado da Igreja Católica e da sua unidade"*.[42] O objetivo foi com certeza justificar a iniciativa de dom José I, influenciado por Pombal, de romper relações com a Santa Sé.

Defende a superioridade do poder civil sobre o religioso, o direito dos reis em intervir em questões religiosas, como um costume que passou de geração para geração.

> Por muitos séculos observaram os mesmos Sumos pontífices, os costumes que vemos sobrescritos no Diurno, que era, porém, em primeiro lugar o nome do Imperador, e depois dele o seu nome. Mas depois que os imperadores, levados da devoção para com o príncipe dos apóstolos, deram aos romanos pontífices o senhorio de Roma, e com ele tudo o que chamamos Estado de São Pedro, então revestidos já de outras ideias, e como se este senhorio fosse de divina instituição, inerente à Tiara, começaram os Papas a tratar como vassalos seus os mesmos imperadores de quem eles tinham sido e de quem se tinham confessado vassalos. Então, pretenderam os Papas que os imperadores germânicos reconhecessem o império como um feudo da Igreja. Então os obrigaram a dar-lhes juramento de fidelidade como vassalos dos papas.[43]

---

[42] *Tentativa Theologica*, p. 147.
[43] *Ibidem*, p. 159.

Na mesma perspectiva do Sínodo de Pistoia, essa *Tentativa Theologica* apoia-se no poder civil e nos Concílios gerais para empreenderem reformas eclesiásticas, baseando-se nas definições do Concílio de Constança (1418).

> Estribados nestes e noutros irregraváveis documentos da Escritura e da Tradição, lavrarão os padres de Constança, o decreto da Sessão V, que já em outra parte descrevemos: pelo qual declaram o juízo da Igreja ou do Concílio Geral que a representa, superior ao juízo do papa e declaram, conseguintemente, o papa súdito da Igreja e do Concílio Geral, e o declaram súdito não apenas em tempo de cisma, mas em todos os tempos e em todas as circunstâncias. Porque no referido decreto definiram estar o papa obrigado a obedecer no que tocava a fé e a reformação dos costumes não só aos decretos desse concílio, mas às de qualquer outro Concílio Geral.[44]

Afirma que a dificuldade encontrada pelos papas em convocar Concílios Gerais encontra-se no perigo de perder o seu poder despótico: "dificultaram os papas a convocação de concílios gerais porque temem que lhes vão a mão o seu despotismo e suas usurpações".[45] Nesse sentido, cita como exemplo a iniciativa de bispos e eclesiásticos da França que apelaram para um Concílio Geral, diante da questão jansenista pela bula *Unigenitus*. Que o papa Clemente XI, com um breve *Pastoralis Officii*, e através da Inquisição Romana condenando todas as apelações pelo Concílio Geral, conclui dizendo "que são estas apelações não somente lícitas, mas também legítimas e fundadas na praxes e inteligência da antiguidade".[46]

Ainda diante do acolhimento irrestrito da bula *Unigenitus* por Portugal, perguntará:

---

[44] *Tentativa Theologica*, p. 174.
[45] *Ibidem*, p. 176.
[46] *Ibidem*, p. 190.

Eram por ventura os portugueses mais católicos que os franceses? Não por certo, porque a fé católica é sempre uma, é indivisível, não admite nem mais nem menos (...). Tão católicos eram logo os franceses quando apelavam da bula, como eram os portugueses quando não apelavam. A diferença estava unicamente que os bispos da França aprendiam as ideias do episcopado pelas Escrituras, pelos Concílios, pelos Santos Padres: os bispos de Portugal aprendiam estas ideias pelos livros de Caetano e Belarmino, chefes das máximas ultramontanas.[47]

Além dessa obra, o padre Antônio Pereira de Figueiredo contribuiu ainda com a reforma pombalina, com as obras que substituíram os textos pedagógicos dos jesuítas, "*O Verdadeiro método de estudar* (Paris, 1751) e o *Novo método da gramática latina* (Lisboa, 1752)".

Além dessas obras de cunho galicano-jansenista, Pombal impôs também as obras espirituais do dominicano espanhol, de Frei Luis de Granada, para ocupar vazio espiritual deixado pela proibição das obras jesuíticas. Este grande expoente da espiritualidade ibérica, não era tratado pela Santa Sé com suspeita, mas sua obra era marcada por extremo rigor moral e pessimismo com relação ao destino do homem e do mundo. Sua obra mais importante é o *Tratado da Oração*.

---

[47] *Tentativa Theologica*, p. 196.

2

Aspecto Dogmático do Jansenismo

O aspecto dogmático do jansenismo encontra-se na obra: *Augustinus*, de Jansênio. Na obra percebe-se uma profunda semelhança entre Jansênio, Calvino e Lutero com respeito à possibilidade da salvação. Lutero apresentava o homem decaído como radicalmente incapaz de fazer algo em vista de sua salvação. Calvino, por seu lado, concluía que Deus é a única causa, o único autor, tanto da salvação como da condenação de cada indivíduo. Para Jansênio, o homem tem vontade e com ela pode querer, porém, essa vontade que necessita intimamente de uma força invencível. Diz que o homem decaído mantém a liberdade, que somente pode ser destruída pela coação externa, não pela necessidade interna.

Segundo Jansênio, no estado de inocência paradisíaca a vontade estava perfeitamente equilibrada, com perfeita possibilidade de inclinar-se para o bem ou para o mal. Depois do pecado original, a vontade é arrastada pelo peso da concupiscência e da *delectatio* (atração), não só perdendo a liberdade de fazer o bem, como de abster-se do mal: *perriit libertas abstinendi a peccato.*[1]

Em lugar da original liberdade, existe agora, como única força que move o coração humano, a *delectatio*, que se apresenta sob duas formas: *la delectatio caelestis* que impulsiona para o bem, e *la delectatio terrena* que impulsiona para o mal. A mais forte triunfará sobre a mais fraca. A vontade se vê sempre e necessariamente obrigada a seguir o impulso mais forte, sem nenhuma resistência possível. Assim, quando a atração celestial é preponderante (graça vencedora), obriga a pessoa a praticar o bem; por outro lado, quando a atração terrena (concupiscência) se sobrepõe à celestial, obriga a pessoa a praticar o mal. E como o homem age livremente, respondendo a essa atração terrena, peca, mesmo se necessariamente.

Conclui que não há graça suficiente, porque toda graça realmente suficiente tem que ser eficaz e vencedora. A graça é uma suavidade celestial que previne a vontade e a faz querer e praticar o que Deus predeterminou. É uma *delectatio* celeste vitoriosa. Diz ainda que, não havendo a graça suficiente e nem eficaz, é impossível ao homem cumprir certos mandamentos divinos. Afirma que certos mandamentos são impossíveis ao justo, apesar de seus esforços. Se existem preceitos divinos impossíveis, não só ao injusto, mas também ao justo, e se o homem peca somente porque lhe falta a graça, a cuja recepção não pode contribuir em nada, segue que sua salvação ou condenação não depende de sua própria vontade, mas somente da eterna predestinação de Deus. Conclui também que Deus não dá a todos os homens os meios para alcançarem a salvação, e que Jesus Cristo não morreu por todos os homens, já que se tivesse morrido por todos, teria dado a graça a todos.

Tal doutrina é atribuída a Santo Agostinho, pelo autor do *Augustinus*. O que se percebe é que Jansênio lê a Agostinho com os olhos de Miguel Baio.

---

[1] VILLOSLADA, *op. cit.*, p. 200.

Disputas em torno do *Augustinus*

A Igreja, sempre zelosa pela ortodoxia, reagiu com todas as forças contra os desvios teológicos que o *Augustinus*, de Jansênio,[2] suscitou. Profundamente polêmica, essa obra esquentou ainda mais o conflito que já existia entre Roma e Igrejas da Reforma, e no interior da Igreja, como já vimos, o conflito entre os Jesuítas (Molina) e os Dominicanos (Báñes), e sobretudo deu ao movimento jansenista o seu instrumento teórico.

Logo que foi impresso o *Augustinus*, os jesuítas lançaram-se ao ataque contra essa obra. Em um ato acadêmico realizado em seu colégio em Lovaina, a 21 de Março de 1641, refutaram as doutrinas jansenistas, presentes nela, apoiando-se no Concílio de Trento e na condenação de Baio, acusando a Jansênio de renovar a heresia de Calvino. Vários doutores da Universidade de Lovaina saíram em defesa do *Augustinus*, empenhando-se em mostrar que a doutrina dessa obra não era outra que a de Santo Agostinho. Levado o assunto a Roma, foi proibido o *Augustinus* e ao mesmo tempo obrigou os jesuítas ao silêncio (1º. de agosto de 1641). Em Lovaina o conflito não terminou, e em Paris, pelo crescimento do movimento em Port-Royal, o cardeal Richelieu manifestou diretamente a Roma o desejo de um procedimento sumário contra o jansenismo. Manda prender ao abade de Saint--Cyran e companheiros. Com a morte de Richelieu, em 4 de dezembro de 1642, todos são colocados em liberdade, e acolhidos pelos seus seguidores como mártires, o que fortaleceu ainda mais o movimento. Nos púlpitos e em todos os lugares, via-se em Paris a defesa de Jansênio e de seu *Augustinus*, fazendo com que a questão da graça e da liberdade humana tornasse assunto do dia. A 6 de Março de 1642, o papa Urbano VIII lança a bula *In Eminenti* condenando Jansênio, e afirmando que no *Augustinus* estavam as teses de Miguel de Baio, já anteriormente condenadas por Pio V e Gregório XIII.

---

[2] Sobre as disputas em torno do *Augustinus* de Jansênio, envolvendo os jansenistas, jesuítas, Santa Sé e governo francês ver: J. Carreyre, DTC, Cols. 448-529 e VILLOSLADA, *op. cit.*, p. 201-210.

Esses conflitos e também a prisão fizeram com que Saint-Cyran caísse muito doente e morresse a 11 de outubro de 1643. Isso fez com que seus seguidores em Port-Royal o venerassem como mártir e santo.

Com a morte de Saint-Cyran, a liderança do movimento foi assumida por Antônio Arnauld, jovem irmão da abadessa de Port-Royal, Maria Angélica. Tornou-se o grande porta-voz do movimento na defesa de Jansênio e do Augustinus e na luta contra os jesuítas, que passaram a escrever vários tratados contra as teses de Jansênio: padre Sirmond (1643), padre Pétau (1643) etc. Foi Nícolas Cornet quem propôs as cinco teses,[3] que resumiam a doutrina herética do *Augustinus* (1649).

São elas:

1ª) Alguns preceitos de Deus são impossíveis aos homens justos, segundo as próprias forças, por mais que queiram e empenhem-se. Também lhes falta a graça com que as tornem possíveis.

2ª) No estado de natureza decaída, o homem não pode resistir à graça interior.

3ª) Mérito e demérito pressupõe somente liberdade da coação física, não liberdade de necessidade interna.

4ª) Os semipelagianos (acusação dirigida veladamente aos jesuítas) erraram, quando ensinaram que a vontade humana pode resistir à graça ou merecê-la.

5ª) É semipelagiano dizer que Cristo morreu e derramou seu sangue absolutamente por todos os homens.

Com a condenação dessas cinco teses, Antônio Arnauld – então grande líder do movimento – lança mão de uma saída sutil e inteligente: *quaestio iuris et quaestio facti*. Dizia que não é o mesmo a questão de direito e a

---

[3] Sobre as cinco proposições retiradas do *Augustinus* pelo padre Nícolas Cornet, ver: VILLOSLADA, *op. cit.*, p. 205, nota; e J. Carreyre, *op. cit.*, cols. 448-529, com original latino e excelente comentário sobre cada uma.

questão de fato. Que a Igreja é infalível quando questiona como herética uma proposição (*quaestio iuris*), porém não o é, quando afirma que a proposição condenada se encontra em determinado livro ou autor (*quaestio facti*). Diante da condenação de Inocêncio X, a 29 de Setembro de 1654, diz que a Igreja tem razão de condenar como heréticas tais proposições, mas não tem em afirmar que tais proposições estejam no *Augustinus*.

Na defesa do jansenismo, juntamente com Antônio Arnauld e as monjas de Port-Royal, aparece neste momento Blaise Pascal, com as suas *Cartas Provinciais* e outros altos personagens do clero e da sociedade francesa.

Diante do conflito gerado no interior da Igreja da França com o questionamento da condenação por Inocêncio X das *cinco teses,* pela *quaestio Iuris et quaestio facti* de Antônio Arnauld, o papa Alexandre VII, que anteriormente como cardeal, havia feito parte da comissão examinadora das cinco teses e conhecia bem que elas haviam sido tiradas do *Augustinus*, reafirmou a condenação a 16 de outubro de 1656.

A partir dessa condenação foi apresentada à assembleia do clero, de 17 de março de 1657, um formulário de fé, enviado pelo próprio rei:

> Eu me submeto sinceramente à constituição do papa Inocêncio X de 31 de Março de 1653, segundo o seu verdadeiro sentido, que foi determinado pela constituição do nosso Santo Padre, o papa Alexandre VII de 16 de Outubro de 1656. Reconheço que estou obrigado em consciência a obedecer a estas constituições e condeno de coração e de palavra a doutrina das cinco proposições de Cornélio Jansênio, contidas em seu livro intitulado *Augustinus*, que estes dois papas e os bispos tem condenado, a que tal doutrina não é de Santo Agostinho, que Jansênio explicou mal e contra o verdadeiro sentido do santo doutor.[4]

---

[4] VILLOSLADA, *op. cit.*, p. 207-208.

Esse formulário não foi amplamente aceito e assinado por todos os eclesiásticos e mestres em teologia como era de obrigação. Diante do drama gerado, Antônio Arnauld propôs então o seu famoso *caso de consciência*. Concluía: como não foi demonstrado que as cinco proposições condenadas se encontrem de fato no *Augustinus* de Jansênio, se pode em consciência recusar-se a assinar o formulário, colocando-se em uma atitude de silêncio respeitoso.

Diante dessa doutrina, quatro bispos franceses N. Pavillon (de Aleth), E. Arnauld (de Angers), M. de Buzanval (de Beauvais) e M. de Caulet (de Pamiers), as monjas e os solitários de Port-Royal, e muitos outros jansenistas, dentre os quais Pascal, negaram-se a assinar o formulário de fé salvando a causa jansenista. Nesse momento, os jansenistas assumiram uma nova estratégia, silenciaram-se, evitando controvérsias abertas com a Santa Sé. Mas, diante da ofensiva dos jesuítas, entre os quais Raynauld, Dubourg, Rapin, Lable e outros, os conflitos vieram novamente à tona, com respostas de A. Arnauld, de seu amigo Nicole e de Pascal, que voltou com a edição de suas *Provinciais*. Diante dos graves conflitos, o rei de França Luís XIV, rogou ao papa que impusesse novo formulário de fé mais forte que o anterior. Assim o fez o papa Alexandre VII com a bula *Regiminis Apostolici* (15 de fevereiro de 1665), impondo a todos a obrigação de assiná-la. O Parlamento a registrou em suas atas, mas, apesar disso, alguns jansenistas rígidos, com os quatro bispos, seguiram negando-se assinar tal declaração de fé. O papa Alexandre VII formou uma comissão de bispos para julgarem os quatro bispos infiéis, mas questões galicanas dificultaram o seu trabalho. Com a morte de Alexandre VII, a 1º de dezembro de 1667, sobe ao trono pontifício o papa Clemente IX. Através do núncio Bargellini, conseguiu que os quatro bispos assinassem o formulário e lhe escrevessem, de próprio punho, manifestando submissão. É a chamada *Paz Clementiniana*, que marca a reconciliação dos bispos rebeldes com a Santa Sé. Com a reconciliação de Antônio Arnauld e das monjas de Port-Royal de Paris e de Champs (mais radicais), o arcebispo de Paris suspendeu a condenação que há cinco anos havia lançado contra tais mosteiros. A Santa Sé deixou em paz aos jansenistas, e Luís XIV proibiu a seus súditos atacar ou provocá-los chamando-os de hereges e vice-versa, proibindo também a publicação de libelos injuriosos sobre as questões disputadas. Mas esta *Paz Clementiniana* nada mais foi que uma estratégia dos jansenistas em evitar o anátema de Roma e a infamante nota de heresia. Os jansenistas aproveitaram-se dessa trégua para avançar em toda a França e em outros países, infiltrando-se em congregações religiosas, como os maurinos e oratorianos. Enganaram também a opinião pública, fazendo crer que o papa com a *Paz Clementiniana* havia aprovado o *silêncio respeitoso* na *quaestio facti*.

3

Aspecto Moral do Jansenismo

O primeiro período, que vai até a *Paz Clementiniana*, envolve o aspecto dogmático do jansenismo, presente no *Augustinus* de Jansênio. O aspecto moral, no entanto, é o mais conhecido do grande público. Esse aparece, sobretudo, em Antônio Arnauld, em seu livro *De la fréquente communion*, nos mosteiros de Port-Royal de Paris e des Champs, nos *Solitários*[1] que se reuniam ao redor da espiritualidade e disciplina desse mosteiro e nas *Provinciais* de Pascal. "Entre o aspecto dogmático e o moral há uma conexão mais psicológica e histórica do que lógica: diante de um Deus, árbitro absoluto de nossa sorte, que escolhe a seu bel-prazer um pequeno número de eleitos e somente por eles morre, a atitude mais espontânea é a do temor, não o amor".[2] Se o aspecto dogmático se encontra em especial no *Augustinus* de Jansênio, o moral recebe a contribuição de vários de seus expoente.

---

[1] Os *Solitários* eram fiéis leigos que viviam nos arredores do mosteiro de Port-Royal des Champs, sem votos, em uma experiência religiosa *sui generis*, sob a forte disciplina jansenista, buscando imitar a rigidez da vida dos padres do deserto, cuidando da educação de crianças e do estudo das Sagradas Escrituras e dos Santos Padres.
[2] MARTINA, Giacomo, *op. cit.*, p. 207.

3.1. Jansênio

No *Augustinus* de Jansênio, o aspecto moral aparece, sobretudo, quando trata do homem decaído. Diz-nos que a ignorância, ainda que sendo invencível, não impede o pecado, porque essa ignorância invencível é castigo da culpa original. Ali nos fala largamente da concupiscência cujo elemento essencial é o amor natural que, portanto, conduz sempre ao pecado. Discorre também sobre a liberdade, afirmando que a vontade do homem, depois do pecado original, se vê escravizada e presa à concupiscência, de tal maneira que, por suas próprias forças, não pode querer e nem fazer o bem, não pode evitar um pecado sem cair em outro e tem necessidade de pecar. Isso aparece no terceiro tomo da obra. Jansênio revela um conceito de Deus tão severo e terrível, que serve de fundo adequado ao sombrio rigorismo de todos os ensinamentos jansenistas.

3.2. Du Vergier de Hauranne – O Saint-Cyran

De Saint-Cyran procede o rigorismo da prática penitencial jansenista. É o homem da disciplina. Segundo ele, a absolvição do sacerdote não perdoa propriamente os pecados, mas simplesmente declara que foram perdoados por Deus. Por conseguinte, somente é válida quando o penitente tem contrição perfeita, caso contrário, o confessor deve adiar a absolvição, porque a dor de atrição não é suficiente (contra o Concílio de Trento). Para se aceitar a Eucaristia, exigia-se uma perfeição consumada. Mais meritoso que receber a comunhão é o desejo de recebê-la. Tinha um conceito muito pessimista da natureza. Para ele todas as criaturas são causa de sedução. Desse pessimismo radical deriva o receio e animosidade contra a filosofia e ainda a nudez e a severidade no culto divino. Suprime na liturgia a tudo quanto possa agradar aos sentidos.

Aqui devemos constar que o característico do jansenismo é o rigorismo teórico e a estreiteza de critério, e não o rigorismo ascético dos santos e o rigorismo prático da vida austera e penitente.

3.3. Antônio Arnauld

Outro grande expoente da moral jansenista foi Antônio Arnauld. Escreveu 43 livros, sendo o mais importante para nosso estudo e centro das controvérsias o: *De la fréquente communion* (1643).[3]

Essa é com certeza a obra mais importante de Antônio Arnauld. Foi escrita em defesa de Saint-Cyran e do *Augustinus* de Jansênio. Além da polêmica com os jesuítas, acusados de ferir a mais pura e antiga tradição cristã com o incentivo à comunhão frequente, expressa o rigorismo moral do jansenismo. Apesar de suas 622 páginas, essa obra teve um excelente sucesso editorial. Trazia a aprovação de 15 bispos e 20 doutores da Sorbona. Em menos de seis meses foram esgotadas quatro edições do livro. Um fato curioso que mostra o prestígio da obra nos meios eclesiásticos, é que o padre Jacques Nouet (1605-1580), tendo criticado o escrito no púlpito, foi obrigado a ajoelhar-se diante dos bispos franceses em assembleia e ler a sua retratação.

Esse livro é de fundamental importância para a compreensão da moral e disciplinas jansenistas. Escreveu-o na defesa de seu mestre Saint-Cyran, diante dos ataques dos jesuítas, que fiéis à tradição católica dos últimos séculos defendiam uma espiritualidade centrada na prática dos sacramentos, sobretudo na comunhão com maior frequência.

Na primeira parte do livro, Arnauld expõe a prática sacramental da Igreja primitiva. Segundo ele os primeiros cristãos comungavam todos os dias apenas enquanto conservavam a graça batismal, sem contaminação. Para ele, fiel à orientação de seu mestre Saint-Cyran, a comunhão semanal

---

[3] Cf. Fr. HENRIQUE CRISTIANO MATOS (CFMM), *História do Cristianismo*. Estudos e documentos, v. III, período Moderno, O lutador, Belo Horizonte, 1989.

requer condições não comuns entre os cristãos. O mais correto é manter-se afastado da santa mesa com ardentes desejos de receber o Senhor.

Nesse livro, após expor o costume da Igreja antiga de não dar a comunhão aos pecadores, senão depois do cumprimento de uma longa e severa penitência, defende a necessidade de retornar a esse uso, dado que a Igreja errara na prática pastoral dos últimos séculos. A Eucaristia não é um remédio instituído para quem é fraco e procura purificar-se, mas um prêmio para os santos. A excessiva frequência à comunhão é causa de grandes danos, pelos quais os jesuítas, com sua pastoral laxista, são responsáveis.[4] Por sua influência, foram "reeditadas em Paris as rígidas instruções de Carlos Borromeu, que aconselhavam os confessores a adiar a absolvição aos reincidentes, prática que se difundiu na França até os inícios do século XIX".[5]

Nesse seu livro, coloca condições quase inatingíveis para o fiel poder receber a Sagrada Comunhão:

> ... Há, igualmente, um adiamento no que diz respeito à comunhão, que a Igreja sanciona. Isso se dá quando o candidato deseja obter disposição melhor, fruto de uma verdadeira penitência. Mas existe também uma prorrogação referente à Eucaristia que a Igreja rejeita e condena, ou seja, quando o motivo é a indiferença e a insensibilidade para com as coisas sagradas. Tal estado é tão terrível para a alma, que a Igreja não cessa de se opor a isso, pelo fato de as pessoas, nessa situação, serem arrastadas à impiedade e à irreligião.
>
> Ninguém pode afastar-se desse pão da vida, a não ser como os rios se distanciam do mar, sempre tendentes a retornarem a ele enquanto saem dele. Aproximam-se por outra via, na mesma hora em que se afastam. É por isso que os concílios definiram a Penitência como um caminho que conduz à Eucaristia, o que demonstra bastante bem que ela nos aproxima do altar, enquanto dele tomamos distância.

---

[4] VILLOSLADA, *op. cit.*, p. 212.

[5] *Ibidem*.

Fazendo penitência através desta separação da Eucaristia – e nisto seguimos o parecer dos Santos Padres – devemos ter pesar de não podermos, como os demais, unir-nos a Jesus Cristo no seu sacramento. Consideremo-nos, então, afastados dos altares, como Adão foi banido das delícias do paraíso. Encontramo-nos privados da participação desse pão da vida, igual a Adão, privado da árvore da vida, sendo essa uma figura daquele. Nessa separação temporária de Deus – segundo a palavra de Santo Agostinho – temos uma imagem daquela separação última e eterna que merecemos.

O maior castigo dos condenados é sua perpétua separação de Deus. Isso ultrapassa em muito o tormento das chamas. É igualmente certo que na terra não existe maior dor do que estar afastado de Deus. Por acaso, não é verdade que tal situação supera todas as penas sensíveis e as aflições da penitência?

Destarte, se é pecado grave aproximar-se da mesa sagrada e *da terrível hóstia* (grifo é nosso) – como se expressam os padres – sem ter a disposição necessária para um ato tão sublime e divino, não é pecado menor deixar de trabalhar seriamente para obter a dignidade da aproximação, quando a pessoa se encontra na indignidade por disposição dos cânones eclesiásticos. Não sei quem, nesses dois extremos, seria o mais condenável: aquele que se fez réu do Corpo e do Sangue do Cristo, Filho de Deus, porque os profana ao recebê-los; ou aquele outro que torna inúteis para si este mesmo Corpo e Sangue, pelo fato de violar a santidade de sua alma, fazendo-a incapaz de recebê-los.

Vê-se com meridiana clareza que é possível separar-nos, de quando em quando, e com proveito, desse sacramento divino, embora sempre aspiramos por ele. Nada existe de mais ofensivo à verdade e ao respeito devido a Jesus Cristo em seus altares, do que dizer que os fiéis são mantidos longe da comunhão, quando se lhes apontam as disposições exigidas – novamente conforme o parecer dos Santos Padres – para poderem comungar utilmente e segundo aquilo que é necessário para a glória de Deus e a sua própria salvação. Por ventura, afastamo-los da santa comunhão, quando ensinamos os meios de se aproximar dela, propondo-os sempre como meta de seus exercícios?[6]

A segunda parte dessa obra explica como a penitência deve preceder à comunhão. Os Confessores devem exigir de seus penitentes atos que manifestem a verdadeira contrição.

A terceira parte fala dos frutos da comunhão. Diz que esta deverá sempre produzir uma união mais perfeita com Nosso Senhor e, se não produz, é ineficaz e má. Diz:

> Há de estar possuído de uma estranha cegueira para não sentir por própria experiência e para não cair sequer em algum temor de que todas as nossas confissões e comunhões sejam outros tantos sacrilégios, quando vemos, sensivelmente, que não produzem nenhuma emenda em nossa vida.[7]

Incalculáveis são, segundo ele, as desastrosas consequências do acercar-se com excessiva frequência dos sacramentos. Arnauld vê a comunhão como a coroação de uma vida santa, e não como remédio, meio de se conservar a vida e de adquirir forças para resistir e progredir.

Esse livro é escrito com extrema habilidade, profunda erudição, respeito às tradições eclesiásticas e veneração a São Carlos Borromeu e a São Francisco de Sales. Mas usa de frases ambíguas para dissimular o erro. Tal livro alcançou grande êxito, sendo aconselhado por muitos bispos e cardeais, em consequência da retórica piedosa.

Sua aversão à natureza corporal era tão grande, que desistiu de dar o último adeus a sua mãe moribunda, para não ceder à natureza.

---

[6] Ap: HENRIQUE CRISTIANO JOSÉ DE MATOS (CFMM). *Caminhando pela História da Igreja.* Uma iniciação para iniciantes, ed. O lutador, Belo Horizonte, 1995, p. 145-146.
[7] VILLOSLADA, *op. cit.*, p. 221.

3.4. Maria Angélica Arnauld

Na família Arnauld, além de Antônio, o grande Arnauld, algumas mulheres se destacaram. Seis irmãs e seis sobrinhas entraram para o mosteiro de Port-Royal. A que mais se destacou foi Jacobina Maria (1591-1661), a futura Maria Angélica Arnauld, abadessa e reformadora desse mosteiro. Com a entrada de Saint-Cyran como seu diretor espiritual e confessor do mosteiro em 1633, o mosteiro de Port-Royal-des-Champs tornou-se o mais forte centro do jansenismo. Devoções insólitas, ideias jansenistas e forte severidade nos costumes invadiram esse mosteiro. Angústias e escrúpulos invadiram a vida daquelas almas fervorosas pela influência fascinante de seu diretor. "Houve religiosas que se confessavam mais a Deus que aos homens, outras recorriam ao sacramento da Penitência com terror, por medo de não estarem bastante preparadas, e retiravam-se tremendo, sem atrever receber a absolvição; outras sentiam os mesmos temores ao comungar, ou não aceitavam por temor ao Divino Juiz; a própria Maria Angélica permaneceu até cinco meses sem receber a Sagrada Comunhão, e nos anos 1636 e 1637 nem sequer pela Páscoa da Ressurreição se atreveu a comungar."[8]

Sua autoridade perante as monjas era muito grande em razão de sua simplicidade, nunca aceitando ser chamada de Madame como era o costume da época, austeridade de vida, e pelo fato de sua proximidade, participando de todos os trabalhos manuais do monastério, junto com as outras religiosas.

Sua formação intelectual, foi certamente limitada, como era comum na França de seu tempo. Mas sabe-se que era assídua leitura de Plutarco, donde bebeu toda a mentalidade da vanidade do mundo. Em uma de suas cartas (VXVII escreve): "é injusto desprezar o mundo se não pretende ser desprezado dele".[9]

O sofrimento físico, as dores corporais eram, de certa forma, buscados pelas monjas, como forma de "imitação de Cristo".

---

[8] VILLOSLADA, *op. cit.*, p. 218.
[9] BARTOLI, *Relazione su Port-Royal,* p. 49.

O trabalho manual é outra prerrogativa essencial de Por-Royal. Nenhuma das monjas é dispensada dele, que consiste numa busca de equilíbrio entre o corpo e o espírito. O tempo é de Deus e o ócio é absolutamente banido de Port-Royal. Os trabalhos considerados inúteis ou vãos são banidos.

Buscava-se não confundir o essencial com o transitório. Para elas o voto de pobreza era uma questão moral, estava ligada à prática da caridade, da esmola aos indigentes, a comunhão de seu estado. Deus que se fez pobre, esvaziando-se de todas as suas prerrogativas, era o modelo buscado em Port-Royal. Renunciavam totalmente ao direito à propriedade, afastando-se da propriedade de coisas e do próprio direito de posse. Significava contentar-se unicamente com o necessário, e a fazer-se serva dos outros, a exemplo de Jesus. Ensinava que o estar fora do mundo não impede de ver e aliviar os sofrimentos. Afasta completamente da vida religiosa feminina o atributo "doce", pela austeridade. O amor de Deus deveria ser o princípio e o fim de toda a ação.

Dizia a uma sobrinha que "entramos no monastério para prepararmos para morrer". A morte, de fato, em Port-Royal era um momento fundamental da vida, onde o que se conta não é o tempo terreno, mas o que é usado para preparar-se para nascer para o céu. A vida era uma longa viagem para se acolher a morte.[10]

No mosteiro, a linguagem do corpo era profundamente vigiada. As religiosas vigiavam constantemente sobre seus gestos e palavras que podiam abrir espaço à vida instintiva. Madre Angélica recordava que "depois do pecado de Adão todo o corpo é corrompido e se deve ter vergonha de mostrá-lo".[11] Aquelas monjas viviam apaixonadamente o jansenismo. Maria Angélica foi a mais pura personificação do espírito do jansenismo. Via-se nela e nas outras monjas as características típicas desse movimento: austeridade rígida, dureza de juízo, soberba, falso misticismo e desprezo da natureza humana.

---

[10] BARTOLI, *Relazione su Port-Royal,* p. 75.
[11] *Ibidem*, p. 45.

O abade Saint Cyran ensinou em Port-Royal o exercício de renovação espiritual. Esse exercício constituía em um período mais ou menos longo de separação do mundo e dos Sacramentos, depois de uma confissão geral destinada a sancionar a separação do penitente de sua vida passada e liberá-lo do hábito e do automatismo. Somente assim a vida não escorrerá como uma torrente que se perde entre o tempo e a aspiração.[12] A vida religiosa, nesse sentido, passa a ser vista como uma condição privilegiada para se conseguir a salvação. Fora dela, dificilmente alguém conseguiria salvar-se.

Se a recepção do Sacramento da Eucaristia era parca, o mesmo não se pode falar da adoração ao Santíssimo Sacramento. O Santíssimo Sacramento era adorado dia e noite em Port-Royal. Reconhecia-se a presença real de Jesus no Sacramento, no entanto não se atreviam a comungar. Para elas a presença real de Jesus na Eucaristia, mais que para ser alimento, era para ser adorado. Diante da Guerra dos Trinta Anos, que derramou sangue católico e protestante, e fez com que muitas igrejas católicas fossem profanadas, Madre Angélica, juntamente com Madre Ignes e monsenhor Zamet tomaram a iniciativa de criar uma nova casa, sob a regra de Santo Agostinho com o objetivo de adoração perpétua, visando a reparação de tantas igrejas profanadas durante a guerra.[13]

Segundo o historiador, Jean Delumeau, na obra *O Pecado e o Medo, do século XIII ao século XVIII*, cresceu, na sociedade ocidental, um senso de culpa misturado ao senso de vergonha, a doença do escrúpulo. Isto se tornou realidade em Port-Royal. O grande inimigo passou ser considerado: o próprio eu. Não existe maior inimigo do que nós mesmos. A radicalização do princípio paulino que via no impulso humano o predomínio dos instintos malignos sobre a vontade de bem. O senso de culpa que deriva dessa consciência pode aplacar-se somente no desejo de partir. Olha! Aqueles que distanciando do espírito a ideia terrificante de um Deus vingador; sabemos que somente as almas temerosas terão motivo de esperar no último

---

[12] BARTOLI, *Relazione su Port-Royal,* p. 76.
[13] *Ibidem*, p. 225, nota 157.

dia da vida". Afirmavam que o mundo em que vivemos é o predileto de satanás e a cultura do século XVII é profundamente marcada pela iminência do pecado e da imagem da condenação. O cristianismo, nesse período, não levava à tranquilidade e sim à ansiedade. Deus era temido e visto como tendo olhos de lince, mais preocupado em condenar o pecado que em perdoar. A própria madre Angélica vivia esta ansiedade, "tenho medo da morte e este medo me tem seguido por toda a vida. Temo o juízo de Deus sobre as minhas obras e a eternidade que o segue".[14]

Nesta mentalidade, e influenciada pela pregação do abade Saint-Cyran, a abadessa aderindo totalmente ao significado da fragilidade e tendência ao pecado, que São Paulo atribui à carne (sarx), vê de imediato "a necessidade da verdadeira obediência, do desprezo da carne e de todos os prazeres terrenos e o mérito da autêntica pobreza. Para ela era necessário morrer para o mundo e para si mesma".[15]

Em Port-Royal não havia espaço para o supérfluo. Nenhum recurso natural para exercitarem aquilo que era vão. A terra trabalhada, com arte e sabedoria, produzia frutos e meditações, não falava aos sentidos, mas à razão.[16]

3.5. Irmã Inez Arnauld e o Rosário do Santíssimo Sacramento

Em Port-Royal, a irmã de Maria Angélica, Irmã Inêz, compôs o famoso *Rosário secreto do Santíssimo Sacramento*, com atributos à humanidade de Jesus Cristo, que o mostravam distante da frágil e depreciada natureza humana. Eram esses os atributos: a santidade, a verdade, a liberdade absoluta, a existência, a suficiência, a sociedade, a plenitude, a eminência, a inacessibilidade, a incompreensibilidade, a independência, a incomunicabilidade, a iluminação, a possessão, o Reino e a inaplicação. Atributos como a

---

[14] BARTOLI, *Relazione su Port-Royal,* p. 77.
[15] *Ibidem*, p. 78.
[16] *Ibidem*, p. 79.

misericórdia, o amor, a bondade, confiança, amabilidade, não apareciam. A própria Eucaristia foi apresentada como terrível e inacessível. Deixou de ser o Sacramento do amor, para tornar-se o Sacramento do temor. A faculdade teológica de Paris condenou *Rosário Secreto do Santíssimo Sacramento* como perigoso, a 18 de junho de 1633.

3.6. Os Solitários de Port-Royal

Outro grande meio de divulgação da disciplina e doutrina jansenistas foi através dos "solitários", um grande e significativo grupo de fiéis jansenistas, que viviam em pequenas celas nas imediações do mosteiro de Port-Royal des Champs. Fugindo do conforto e riqueza dos palácios e da corte francesa, procuravam imitar os padres do deserto, formando uma comunidade *sui generis,* sem votos e sem clausura, com liberdade para entrar e sair e também para abandonar aquele modo de vida quando quisessem. Entregavam-se a trabalhos manuais, aos cuidados dos jardins e hortas da abadia, à oração, aos estudos dos Santos Padres e das Sagradas Escrituras e ao serviço aos pobres. Seu grande interesse era ter por mérito o paraíso sob a orientação do mestre o abade Saint-Cyran. A consideração negativa do mundo, considerado como vão e desprezível e o medo devoto, eram as suas grandes características. O afastamento do mundo material para entrar no mundo espiritual, a renúncia ao sistema de valores oriundos do poder terreno eram seu grande objetivo. No fundo, uma mentalidade anticidade.

Dedicavam-se ao ensino em Paris e lugares próximos às "Petites écoles". Essa instituição tem sua origem no abade Saint-Cyran. Sua pedagogia se funda em princípios jansenistas. Cada escola estava dividida em classes, com no máximo seis alunos, sob a orientação de um professor. Eram proibidas as festas, os jogos ruidosos; a recreação era escassa e a piedade rígida. Toda brincadeira em sala era proibida, para não excitar as paixões da natureza corrompida. Essas "Petites écoles" tornaram-se meios especiais para a divulgação das ideias jansenistas, contidas no *Augustinus* de Jansenius e no *De La fréquente Communion*, de Antônio Arnauld. Essa foi a grande causa do seu fechamento em 1661.

Por este grupo passaram grandes personagens da cultura francesa do século XVII como Antoine Le Maître, sobrinho de madre Angélica, conselheiro de Estado e um dos mais importantes advogados de Paris, o médico Jean Hamon, profundamente admirado e que cuidava dos doentes pobres nos arredores de Port-Royal des Champs, ainda A. Lemainstre, o filósofo e matemático Blaise Pascal, o historiador Tillemont e o grande poeta Racine. Pela representatividade desse grupo, por ser constituído por pessoas de renome nacional, inteligentes, era considerado por Richelieu, pelo cardeal Mazzarino e por Luis XIV como uma associação perigosamente subversiva no plano religioso e político. Isto se deu, sobretudo, porque o advogado Le Maître escreveu ao conselheiro de Estado, Séguier, afirmando que era impossível a salvação para todo aquele que sujasse as suas mãos com os compromissos da política. Nessa carta via-se a influência de Saint Cyran que dizia que o maior inimigo do verdadeiro cristão era o homem político. Além deste distanciamento da política e dos poderes do mundo, manifestavam-se profundamente distantes da moda, vestindo-se de forma austera e independente.

3.7. Blaise Pascal

Dentre os Solitários de Port-Royal destacamos a figura e o pensamento de Blaise Pascal. Na luta contra o Probabilismo jesuíta, acusado de laxismo, fez com que a discussão passasse do campo dogmático para o moral. Fez também com que o jansenismo passasse da defensiva, diante da forte e franca oposição dos jesuítas, para a ofensiva, colocando seus adversários sob a ironia pública. Primeiro como anônimo e depois, sob o pseudônimo de Luís de Montalto, pôs-se a escrever cartas intituladas *Lettres Provinciales*.

Essas cartas tiveram forte influência dentro do conflito com os jesuítas, colocando-os totalmente na defensiva. As três primeiras cartas, escritas nos primeiros meses de 1656, têm caráter dogmático e visam defender a doutrina jansenística de Arnauld. A partir da quarta provincial, abandona o campo dogmático, passando para o campo moral. Essa quarta *provincial* é uma ponte entre o dogma e a moral. Com Pascal, o jansenismo condenado pela Santa Sé, pelas universidades de Paris e Sorbona, apela para a opinião pública, onde triunfou por algum tempo. Pascal escreveu suas *Provinciais* no firme propósito de defender as ideias jansenistas e desacreditar os jesuítas e sua casuística. Na décima *provincial*, escrita a 2 de outubro de 1656, apresentou-se como típico jansenista. A partir dessa carta, como o campo moral já estava esvaziando-se como lugar de polêmica, os jesuítas passaram à ofensiva, acusando o autor das cartas de defender a heresia, e de ser também herege, de vulgarizar escritos endereçados a doutores, de farsa, de mentira, de mutilar passagens e sobretudo de atribuir a todos os jesuítas o erro de alguns, fechando os olhos diante a seus acertos. Tratado como herege e ímpio, Pascal se vê obrigado a retroceder no seu ataque. A partir da décima primeira carta, dirige-se não a um provincial e seus amigos, mas aos *Révérens Pères Jésuites* (até a décima sexta) e ao padre Annat (dezessete e dezoito).

Com relação ao ensino moral, Pascal não se afasta do rigorismo de Saint-Cyran e Arnauld, como podemos perceber em sua 11ª Provincial diz:

> Deus odeia e despreza toda a multidão dos pecadores, tanto que na hora da morte, no momento em que o estado deles pode ser considerado o mais deplorável e triste, a sabedoria divina unirá o escárnio e a zombaria à vingança e à ira que os condenará às penas eternas.[17]

Nos *Pensamentos* de Pascal, encontramos também perícopes em que nos revela a sua compreensão da moral:

---

[17] MARTINA, Giocomo, *op. cit.*, p. 208, nota.

Tudo o que há no mundo é concupiscência. Existem três tipos de libido: Sentiendi, sciend, dominandi. Essas três libidos são sinais de desgraça. Devemos sujeitá-las assim como as três ordens de coisas: a carne, o espírito e a vontade. Deus deve reinar sobre tudo, pois, o verdadeiro bem, a verdadeira felicidade nele está; portanto, fora de nós.

É necessário conversão. Para tal é preciso aniquilar-se, conhecer que há uma oposição invencível entre Deus e nós, e que sem um mediador (Jesus) não há comércio.

Não somos dignos do amor dos outros, é injusto querer isto. Estamos cheios de concupiscências, de mal. Logo, devemos odiar-nos a nós mesmos. Todo o nosso ser deve voltar-se para Deus.

Não é somente a absolvição que redime o pecado pelo sacramento da Penitência, mas a contrição, a qual não é verdadeira se não busca o sacramento.[18]

As *Provinciais* foram condenadas por Alexandre VII e postas no índice dos livros proibidos a 6 de setembro de 1657. Serviram com certeza para ajudar a Igreja a purificar-se por dentro, a evitar excessos na casuística e no laxismo. Se *Os Pensamentos* de Pascal serviram para trazer à fé, muitos incrédulos de seu tempo, mostrando o cristianismo como verdadeira religião e como necessária ao ser humano, por outro lado deu aos inimigos da Igreja, através das *provinciales,* armas violentas. Por elas, Pascal fez-se modelo a Bayle, Voltaire, Diderot e demais enciclopedistas, mostrando-lhes as armas mais eficazes na polêmica religiosa.[19] Pascal jamais pensou em ser herege. *In quaestione iuris,* demonstrou-se submisso ao papa, porém *in quaestione facti* parece que ele nunca se submeteu internamente à decisão pontifícia. Faleceu a 19 de agosto de 1662, aos trinta e nove anos de idade.[20]

---

[18] PASCAL, B. *Pensamentos*, VII.
[19] VILLOSLADA, *op. cit.*, p. 246.
[20] *Ibidem*, p. 250.

Vemos, em todos esses autores, que o rigorismo tem diversas manifestações: "a rejeição do probabilismo, alvo preferido das *Provinciais*; a visão negativa das obras dos infiéis e dos pecadores, que constituem sempre um pecado, porque fruto de uma natureza intrinsecamente corrupta e não ordenada a Deus com um amor ao menos inicial; a condenação da atrição, considerada não só insuficiente para obter a absolvição dos pecados fora do sacramento, mas em si e por si imoral; o adiamento da absolvição aos penitentes de cuja perseverança não se tem suficiente esperança e, em todo o caso, aos que não tiverem cumprido a penitência imposta; a recusa da absolvição aos que se prevê haverão de recair no pecado; a afirmação de que a ignorância, ainda que invencível, não isenta do pecado; a inevitabilidade do pecado na vida humana; o acúmulo de condições quase impossíveis de conseguir, exigidas para a comunhão; a predileção, ao menos teórica, por penitências extraordinárias; o desprezo com o qual é vista a natureza humana em si mesma; a exagerada depreciação do matrimônio em relação à castidade; a doutrina de que a perfeição é possível e a salvação é fácil somente pelo abandono do mundo; a desconfiança demonstrada em relação aos afetos familiares e à amizade; e as críticas, se não diretamente à devoção à Virgem, a muitas formas concretas que ela assume".[21]

---

[21] MARTINA, Giocomo, *op. cit.*, p. 207-208, notas 10-13.

Parte II
O Jansenismo no Brasil

1

O Jansenismo no Final do Período Colonial

O jansenismo não foi um fenômeno estritamente europeu. Na Europa, ele teve o seu berço e maior desenvolvimento. Além de sua marcante presença na França, Países Baixos e Itália, atingiu a Alemanha – em menor grau – e também a Espanha e Portugal, na era pombalina.

Com o episcopado de dom Manuel do Monte Rodrigues de Araújo (1798-1863) – conde de Irajá – no Rio de Janeiro, tal teologia foi abandonada nos seminários do Brasil. Ele escreveu, enquanto era ainda sacerdote em 1837, o *Compêndio de Teologia Moral*, para uso do Seminário de Olinda, Pernambuco. Tal compêndio foi escrito em dois tomos. O primeiro com 417 páginas e o segundo com 468, e desbancou a *Teologia Lugdunense*, no seminário de Olinda. Depois de eleito bispo do Rio de Janeiro, tal compêndio teológico foi revisado e ampliado e por várias vezes reeditado.

Mas, mesmo esta teologia do padre Manuel do Monte, que substituiu nos seminários a *Teologia Lugdunense,* não escapou dos erros galicano-jansenistas, pois como os outros padres do Brasil, também padre Manuel do Monte foi formado à luz da *Teologia Lugdunense* e do *Catecismo de Montpellier*. A sua primeira edição foi examinada em Roma, e nela descobriram-se muitos erros jansenistas. O padre Manuel do Monte se submeteu e corrigiu as futuras edições. Sobre isto, escreve Cândido Mendes de Almeida, em sua obra *Direito Civil Eclesiástico Brasileiro*, no capítulo 4, parágrafo 33, scolio segundo: "cumpre confessarmos (...) já não se vêm recomendadas Lugdunense, Tamburini, Riegger, Gmeiner, Cavallario e Van Espen; e menos ainda Pascal (Lettres Provinciales)". Diz ainda: "O jansenismo triunfou em Portugal no reinado de D. José I, e apossou-se dos melhores talentos".[1]

Por ordem de Pombal, também foi introduzido no Brasil o *Catecismo de Montpellier,* de orientação abertamente galicano-jansenista. Este catecismo veio substituir os catecismos dos jesuítas, inspirados no Concílio de Trento. Logo após a expulsão dos jesuítas (1759-1760), este *Catecismo de Montpellier* foi oficialmente adotado nas dioceses do Pará e do Rio de Janeiro, portanto, adotado no grande centro administrativo, cultural e econômico do Brasil, após a vinda de dom João VI e toda a corte portuguesa (1808), durante todo o período imperial.

Na mesma linha, introduziu-se na formação do clero nacional a *Tentativa Theologica* de padre Antônio Pereira de Figueiredo, padre oratoriano, que foi um dos maiores teóricos do regalismo no período pombalino, que usou nessa sua obra, o mesmo esquema da teologia de Lyon.[2]

Em Olinda, o Seminário de Nossa Senhora das Graças, fundado pelo bispo Azeredo Coutinho, constituiu-se no grande centro de divulgação do jansenismo e galicanismo. Mas os seminários até o final do primeiro império eram ainda muito incipientes, como toda a estrutura administrativa eclesiástica. Havia apenas uma província eclesiástica, a de Salvador (1551) e mais oito dioceses: Rio de Janeiro, Olinda (criadas em 1676), os bispados sufragâneos de Lisboa: Maranhão (1677) e Grão-Pará (1719), São Paulo e Mariana (1745), e Goiás e Mato Grosso (1826). O clero secular nacional, ou era formado nos *colégios jesuítas,* de orientação tridentina, presentes, sobretudo, na faixa litorânea e uma

---

[1] Cf. PIRES, Heliodoro (Pe.), *A Teologia na Biblioteca Nacional e na História Brasileira,* p. 340.
[2] PIRES, Heliodoro, p. 339.

pequena minoria de privilegiados eram formados na *Universidade de Coimbra* (maior centro cultural português e grande divulgadora das ideias jansenistas e galicanas),[3] ou então, em sua quase totalidade, na orientação de *um vigário colado;*[4] ou mesmo de um sacerdote mais experiente que geralmente, para a sua sobrevivência, por não ter direito a salário (côngruas) do Estado e por não ser nem capelão, vigário encomendado ou vigário colado, acabava por fundar uma pequena escola ou dava aulas a particulares.

Os padres do Brasil colônia, em sua grande maioria, não passaram por seminários. Apesar dos grandes esforços do maior missionário da história de nossa pátria, o jesuíta Gabriel Malagrida, grande incentivador e fundador de vários seminários diocesanos, a questão não foi resolvida, sobretudo, por causa da expulsão dos jesuítas do Brasil. Padre Malagrida, *o apóstolo do Nordeste,* fundou dois seminários. A ordem cronológica da fundação dos seminários brasileiros no período colonial é a seguinte: 1) Seminário de São José, no Rio de Janeiro, a 5 de setembro de 1739; 2) Seminário de S. Alexandre, em Belém do Pará, a 17 de Abril de 1749; 3) Seminário de Nossa Senhora da Boa Morte, em Mariana, a 20 de Dezembro de 1750; 4) Seminário de Nossa Senhora da Lapa, Rio de Janeiro, a 29 de Julho de 1752; 5) Seminário de Nossa Senhora das Graças, Olinda, Pernambuco, a 16 de Fevereiro de 1788; e 6) Seminário de São Dâmaso em Salvador, Bahia, a 15 de Agosto de 1815.

---

[3] Muitos dos padres de Mariana, sobretudo os membros do cabido, eram formados nesta Universidade de Coimbra. Eram denominados os *doutores de Coimbra.*

[4] **Vigário colado**: expressão usada para definir o padre responsável pela administração vitalícia de uma paróquia. Mais que um eclesiástico, era um funcionário público, pago pelas côngruas do Estado. O padre, geralmente sob apadrinhamento político, era *colado* de forma vitalícia como vigário de uma paróquia (freguesia) por carta oficial do imperador e deveria ser confirmado pelo bispo, conforme acordo celebrado com a Santa Sé na instituição do Regime do Padroado. A colação de vigários no regime de Padroado pelo império português, e depois da Independência, pelos imperadores brasileiros, ambos profundamente regalistas, era tratado como assunto de Estado. Isto era feito através da Mesa de Consciência e Ordens e no período da Regência e no Segundo Império pelo Ministério da Justiça. Foi uma fonte de grandes conflitos entre os imperadores – regalistas – e os bispos, que nem sempre aceitavam confirmar tais colações, por questões de moralidade pública do candidato e mesmo por problemas doutrinais. Além dos vigários colados, existiam os vigários encomendados, que cuidavam das paróquias por um tempo determinado, e os capelães, que cuidavam da direção espiritual de capelas nas grandes fazendas.

Em 1572 os jesuítas fundaram o primeiro curso de Filosofia no Brasil, com o título de *mestre em Artes* a seus diplomados. Esse curso foi fundado no Colégio da Bahia. O costume passou aos colégios do Rio de Janeiro, São Paulo, Olinda, Recife, Maranhão e Pará. Por aí se vê como não faltaram escolas universitárias para os futuros clérigos até 1759, quando os jesuítas foram expulsos e extinguiu-se tão nobre experiência. Em Mariana, apesar de queridos por dom frei Manuel da Santíssima Trindade, bispo de Mariana, os jesuítas não puderam permanecer, por causa de sua perseguição e consequente expulsão.

Os Jesuítas, no século XVIII, preocuparam-se em fundar seminários, porque sentiam que o trabalho das missões ficava perdido, se o vigário colado, encomendado, ou mesmo o capelão não possuíssem a necessária formação eclesiástica para dar continuidade ao trabalho.

Os jesuítas não podem ser acusados de terem divulgado em seus colégios e em seus seminários as ideias jansenistas. Segundo o padre Heliodoro Pires, esses usaram em Portugal e nas colônias, textos na linha do probabilismo, e foram acusados pelos jansenistas de incentivar o laxismo moral. O texto que usaram foi a *Teologia de Busembaum,* especialmente o livro *Medula,* uma obra prática, que apresentava uma coletânea de casos usuais e suas devidas soluções.[5]

No clero nacional, poucos eram os padres preparados para a missão de professores e formadores. Os seminários que existiam funcionavam de uma forma muito incipiente. Os primeiros seminários, como o de Nossa Senhora da Boa Morte, em Mariana, funcionaram também como colégios, recebendo além de candidatos ao presbiterato, grande quantidade de alunos, que com sua mensalidade ajudavam a custear as despesas. Outra causa era a exigência do Estado que, dando subvenção para o funcionamento dos seminários, exigia que funcionassem dessa forma.

No *Caraça,* em Minas Gerais, vimos funcionar no mesmo prédio o colégio – onde foram formados muitos políticos famosos do final do período imperial e do início da República – e o seminário. Os candi-

---

[5] PIRES, Heliodoro, *op. cit.*, 338.

datos ao sacerdócio estudavam as seguintes disciplinas: *Latim, Moral* (questões de consciência), *e Catecismo*. Filosofia e história da Igreja não lhes era ensinado.[6]

Foi, portanto, sob *o Catecismo de Montpellier* e sob a *Teologia de Lyon* que a maioria do clero secular nacional foi formado. De um lado, um clero profundamente envolvido nas lutas políticas de seu tempo; sob a influência galicana, parte mostrava-se profundamente subserviente ao Estado; e nessa mesma mentalidade, outros se viam profundamente envolvidos nas lutas pela independência. Esses últimos foram também influenciados pelos ideais da Revolução Francesa e pelas ideias surgidas com a independência americana. Por outro lado, um clero que carregava as marcas do rigor jansenista, marcado pelo silício, pelos muitos sacrifícios, por pregações moralizantes, pelo rigorismo moral e o fechamento aos valores culturais das populações nativas etc.[7]

Em Minas Gerais, o baixo nível do clero evidenciou-se desde o início, com o ciclo do ouro. Para as Minas Gerais acorreram inúmeros clérigos à busca de riquezas e com preocupação pastoral muito limitada. Além disso, dada a carência de seminários, as ordenações sacerdotais foram feitas sem muito critério. Em 1780 o desembargador José João Teixeira Coelho assim se manifestou a esse propósito.

> Desde a nomeação do bispo de Mariana, dom Joaquim Borges de Figueiroa, tem-se conferido ordem a um grande número de sujeitos sem necessidade e sem escolha. Têm-se visto alguns que, havendo

---

[6] Sobre este assunto, ver: Luís Castanho de Almeida, Notas para a História dos seminários, In: *REB*. V. 9, Fasc. 1 (1944), p. 114-130, e também Heliodoro Pires (Pe.), *op. cit.*, p. 333-345, e do mesmo autor: *uma Teologia Jansenista no Brasil,* p. 327-340.

[7] Sobre este tema, é interessante analisarmos a história dos padres inconfidentes e, posteriormente, a história do padre Feijó e os padres do Patrocínio de Itu. Sobre Diogo Antônio Feijó ver: Otávio Tarquínio de Souza. *Diogo Antônio Feijó*, Coleção Documentos Brasileiros, Livraria José Olympio Editora, Rio de Janeiro, 1942, p. 332 e também: Luís Castanho de Almeida (cônego), Diogo Antônio Feijó: *Notas para um estudo sobre o sacerdote.* Revista Vozes de Petrópolis, Março-Abril (1947), p. 212-243.

aprendido ofícios mecânicos e servido de soldados da tropa paga, acham-se hoje feitos sacerdotes. (...)

"Tendo o Dr. Francisco Xavier da Rua, governador que foi do bispado com procuração do dito bispo, ordenado os sacerdotes que eram precisos, não foi bastante para o Doutor José Justino de Oliveira Gondim, que lhe sucedeu, deixasse de ordenar em três anos cento e um pretendentes, dispensando sem necessidade em mulatismos e ilegitimidades. O Doutor Inácio Correia de Sá, que sucedeu a esse José Justino no governo do bispado, ordenou oitenta e quatro pretendentes em menos de sete meses, entre eles, um que era devedor da fazenda real.[8]

As observações do desembargador, além de refletirem uma preocupação política por parte do governo da província, revelam-nos a falta de critério para as ordenações aqui celebradas. Esse fato ajuda-nos a compreender a situação desoladora da Igreja no final do período colonial, com o fechamento dos seminários, e a atitude antipastoral de bispos, escolhidos pelo governo imperial e confirmados pela Igreja no regime de padroado que, mesmo conhecendo as exigências do *Concílio de Trento* e as das *Constituições do Arcebispado da Bahia* (1709) para as ordenações, ordenavam sacerdotes sem nenhum critério. Ajuda-nos a compreender também a grave situação em que se encontrava a Igreja no Brasil e especialmente em Minas Gerais, no final desse período. Vemos, nesse documento, um pano de fundo da realidade eclesiástica e eclesial que os bispos reformadores encontraram no Brasil e especialmente na diocese de Mariana, onde mais tarde trabalhará incansavelmente dom Antônio Ferreira Viçoso, na reforma da Igreja e do Clero.

---

[8] COELHO, José João Teixeira. Instrução para o governo. Revista do Arquivo público Mineiro, VIII (449), In: EDUARDO HOORNAERT et al., *História da Igreja no Brasil*. Primeira época, p. 189-190.

2

O Jansenismo no Primeiro Império e Regência

A independência do Brasil do domínio português não trouxe melhores dias para a Igreja. Os problemas vividos durante o período colonial continuaram e até agravaram-se. Em primeiro lugar, dom Pedro I não rompeu com o sistema de Padroado, muito pelo contrário, regalista que era, sem nenhum contrato com a Santa Sé, fez-se herdeiro desse direito dos reis de Portugal no novo império. Em 1824, dois anos após a Independência, a Constituição do Império declarou o Catolicismo como Religião oficial do Estado. Regalista,[1] dom Pedro I unilateralmente assumiu--se *como patrono da Igreja, grão-mestre da Ordem de Cristo, prelado ordinário, senhor* também da Igreja no novo império. A relação com Roma tornou-se cada vez mais difícil, pois o papa, na mesma linha de Pombal, começava a ser tratado como um rei estrangeiro, sem direito de interferir em questões internas do Brasil. Nesse sentido, dom Pedro I constituiu a *Mesa de Consciência*

---

[1] **Regalismo**: Doutrina que preconiza a defesa das prerrogativas do Estado em face das pretensões da Igreja. Uma espécie de Cesaropapismo moderno, em que o rei se achava no direito de interferir nos assuntos internos da Igreja.

87

e Ordens e não se excluiu do direito de *placet*, impedindo que entrassem no país bulas e outros documentos pontifícios que, a seu ver, eram contrários aos interesses nacionais. O clima de entusiasmo e o sentimento de nacionalismo decorrente das lutas pela Independência, e mesmo o grande envolvimento de eclesiásticos nessas lutas, fizeram com que a questão não ganhasse entre os bispos e padres de então o valor que merecia. Tudo era entusiasmo.

Outro aspecto que agravou a crise da Igreja no Primeiro Império foi o fato da expulsão dos Jesuítas (1759) e do esforço continuado mesmo após a Independência, pela reforma e até mesmo a extinção das Ordens Religiosas tradicionais. O pombalismo continuou vivo. As Ordens religiosas passaram a ser vistas como inimigas da nova ordem, por dependerem de autoridades estrangeiras, por possuírem riquezas e mesmo por sua vinculação ao antigo regime. O resultado foi um agravamento da crise na vida eclesial e eclesiástica brasileira. Se as estruturas eclesiásticas eram frágeis e poucas, tornaram-se mais frágeis ainda, sem o braço forte do clero regular. Missões foram esquecidas, aldeamentos abandonados; os seminários sem os jesuítas e as outras Ordens Religiosas conheceram uma crise sem precedentes.

Como consequência dessa política, iniciada durante a colônia e radicalizada no Primeiro Império, dom frei Cipriano de São José, bispo de Mariana (1798 a1817), não viu outro caminho senão fechar o seminário Nossa Senhora da Boa Morte, o que aconteceu em 1811. Mais tarde, em 1821, foi reaberto por dom frei José da Santíssima Trindade, sob a coordenação dos franciscanos. Após algum tempo de satisfatório funcionamento, conheceu novamente a crise, depois que os franciscanos foram obrigados a deixar o seminário. Após a morte de dom frei José da Santíssima Trindade, o seminário definhou a tal ponto que, em 1842, chegou a ser usado como quartel de tropas na revolução de 1842, e quando dom Viçoso entrou na cidade de Mariana, em 1844, ali encontrou um único seminarista.

Podemos dizer que a Igreja sobreviveu graças aos leigos, à ação das confrarias, irmandades, dos beatos, da espiritualidade familiar, das festas religiosas etc. Se os eclesiásticos já ocupavam um lugar relativamente secundário na vida eclesial brasileira, a questão radicalizou-se ainda mais. Cada vez mais o catolicismo tornou-se um catolicismo leigo. Nesse contexto, quase nada pôde ser feito no sentido da reforma tridentina da Igreja no Brasil. Afirmaram-se cada vez mais as características que Riolando Azzi apontou no catolicismo tradicional brasileiro: *leigo, luso-brasileiro, social e familiar.*[2]

Com relação ao jansenismo, continuou a expandir-se na vida eclesial brasileira, através da literatura importada da Europa, das obras já citadas e outras, que com plena liberdade entravam em nossa pátria para a formação do clero e do povo. Nesse primeiro império, podemos dizer que a vida eclesial e eclesiástica não constituiu preocupação principal para o governo e nem para os poucos bispos que aqui atuavam. A grande preocupação era, com certeza, a estruturação da nova ordem surgida com a proclamação da Independência.

No final do primeiro império, um plano de reforma eclesiástica surgiu em uma linha fortemente jansenista, liderado por padre Diogo Antônio Feijó – futuro regente do Brasil – e os *Padres do Patrocínio de Itú*. Nesse plano a influência jansenista era direta, na linha do jansenismo jurisdicista do sínodo de Pistoia.

2.1. Os Padres do Patrocínio de Itu

Este movimento do interior paulista reuniu-se visando reformas eclesiásticas. Não se constituiu em um forte movimento popular, que marcasse a história da Igreja em nossa pátria. Teve repercussão nacional em razão de seu líder, grande personagem da história do Brasil durante o final do *Período Colonial, Primeiro Império e Regência*, padre Diogo Antônio Feijó. Como a maioria dos padres de sua época, o padre. Feijó chegou ao presbiterato sem passar por um seminário. Era um autodidata. Filho de

---

[2] AZZI, Riolando. Elementos para a História do Catolicismo Popular. In: *REB,* v. 36, fasc. 141 (1976), p. 95-130.

pais incógnitos[3] foi formado na companhia de seu padrinho, padre Fernando Lopes de Camargo e outros professores. Através de sua biblioteca particular,[4] conservada ainda hoje, podemos perceber que a sua formação, como a da maioria dos padres de sua época, baseava-se em obras eivadas de Jansenismo, Galicanismo e Regalismo. Grande parte das obras, conservadas em sua biblioteca estava no índex dos livros proibidos pela Santa Sé.

A obra política do padre Diogo Antônio Feijó foi muito ampla, representando o Brasil no Parlamento português durante o período colonial, apoiando o processo de confirmação da Independência no senador na primeira Assembleia Geral, como ministro de Estado e, sobretudo, como regente, governando o país em um momento profundamente crítico que foi a guerra dos Farrapos.

Quando estava às portas de assumir a regência, substituindo a regência trina, depois da abdicação do trono por dom Pedro I e durante a minoridade de dom Pedro II, foi eleito bispo de Mariana, por Francisco de Lima e Silva que, na *regência trina*, mandava de fato, pelo decreto de 09 de outubro de 1835. Assumindo a função de regente único, nem sequer enviou a carta imperial com a indicação de seu nome à Santa Sé para a devida

---

[3] No documento *De genere et moribus* em preparação para a sua ordenação está escrito: "Diogo Antônio Feijó, desta cidade, de pais incógnitos...". Também em sua certidão de Batismo dentro do mesmo processo diz "natural desta cidade e exposto ao Revmo.; Fernando Lopes de Camargo ou a D. Maria Gertrudes de Camargo ...". E a certidão citada transcreve o assento: "aos 17 de agosto de 1784, nesta Sé, batizei e pus os santos óleos a Diogo, filho de pais incógnitos, exposto em casa do Revmo. Fernando Lopes de Camargos mesmo foi padrinho e Maria Gertrudes de Camargo, viúva, todos desta freguesia, do que para constar fiz este assento, que assino. O coadjutor: José Joaquim da Silva". Cf.: Otávio Tarquino de Souza. *Op. cit.*, p. 1.

[4] ***Biblioteca particular de Padre Feijó***: 1) Lenoi *Regia in matrimonium potestas,* 2) Antônio Genuense: *Inst. Crist. Ad Theologiam Christianam,* 3) Tabaró: *Princípios sobre a distinção do contrato e do Sacramento do Matrimônio,* Edição de Paris, 1825, 4) Catecismo de Montpellier, 5) Bossuet: Catecismo de Meaux, 6) Catecismo de Soissons, 1756, 7) Catecismo de Colônia, 8) Catecismo de Blois, 9) Fleury: *Discursos à história eclesiástica...,10)* Dupin, *11)*Lubi: *Teologia do Matrimônio, 12)* Coleção de Breves, 13)História da Revolução Francesa (sem nome do autor), 14) Fleury: *História Eclesiástica, 15*) Choás: *História Eclesiástica, 16)* Gmeiner: *História eclesiástica 17)* Bíblia de Antônio Pereira de Figueiredo, *18) Concílio Tridentino, 19)* Eybel: *Introdutio in jus Ecclesiasticum, 20)* Richard: *Análise do Concílio, 21)* Muitas citações de Santo Agostinho e outros Santos Padres, e nenhuma de Santo Tomás e Santo Afonso de Ligório.22)* Álvaro Pelágio: *O Pranto da Igreja, 23*) Nicolau de Clemangis: *Do estado de corrupção do Clero.* As referências bibliográficas encontram-se incompletas. Cf.: Luís Castanho de Almeida. Diogo Antônio Feijó. *Notas para um estudo sobre o Sacerdote.* Revista Vozes de Petrópolis, Março-Abril (1947), p.232-233.

aprovação, pois sabia que seu nome dificilmente seria aceito pelo papa. Preferiu trancá-la na gaveta e conservá-la lá durante todo o seu governo.[5]

No que se refere à preocupação com a reforma da Igreja no Brasil, destaca-se o discurso que proferiu em 1828, na Assembleia Geral do Brasil, demonstrando a necessidade da abolição do celibato clerical e a competência dessa assembleia para tal reforma. Esse discurso, expondo seu voto *in* separado, em apoio à proposta apresentada pelo médico e deputado da Bahia, Antônio Ferreira França, pela extinção do celibato obrigatório do clero, demonstra a sua mentalidade regalista, de procurar reformas eclesiásticas através do poder secular. É um exemplo típico do jansenismo resultante do já citado Sínodo de Pistoia, apoiando-se na teoria conciliarista, nos princípios do clero galicano e no regalismo que não foi abandonado pelo governo brasileiro nesse período pós-independência do domínio português. Para vislumbrarmos essa mentalidade, cito integralmente alguns trechos desta obra, extraída da obra de Eugênio Egas, sob o título *Diego Antônio Feijó*.[6]

> "Julguei então meu dever como homem, como cristão e como deputado oferecer à câmara o meu parecer a este respeito, no qual procurei provar quanto permitia a brevidade do mesmo: 'que não sendo o celibato prescrito aos padres por Lei Divina, nem mesmo por instituição apostólica, e sendo aliás origem da imoralidade dos mesmos, era da competência da assembleia geral revogar semelhante lei. Que se fizesse saber ao papa esta resolução da Assembleia, para que ele, pondo as Leis da Igreja em harmonia com as do império, revogasse as que impõem penas ao clérigo que casa; e que não o fazendo em tempo prefixo, se suspendesse o beneplácito a semelhantes leis, que fomentando a discórdia entre os membros de uma só família, podiam perturbar a tranquilidade pública."[7]

---

[5] R.TRINDADE, Arquidiocese de Mariana, p. 208-214.
[6] EGAS, Eugênio. *Diogo Antônio Feijó*. Typografia Levi, 1913, 2 volumes.
[7] EGAS, Eugênio. p. 280-281.

Sua primeira proposição: "é da privativa competência do poder temporal estabelecer impedimentos dirimentes do matrimônio, dispensar neles e revogá-los",[8] em um texto recheado de citações bíblicas, conciliares, posicionamentos de imperadores cristãos, e em especial de textos da tradição jansenista, como o *Catecismo de Montpellier* e obras de Tarabaud, e Fleury.

Nessa mesma perspectiva apresenta a segunda preposição: "da necessidade da abolição do impedimento da ordem". Constrói sua argumentação pró-abolição do celibato, baseado em três princípios: 1) porque é injusto; 2) porque ao invés de produzir bens, ocasiona grandes males; 3) por que ainda quando não produzisse males, é inútil.

Em sua argumentação, contrária ao instituto do celibato eclesiástico, dirá que é antinatural, por isso mesmo, injusto:

> nenhuma lei humana tem caráter de justa sem estar baseada no direito natural. A sociedade, seja qual for sua natureza, não tem, nem pode ter, outro fim que dirigir seus associados a um bem comum. Todas as vezes, pois, que uma lei qualquer priva o homem de um direito concedido pelo Autor da natureza, sem ser nos casos em que a privação desse direito seja necessária e indispensável ao bem geral, se reveste de uma injustiça manifesta. O direito que o homem tem de contrair o matrimônio é um direito essencial a sua espécie, é um direito tão sagrado que em muitos casos se torna um dever importantíssimo à sociedade e ao mesmo indivíduo.[9]

Após argumentação fundamentada em textos da Sagrada Escritura, da Tradição, Concílios, concluirá "que ninguém pode privar o homem absolutamente, e a seu arbítrio, de contrair matrimônio".[10] Ainda, que o celibato obrigatório é causa da imoralidade do clero:

---

[8] EGAS, Eugênio. p. 282.
[9] *Ibidem*, p. 296.
[10] *Ibidem*, p. 300.

afirma que o impedimento da Ordem é a origem da imoralidade do clero. O clérigo caçador, negociante ou jogador, o clérigo negligente, ambicioso ou avarento, o clérigo murmurador, soberbo ou usurário encontra mil pretextos que diminuam a culpa aos olhos da sua consciência; ele se pode iludir; e na sua boa-fé exercer ainda com proveito dos fiéis o seu ministério. Outro tanto não acontece ao clérigo incontinente. A moral cristã lhe ensina que neste generoso pecado não há parvidade: tudo é grande, tudo é mortal. A fraqueza e a paixão podem dobrar sua vontade; mas não podem deduzir sua razão, enquanto não renunciar aos princípios religiosos, que professa. Por isso, a incontinência estende e propaga o vício a todas as ações do padre, as quais ficam necessariamente envenenadas, como nascidas de um agente criminoso, pois tal é a doutrina cristã. Eis a causa porque será raríssimo encontrar um padre incontinente que não seja perverso. Eis a causa porque o clero grego, e o protestante, é tão gabado pelos historiadores imparciais quando compararam a sua moralidade com a dos padres católicos, em geral.[11]

Neste seu pronunciamento no senado federal, afirma ainda que a imoralidade do padre poderia influir de uma maneira particular na imoralidade pública:

ora, sendo a moral pública ligada com a religião, ou parte essencial dela; sendo os padres os seus mestres encarregados pelo sagrado do seu ministério da reforma dos costumes, e para isso recebendo quase todos ordenados, ou emolumentos públicos; por que razão não aparecem os resultados, que eram de esperar? E por que sua conduta está em contradição com suas opiniões, seus exemplos não se conformam com seus conselhos, e suas palavras são destituídas de função e de vida; é porque o seu ministério é preenchido de uma maneira fútil e aparente, porque suas vistas e suas intenções não estão de acordo com os fins da insti-

---

[11] EGAS, Eugênio. p. 306.

tuição. O padre batiza, prega e confessa; mas como desempenha ele tão importantes ofícios? Uma exterioridade vã, muitas vezes até despida de decência, é o que se oferece pela maior parte aos olhos do sério observador. E por que isso acontece? Porque sua consciência condena todos os seus atos, e os condena porque um vício radical os envenena, a incontinência. Eis como o ministério sagrado não só se torna inútil como de mais a mais o padre desacreditando, com sua conduta, ou pelo menos fazendo suspeitosa a moral que ensina, multiplica o número dos perversos. (...) Concordamos em que o padre pode ser um perverso: pode pisar as leis, as mais sagradas, pois é homem. Que ainda casado pode ser um adúltero, um debochado; mas neste caso seja corrigido com toda a severidade das leis; ou incorrigível seja demitido de tão elevado ministério. Mas, se o seu mal, a origem da sua desgraça é a incontinência, então o único remédio é o casamento: não é infalível, mas é o único.[12]

Por fim, dirá que a lei do celibato é inútil, que não resulta em nenhum bem para a sociedade.

Afirmando que o celibato obrigatório não tem origem divina, nem apostólica, manifestará a necessidade do empenho da Assembleia Geral e revogar tal obrigação no território brasileiro:

deve, portanto, continuar a censura, a fim de que a disciplina eclesiástica se altere, modifique-se e aperfeiçoe-se; muito mais presentemente em que os papas, temendo a onipotência dos concílios gerais, há trezentos anos não os convocam mais, contra a expressa determinação dos mesmos concílios, a que eles estão subordinados e a quem deve filial obediência como nós todos católicos. A Igreja não é infalível, senão quando define o dogma e a moral. Enquanto a disciplina, ela pode deixar de ser prudente, pode mesmo tolerar coisas muito difíceis de justificar-se.[13]

---

[12] EGAS, Eugênio, p. 306-308.
[13] *Ibidem*, p. 333.

Por fim, baseado nestas mesmas obras, em uma argumentação baseada no regalismo e na teoria conciliarista, afirma que a disciplina da Igreja a respeito do celibato clerical não é prudente:

> que a disciplina da Igreja latina a cerca do celibato clerical não é prudente". (...) "Resta examinar se a Igreja tem razão de insistir no celibato dos padres, como condição necessária para serem conservados em seus empregos, pois que só isto é da sua competência; portanto provado está que decretar a nulidade dos seus matrimônios é só e privativamente da competência do poder temporal.[14]

Conclui seu discurso falando de sua convicção da soberania da Assembleia Geral do Brasil, de legislar em questões religiosas quando está em jogo o bem comum.

> Demonstrando o direito do poder temporal para estatuir, dispensar e revogar impedimentos do matrimônio, e a necessidade de abolir o impedimento da ordem, seria injurioso duvidar por um momento que a Assembleia Geral do Brasil, por cálculos errados de prudência, ou por contemplação dos prejuízos de alguns indivíduos que pouca ou nenhuma consideração gozam na sociedade, retarda-se o exercício de um dever tão importante, deixando ainda por mais tempo gemer uma classe honrada e tão preponderante na sociedade, pela privação de um direito tão sagrado, como especial à espécie humana, e privação que tantos males acarreta a mesma sociedade. Resta porém, mostrar ainda que a mesma Assembleia compete por um modo indireto proibir a disciplina do celibato clerical.[15]

Além do padre Diogo Antônio Feijó, destacou-se nesse movimento reformador, *os padres do Patrocínio de Itu,* o padre Antônio Joaquim de Melo que,

---

[14] EGAS, Eugênio, p. 334.
[15] *Ibidem*, p. 340

mais tarde, aos sessenta anos de idade, em 1846, foi eleito bispo de São Paulo, por dom Pedro II, constituindo-se, juntamente com dom Antônio Ferreira Viçoso, em um grande reformador da Igreja, nos padrões tridentino e ultramontano. Dom Antônio Joaquim de Melo, mesmo antes de eleito bispo, rompeu com os *padres do Patrocínio* e, sobretudo, com as ideias de padre Feijó.

Esse movimento contava ainda com outros padres: padre Jesuíno (ordenado depois de viúvo) e seus filhos também padres: padre Elias do Monte Carmelo e padre Simão Stock do Monte Carmelo, e também padre Manuel da Silveira. Eles estudavam juntos teologia, patrística, história da Igreja e estabeleceram discussões teológicas com populares, tinham uma espiritualidade comum, usavam silício e se flagelavam. Essas reuniões duraram desde fins de 1818 até os começos de 1821. "João Evangelista Campos, (...) conhecedor exímio da história local ituana, assegurou-nos que ainda muito tempo depois de 1821 se podiam ver, no coro da igreja do Patrocínio, manchas e sinais de sangue dos sacerdotes que se disciplinavam às deveras, sem dó. Como principal entre eles, Feijó".[16]

Esse movimento foi com certeza uma reação positiva à situação deplorável do clero de São Paulo e do Brasil da época. Mas, esse movimento, que deve ser visto como fruto de seu tempo, constituído por presbíteros formados em um espírito totalmente distinto das orientações de Roma, mas que com certeza, pela popularidade nacional de Feijó,[17] como deputado nas cortes de Lisboa, ferrenho lutador pela independência, deputado constituinte do Império, reformador regalista das estruturas eclesiásticas, ministro da Justiça, regente e senador – em tudo, profundamente polêmico – levantou com voz forte e eloquente a questão da necessidade da reforma do clero; obrigou mediante a polêmica pública a um posicionamento do episcopado; abriu caminho para a ação dos bispos reformadores, que de uma forma diversa, fiéis à orientação de Pio IX, levaram a reforma da Igreja e do clero às últimas consequências.

---

[16] Cf. LUÍS CASTANHO DE ALMEIDA, *op. cit.* 222. Sobre os Padres do Patrocínio, ver também: Otávio Tarquino de Souza, *op. cit.*, p. 25-39.

[17] **Sobre a vida e ação política de Feijó**, ver: Otávio Tarquino de Souza, p. 39-330; Luís Castanho de Almeida (cônego), *Feijó em Luta com o Papa. Sua Retratação e Morte Piedosa.* Revista Vozes de Petrópolis, Julho-Agosto (1947), p. 462-460; Ildefonso Silveira. *A Portaria de Feijó para a Reforma dos Regulares*, REB, V.18, fasc.2, (1958), p. 425-439.

3.1. Bispos reformadores no século XIX [1]

Para compreendermos a ação dos bispos reformadores no século XIX, é preciso levar em consideração a situação da Igreja na primeira metade do século XIX.

Primeiramente, contemplemos uma *séria crise nas Ordens Religiosas Tradicionais*, que teve como marco o ano 1759, ano da expulsão dos Jesuítas do Brasil, por ordem de Pombal. A partir de então, em repetidas ocasiões, o governo da metrópole e os governos brasileiros no período imperial passam a restringir a expansão de outras Ordens Religiosas. Essas restrições tinham três finalidades principais: a) diminuir o poderio econômico das Ordens Religiosas; b) a metrópole temia sempre mais a participação dos

---

[1] Sobre o tema do **Movimento de Reforma Católica durante o século XIX no Brasil,** promovido por alguns bispos reformadores, que mudaram a face do catolicismo brasileiro, o maior especialista é Riolando Azzi, mas encontramos também estudos preciosos sobre o tema em Frater Henrique Cristiano Matos, José Comblim, Eduardo Hoornaert, Oscar de Figueiredo Lustosa e Pedro A. Ribeiro de Oliveira.

religiosos nos movimentos políticos, participação que se fez mais frequente nos levantes precursores da Independência; c) existe também uma razão de ordem religiosa, visando realizar uma reforma das próprias Ordens, para por termo aos numerosos abusos denunciados com frequência.

Além dessas finalidades apresentadas pelo Estado, podemos referir-nos à influência do jansenismo do Sínodo de Pistoia, nesta decisão política de Pombal, tentando a edificação de uma Igreja Nacional. Se na Itália, sob a influência do bispo Scipião de Ricci e Tamburini, tentaram a extinção das Ordens Religiosas para a existência de uma só Ordem Religiosa conforme a regra de vida do Monastério de Port-Royal des Champs, na França, aqui tentaram simplesmente a sua extinção cumprindo os já citados objetivos e diminuindo o poder da Cúria Romana no novo Império.

Outra questão a ser abordada é *a precariedade dos seminários.* Após a era pombalina, em razão da expulsão dos Jesuítas e das restrições a outras Ordens tradicionais, poucos seminários puderam seguir suas atividades, por falta de professores adequados. Padres começaram a ser ordenados sem a devida preparação. E os escândalos por parte do clero aumentaram.

O terceiro ponto a ser abordado é justamente as irregularidades de toda ordem na vida do clero secular. Esta questão gozará de especial atenção por todos os bispos reformadores. As grandes características desse movimento reformador são: um movimento tridentino, romanista, episcopal e clerical.

Os pioneiros desse movimento foram: *dom Antônio Ferreira Viçoso*, bispo de Mariana, e *dom Antônio Joaquim de Melo*, bispo da diocese de São Paulo. Ambos fizeram discípulos, que ampliaram o movimento em outras dioceses. A principal característica dos bispos reformadores é a preocupação com os seminários e a formação do clero. Nesse trabalho, os bispos ligados a dom Viçoso, encontram apoio sólido nos *Padres da Missão,* os ligados a dom Antônio Joaquim de Melo, nos *capuchinhos franceses.* Sob a orientação desses padres *Capuchinhos e Lazaristas* de origem francesa, forma-se um novo tipo de clérigo brasileiro que encontra nos bispos reformadores os seus modelos próximos, afastados da área política e dedicados exclusivamente à ação pastoral.[2]

Além dos problemas internos da Igreja, enfrentaram com muita coragem e ousadia, apoiados em Pio IX, toda forma de regalismo. Foram eles os protagonistas nas lutas pelas liberdades da Igreja à luz do *Syllabus*[3] e dos outros documentos de Pio IX.

No que se refere ao jansenismo, convém lembrar que no tempo da Regência e 2º Império continuou muito vivo. Primeiro, porque o *Catecismo de Montpellier* e a *Teologia de Lion*, bem como a *Tentativa Theologica* do padre Antônio Pereira de Figueiredo imbuídos de tais ideias continuaram circulando; em segundo lugar, porque a maioria do clero brasileiro fora formado nessas ideias, seja na *Universidade de Coimbra*, seja na orientação informal por um sacerdote autodidata, como aconteceu com Diogo Antônio Feijó; em terceiro lugar, não se pode esquecer que foi Diogo Antônio Feijó, jansenista convicto, o Regente que governou os destinos do Brasil durante o período que vai da abdicação do trono por dom Pedro I até a declaração da maioridade de dom Pedro II. Foi um período em que as ideias jansenistas misturadas às ideias iluministas estiveram presentes, não apenas nos meios eclesiásticos, mas na imprensa, através dos muitos artigos de Feijó, e também nos palanques oficiais de governo, na câmara, no senado, no ministério da Justiça e no palácio imperial.

---

[2] AZZI, Riolando, *O Movimento de Reforma católica durante o Século XIX*. REB v. 34, fasc. 135, (1974) p. 646-650.

[3] **O Syllabus** foi elaborado por uma comissão de cardeais com base em uma carta pastoral do bispo Olimpo Gerbert de Perpignan(1860), cujas 85 proposições elaboradas por ele retornam nas 80 proposições do Syllabus. Além da condenação do espírito liberal em todas as suas formas, constitui, a partir do 5º parágrafo, *sobre a defesa da Igreja e os seus direitos*, a base sob a qual se apoiarão os bispos reformadores brasileiros, na luta contra as tendências regalistas dos governos brasileiros.

Parte III

Jansenismo em Minas Gerais

1

O Movimento de Reforma Católica em Minas Gerais

Nesta terceira parte, vamos refletir sobre o jansenismo em um segundo momento de sua implantação no Brasil. Não mais o jansenismo juridicista do Sínodo de Pistoia, de Tamburini ou Diogo Antônio Feijó, nem o jansenismo doutrinal de Jansênio, ou disciplinar de Saint-Cyran, mas o jansenismo como mentalidade, presente na espiritualidade de congregações religiosas reformadas – especialmente francesas – na disciplina do interior de suas casas de formação; o jansenismo resultante do longo tempo de conflitos e debates no interior da França, da convivência desse movimento na vida eclesial e eclesiástica francesa por tanto tempo, da admiração que o ardor missionário, o rigor e disciplina das monjas e dos solitários Port-Royal geraram em grande parte da população católica da França, Países Baixos, Itália; ainda, o rigor da disciplina sacramental dos escritos de Antonio Arnauld. Combatido e derrotado pela Santa Sé, o jansenismo deixou suas marcas na espiritualidade e mentalidade católica da Europa, chegando também à América, em especial ao Brasil e a Minas Gerais.

As ideias jansenistas tomaram as ruas, popularizaram-se de forma muito forte, tornando-se tema de discussões em todos os campos sociais.

O rigor moral dos jansenistas era profundamente admirado pelo povo, dando sustentação popular às ideias e aos personagens que lutavam contra os jesuítas, acusando-os de laxistas.

O rigorismo moral e disciplinar jansenista, a partir das monjas e dos solitários de Port-Royal, de Saint-Cyran – diretor espiritual de tantas casas religiosas – influenciou sobretudo a vida religiosa francesa e europeia.

Um destaque especial deve ser dado à chamada *Escola Sacerdotal Francesa*. Movimento reformista constituído de padres seculares franceses, que diante da grave crise eclesial e eclesiástica francesa, procuraram com gênio e santidade, reformar a Igreja em seu país. Sob a influência de São Francisco de Sales e da teologia espiritual espanhola do século XVI, passaram a construir uma teologia e espiritualidade, ricas de pensamentos, original e tradicional, que marcou profundamente a vida eclesial da França a partir do século XVII.[1]

Tal movimento foi marcado por ideias que constituíram o denominado neojansenismo francês. Ganhou corpo na espiritualidade de congregações religiosas reformadas fundadas por seus grandes expoentes na França e em outros países europeus e, sobretudo, na disciplina interna de suas casas de formação; um jansenismo resultante do longo tempo de conflitos e debates no interior da França, da convivência desse movimento na vida eclesial e eclesiástica francesa por tanto tempo, da admiração que a austeridade e o rigor das monjas de Port-Royal e o ardor missionário dos solitários que se organizaram ao redor da espiritualidade desse mosteiro, geraram em grande parte da população católica da França, Países Baixos, Itália etc.

As grandes características dessa mentalidade, com caracteres jansenistas, são: a disciplina e o rigorismo moral. Mas aparecem também outras caracte-

---

[1] cf. MEZZADRI, La Lode della Gloria. Il sacerdozio nell'ecole française. XVII-XX secolo. Milano 1989; MOLINARI, San Vincenzo de Paoli i la riforma del clero, in *Annali della Missione* 89 (1982) 38-76.

rísticas, como: o forte enfoque em uma antropologia baseada na natureza decaída, uma verdadeira aversão à corporeidade, sobretudo à sexualidade e vida prazerosa, à política (considerada coisa suja) e às realidades terrenas, Deus como Juiz Severíssimo (mais preocupado em condenar e castigar os pecadores que em salvar), uma pedagogia missionária visando à conversão centrada no medo da morte repentina e nos castigos eternos do Inferno, uma cosmologia negativa e consequente espiritualidade da fuga do mundo (considerado perigoso e contrário à salvação), uma espiritualidade do medo da morte e consequente fuga do pecado, marginalização da mulher (considerada a Eva pecadora e até a personificação da serpente sedutora), a castidade como rainha das virtudes, a centralidade do Sacramento da Penitência na hierarquia dos Sacramentos, e certo privatismo religioso narcisístico, em que o grande desafio do fiel era fugir às ocasiões de pecado e salvar a própria alma.

A frase que define essa mentalidade é: "serve a Deus e despreze o mundo, já não seja pecador",[2] ou mesmo na oração tradicional e popular da Salve-Rainha, "a vós bradamos, degredados filhos de Eva, a vós suspiramos, gemendo e chorando neste vale de lágrimas (...) e depois deste desterro...".

O ser humano é visto não como o filho profundamente amado por Deus, salvo pela páscoa de Nosso Senhor Jesus Cristo, mas como o "degredado filho de Eva". O mundo, não é o mundo assumido plenamente e salvo por Jesus no mistério da Encarnação, mas uma realidade de pecado: "vale de lágrimas, lugar de desterro", algo que deve ser desprezado. Não é lugar de salvação, da acolhida da proposta salvífica de Deus em Jesus Cristo, lugar de seguimento a Jesus, da vivência da missão, mas lugar de pecado, de perigo com relação à salvação. O lugar de salvação é a Igreja.

Essa mentalidade "jansenista" pode ser compreendida, não como construção artificial de pensadores, mas como consequência de uma Igreja que

---

[2] Trecho de um hino tradicional, de autor desconhecido, cantado nas procissões do depósito e enterro durante a Semana Santa. *Pecador, agora é tempo de contrição e de temor, serve a Deus despreza o mundo, já não sejas pecador, serve a Deus despreza o mundo já não sejas pecador.*

buscava afirmar-se, em uma atitude profundamente negativa frente ao mundo novo da modernidade, nascido das duas grandes revoluções – Industrial e francesa – e das ideias que surgiram do processo de independência dos Estados Unidos da América.

Em Minas Gerais, além desses elementos, acrescenta-se também o contexto social de uma sociedade nascente, sob pilares alheios ao cristianismo: a ganância pelo ouro e pedras preciosas das Minas Gerais e os graves problemas morais que marcaram uma região de garimpo: a promiscuidade sexual, a ganância e a violência. A maioria das pessoas que migraram do litoral para o interior do Brasil, ou mesmo que vieram de Portugal para Minas Gerais, vieram com o único objetivo de conquistar o ouro retirado com largueza do interior de nossas montanhas. Os problemas sociais nesta região agravavam-se ainda pela escravidão – condenada e considerada por dom Antônio Ferreira Viçoso como a grande causa da crise moral dos mineiros –, pelo ambiente revolucionário, nascido das lutas pela independência e da revolução liberal de 1842, que derramou muito sangue inocente e deixou a região completamente dividida e marcada por rancores e sentimentos de vingança, e por um grande número de sacerdotes, ordenados sem a devida preparação que, ao invés de condenar o erro, justificava-o com suas atitudes.

Aspectos Biográficos de dom Antônio Ferreira Viçoso

Para compreendermos bem o pensamento de um homem, é fundamental conhecermos a sua história. A família, a religião, a cultura, o contexto sócio-político-econômico devem ser considerados, pois o homem é um ser social, influencia e é influenciado pelo seu meio. Para falar de dom Viçoso, precisamos levar em consideração todo o seu contexto vivencial, especialmente, a situação de Portugal no final do século XVIII e início do século XIX, período em que nasceu e recebeu sua formação familiar e presbiteral.

2.1. Contexto social no qual nasceu e foi formado dom Viçoso: Portugal no final do século XVIII e início do XIX

Dom Viçoso nasceu a 1787, dez anos após o fim do período pombalino. Governava o império português dona Maria I (1734-1816), filha de dom José I (1714-1777), a quem sucedeu no trono. Não gozando da liderança e capacitação política do pai e não contando mais com a mão poderosa do marquês de Pombal (1699-1782), que renunciou a seus cargos a 1º de Março de 1777, viu o seu governo tornar-se palco de profundas mudanças estruturais, em todos os campos de governo e até retaliações contra todos os que apoiavam a política pombalina. Esse processo ficou conhecido como "A Viradeira", no qual além das retaliações, foram abertos os cárceres e libertados muitos inimigos políticos de Pombal e reabilitados muitos membros da nobreza, que puderam retomar a liberdade, voltar à pátria e a seus antigos cargos. Se para a nobreza e a Igreja em Portugal o tempo era de celebração pelo fim de perseguições e volta a antigos privilégios, para os Liberais, essas mudanças foram consideradas um profundo retrocesso, mesmo porque, os ventos eram de renovação com o advento das ideias do Parlamentarismo Inglês, Revolução Francesa (1789) e o processo de Independência dos Estados Unidos da América.

Mas, o governo de dona Maria I, porém, durou pouco, pois logo foi tomada de profunda loucura. Em pleno clima de conflito internacional entre as duas grandes potências da época, a França de Napoleão Bonaparte com o seu objetivo de conquista de toda a Europa e a Inglaterra, que apoiada por sua 'invencível' marinha de guerra, buscava vender com plena liberdade os produtos e as ideias da primeira Revolução Industrial, Portugal se viu diante dessa grave crise institucional. De 1791 a 1799, o príncipe regente, dom João VI (1767-1826) viu-se obrigado a assumir os negócios públicos nesse clima de profunda insegurança internacional. Um decreto de 15 de julho de 1799 anunciava que dom João VI assumia a regência enquanto durasse o 'impedimento' da soberana. Outro problema, que tornava mais grave a situação, eram as pressões populares oriundas da burguesia, profundamente influenciada pela maçonaria de origem francesa e inglesa, alguns pressionando pelo apoio à França (Francesismo[1]) e outros à Inglaterra. Essas pressões desgastavam profundamente as ações do governo e as relações sociais, pois o conflito internacional entre essas duas potências dividia também a sociedade portuguesa. A participação das tro-

---

[1] Francesismo: forma preconceituosa como era tratada a influência cultural e política da França na vida do povo português nesse período.

pas portuguesas na Campanha do Rossilhão (1793-1795),[2] ao lado das tropas inglesas e espanholas, fez com que Portugal definisse o seu posicionamento político no conflito Franco-Inglês. O medo de uma iminente invasão francesa fez com que Portugal entrasse de forma definitiva nesse conflito, muito mais amplo que essa campanha do Rousilhão. Se a tensão e o medo de uma invasão francesa já eram grandes, depois do fracasso da "tripla aliança"[3] contra os franceses no Rousilhão, a invasão de Portugal pela França tornou-se uma questão de tempo, gerando inseguranças internas, forte investimento em uma política de guerra e uma crescente dependência da proteção militar inglesa. A entrada de Portugal nesse conflito franco-inglês foi uma das páginas mais duras da história do país, que resultou em três invasões francesas[4] em seu território e na consequente transferência da Família Real para o Brasil.[5] Fato esse que, de um lado, resultou em um grande acontecimento para o desenvolvimento do Brasil, marco do processo de sua Independência, então transformado em sede do Império. Por outro lado, um acontecimento que agravou ainda mais a crise portuguesa no início do século XIX, pois Portugal tornou-se palco de profundos conflitos internos, um reino sem rei e sem corte, um povo sujeito a humilhações de todas as formas e, sobretudo, palco da terrível guerra entre França e Inglaterra pela soberania no continente europeu. A Península Ibérica

---

[2] Rousilhão, zona da Catalúnia na Espanha, onde se deu a luta da tripla aliança: Inglaterra, Espanha e Portugal contra a ocupação francesa.

[3] Forma como foi definida a aliança entre Inglaterra, Espanha e posteriormente Portugal, na luta contra as tropas francesas na Espanha.

[4] A primeira invasão de Portugal pela França aconteceu em 1807, sob o comando do general Junot; a segunda, sob grande resistência portuguesa com o apoio inglês, foi iniciada no final de 1808, sob o comando do duque da Dalmácia, o marechal Soult. A terceira que, pretendia ser comandada pelo próprio Napoleão, como marco da vitória sobre a Inglaterra, deu-se entre 1810 a 1811, quando o general inglês Wellington, comandante da resistência portuguesa, usou da estratégia da "terra queimada" (destruição das casas e víveres) pelos caminhos por onde passariam as tropas francesas, que foram vencidas por esta forte estratégia de defesa e, sobretudo pela fome e a força do terrível inverno de 1811.

[5] A transferência da Corte portuguesa para o Brasil, para a cidade do Rio de Janeiro, deu-se a 27 de novembro de 1807, visando salvar a coroa e a independência do Império Português diante da invasão francesa. Durou até o dia 03 de julho de 1821, quando dom João VI se viu obrigado a retornar a Lisboa diante da Revolução Constitucionalista de fevereiro de 1820, e da ameaça republicana.

– Espanha e Portugal, pela riqueza de suas colônias além-mar – tornou-se o palco maior dessa disputa.

Desses acontecimentos políticos que marcaram a história de Portugal no final do século XVIII e início do século XIX alguns elementos devem ser destacados para o estudo de nosso tema.

O primeiro é que as consequências do grande terremoto e consequente maremoto, que devastaram a cidade de Lisboa em 1755, atingiram também outras regiões de Portugal.

Diante da tragédia natural, o trabalho dos religiosos foi de fundamental importância no socorro às milhares de vítimas, pois além das funções religiosas, cumpriam também a função da assistência social e do serviço à saúde. Sobre a assistência às vítimas, é interessante o testemunho do então superior geral dos Lazaristas em Lisboa, o padre De Brás, que assim escreve:

> Os nossos confrades, levados pelo seu zelo, foram, nos primeiros dias, pelas ruas da cidade, a enterrar os mortos e confessar os moribundos, expondo-se eles mesmos a perigo de vida, porque estando todas as casas abaladas e combalidas, a ameaçar a ruína, o mais leve acidente os poderia sepultar debaixo dos escombros, como aconteceu a tantos milhares de outros.[6]

Mas, uma leitura religiosa, de tom apocalíptico, surgiu por parte de muitos religiosos. Sobre isso, é interessante também o mesmo testemunho do padre De Brás, sobre a iniciativa do Patriarca de Lisboa:

> Além das preces quotidianas preceituadas por Sua Eminência o Sr. Cardeal Patriarca, os nossos confrades, para aplacarem a cólera de Deus, foram os primeiros a fazer uma procissão, descalços, cada um

---

[6] ACCM, *Compêndio de História da Congregação da Missão em Portugal. São Vicente de Paulo em Portugal. Os Padres da Missão e suas obras em Portugal. Primeira parte: Desde a origem até o Marquês de pombal*, mimeo, p. 248.

com um crucifixo na mão, a cantar o 'Miserere' e outros salmos com tom lúgubre, o que impressionou vivamente a toda a gente. Ainda, atualmente, andam muito ocupados em confessar, de manhã e de tarde, o povo que vem em multidão, fazer confissões gerais, porque este desastre impressionou-os mais do que teriam feito dez anos de missões pregadas pelos mais fervorosos apóstolos. Queira Deus que daí resultem frutos sólidos de conversão e de fidelidade ao seu serviço.[7]

São conhecidos vários documentos nesse sentido, sobretudo, um opúsculo do padre Gabriel Malagrida (1689-1761), de forte teor apocalíptico, interpretando esse acontecimento natural como castigo de Deus[8] pelos crimes e pecados da população cristã de Lisboa, que vivia a época de seu apogeu, em razão das riquezas oriundas das colônias, sobretudo do Brasil. Essa pregação se deu, sobretudo, da parte de alguns padres jesuítas, o que fez com que aumentasse a aversão do marquês de Pombal – de formação jansenista e marcado por um pensamento profundamente regalista – e seus sequazes contra os Jesuítas, sobretudo porque "a crença popular viu nessa pregação o sinal de novas desgraças a abaterem-se sobre Portugal".[9] O clima de terror que se abateu sobre a população, em consequência do cunho apocalíptico dessa pregação, deu a Pombal um instrumento a mais para implantar uma forte política de perseguição aos Jesuítas, o que resultou na prisão de muitos e na condenação à morte do grande missionário do Brasil colonial, o italiano padre Gabriel Malagrida, condenado pela Inquisição Imperial, quando ocupava o cargo de Inquisidor Geral o irmão de Pombal, Paulo de Carvalho de Mendonça. Foi queimado vivo no Rossio, a 21 de setembro de 1761.[10]

Acusados de se envolverem no governo secular – tarefa considerada alheia às obrigações dos sacerdotes – a Coroa afastou os Jesuítas e todas as Ordens Religiosas da jurisdição temporal sobre os índios. Essa política veio a desembo-

---

[7] ACCM, *Compêndio de história da Congregação da Missão*, p.248.
[8] cf. SERRÃO, *op. cit.*, p. 41.
[9] *Idem*.
[10] *Ibidem*, p. 50-54.

///

car no confisco dos bens e na expulsão dos Jesuítas do Império Português em 1759, acusados de crime de lesa-majestade. Essa luta contra os Jesuítas culminou na extinção da Companhia de Jesus, pelo papa Clemente XIV, com a bula *Redemptor Noster Jesus Christus* a 21 de julho de 1773, como exigência para o restabelecimento das relações entre a Coroa Portuguesa e a Santa Sé.

Se de um lado, a expulsão dos Jesuítas fortalecia o conceito regalista de uma Igreja nacional, submissa à vontade régia – grande projeto de Pombal –, por outro lado, deixou um vazio terrível em todo o Império, pois eram eles os grandes responsáveis pelas missões junto aos índios nas colônias e pelo ensino em todos os níveis. O sonho de um ensino baseado na filosofia iluminista esbarrou-se na falta de professores, que se fez sentir na Metrópole e em todo o Império. O alvará de expulsão dos jesuítas de 28 de junho de 1759 lançou as bases da reforma do ensino de 1772, promulgada por Pombal. Foram substituídos os métodos e literatura jesuítica, por outra eivada de ideias iluministas e jansenistas.

O compêndio adotado nas escolas criadas por Pombal foi *O Novo Método* do padre oratoriano, Antônio Pereira de Figueiredo ou *A Arte Gramática Latina* reformada por Antônio Felix Mendes, professor em Lisboa.[11] Outras obras foram impostas: as regras de ortografia de Luis Antonio Vernei, a retórica de Aristóteles e de frei Luis de Granada; as obras de Cícero, Tito Lívio, Salústio, Cornélio Nepos, os sermões de Santo Agostinho e a Lógica Crítica de Vernei, os autores portugueses: Camões, frei Luis de Souza, Antônio Ferreira, Diogo Bernardes e Duarte Ribeiro de Macedo. Para a formação do clero nas dioceses, os textos apresentados foram: *o Catecismo de Montpellier* e a *Teologia Lugdunense*, profundamente eivado de ideias galicanas e jansenistas. Outro instrumento dessa reforma foi a Real Mesa Censória, que passou a censurar obras estrangeiras, inclusive catecismos da doutrina cristã e bulas papais.[12] No que se refere ao ensino universitário, foi extinta a Universidade de Évora, centro jesuítico, e a Universidade

---

[11] Serrão, p. 253-259.
[12] *Ibidem*, p. 264.

de Coimbra, sob reforma pedagógica, foi colocada como único e grande centro de estudos universitários. Dom Tomás de Almeida, sobrinho do patriarca de Lisboa, foi nomeado para diretor geral dos Estudos no Reino e no Ultramar.

A participação de Portugal na Guerra dos Sete anos fez com que poucos recursos financeiros fossem dirigidos a essa reforma de ensino, prejudicando-a profundamente. No entanto, as ideias dessa reforma foram continuadas nos reinados de dona Maria I, dom João VI e dom Pedro IV[13] (1798-1834), que mantiveram a tendência regalista-galicana.

Outro elemento que chama a atenção nesse período é a grande participação do clero na vida sociopolítica do Império Português. De um lado, vemos uma participação oficial, pois no sistema de padroado, o imperador assumia o papel de protetor da Igreja, grande líder da Igreja no império. Nesse sentido, vemos os bispos e sacerdotes – como funcionários públicos – profundamente envolvidos nas ações de governo no campo judiciário, no parlamento, no sistema educacional etc. Também encontramos muitos eclesiásticos envolvidos nas lutas e rebeliões contra o poder constituído, bem como nas lutas pela Independência das colônias. Em todos os movimentos de oposição às políticas oficiais, na metrópole e nas colônias, vamos ver a presença ativa de eclesiásticos, o que em muito contrariava a visão oficial da Igreja, baseada nas constituições do Concílio de Trento, visando eclesiásticos dedicados exclusivamente à área do sagrado. O sonho pombalino de uma Igreja Nacional, ligada aos interesses da realeza e desvinculada de Roma, com certeza, era também ideia comum na vida de muitos eclesiásticos, pois era ideia comum na literatura usada para a formação eclesiástica na época, como vimos anteriormente, a *Teologia Lugdunense* e o *Catecismo de Montpellier*.

---

[13] No Brasil, dom Pedro IV foi conhecido como dom Pedro I, o proclamador da independência e o primeiro imperador do Brasil.

2.2. A formação familiar de dom Antônio Ferreira Viçoso

Antônio Ferreira Viçoso nasceu em Portugal, perto de Lisboa, em uma aldeia portuária chamada Peniche, a 13 de maio de 1787. Filho de Jacinto Ferreira Viçoso e Maria Gertrudes, com quem se casou a 3 de agosto de 1774. Casal simples e profundamente religioso. Os dois receberam o hábito da Ordem Terceira de São Francisco no convento do Bom Jesus de Peniche, a 30 de abril de 1774. A 4 de julho de 1776, ingressaram na Confraria dos Clérigos Pobres do Glorioso Apóstolo São Pedro da vila de Peniche. Jacinto era também irmão da Santa Casa de Misericórdia local e membro da Irmandade do Santíssimo Sacramento.

De seu casamento nasceram seis filhos. Antônio Ferreira Viçoso era o sexto filho. Foi batizado na igreja paroquial de Nossa Senhora da Ajuda a 21 de Maio de 1787. Sua infância terá sido igual à de todos os meninos de Peniche de seu tempo. Dessa família, também José Antônio Ferreira Viçoso, o segundo filho, buscou a vida sacerdotal e como padre trabalhou nessa mesma vila junto de seus pais e parentes.

Portanto, Antônio Ferreira Viçoso viveu nessa vila litorânea de Portugal, na região da Estremadura, que sofreu as consequências do terremoto e maremoto de 1755, em um ambiente familiar e comunitário profundamente religioso. Foi aí, que seguindo os passos de seu irmão, José Antônio, e sob a orientação de seu padrinho de batismo, o frei Frutuoso, que ele se decidiu pela vida religiosa e pelo sacerdócio.

2.3. Sua formação presbiteral e missionária: a Congregação da missão de São Vicente de Paulo

Antônio Ferreira Viçoso iniciou seus estudos no convento Carmelita de Olhalvo,[14] onde entrou em 1796, aos nove anos de idade. Aí viveu por dois anos, sob a orientação de seu padrinho de batismo, o frei Frutuoso, foi

---

[14] CALADO M., *Dom Antônio Ferreira Viçoso, bispo de Mariana*, Cacilhas, 1987, p. 17-20.

introduzido na língua latina e aprendeu a ler, escrever e contar. Sua piedade e gosto pelos ofícios religiosos eram muito grandes. Depois de dois anos no convento de Olhalvo, sucedeu um de seus professores, frei Bernardino, que foi nomeado prior do convento dos Carmelitas em Santarém, e vendo que as condições de estudo lá eram melhores, resolveu levar consigo o jovem Antônio Viçoso. Agora, ele estava mais distante de seus pais, familiares e do padrinho de batismo que tanto o acompanhara e apoiara.

No convento de Santa Tereza, em Santarém, Antônio aperfeiçoou seus conhecimentos de latim, sob a orientação do mestre Antônio José. Três anos depois, concluída a respectiva aprendizagem, ingressou aos 14 anos de idade no seminário de Santarém,[15] onde permaneceu por sete anos. Nesse seminário estudou grego, história, filosofia, retórica e teologia dogmática. Sendo um seminário diocesano, e estando Portugal sob o regime de Padroado, estudou sob a literatura imposta pela reforma do ensino de 1772. No penúltimo ano, foi convidado pelo próprio reitor a ensinar latim aos outros alunos, talvez pelas dificuldades financeiras que marcaram a vida de Portugal, com a primeira invasão das tropas francesas no território português, considerando que foi Santarém um dos principais palcos de conflito.

Em 1809, no momento mais difícil da história portuguesa, diante das invasões francesas, da transferência da corte para o Rio de Janeiro, contando com 22 anos de idade e terminados os estudos em Santarém preparou-se para receber as Ordens Sacras. Porém, como era ao bispo de Lisboa que competia às ordenações dos seminaristas da diocese e a Sé Patriarcal encontrava-se vaga, Antônio Viçoso não pode ser ordenado. Sendo assim, voltou para Peniche, sua terra natal, agora ocupada pelas tropas francesas, ai permanecendo até a mudança do quadro político e eclesial de seu país. Além da convivência com sua família, teve Antônio Viçoso a oportunidade de sentir mais de perto os sofrimentos de seu povo diante dos ultrajes, roubos, destruições, descalabro moral, exploração econômica e o desrespeito de todas as formas pela presença de dois mil soldados franceses, comandados pelo general Thomières.[16]

---

[15] CALADO, p. 21-22.
[16] *Ibidem*, p. 23-27.

Foi em sua terra, diante de seus familiares e em meio ao sofrimento de seu povo, sob a orientação de seu irmão padre José Antônio Viçoso, que trabalhava em sua terra natal, que Antônio Viçoso decidiu ingressar em uma congregação religiosa. Talvez pela influência e os frutos produzidos na população, das missões populares pregadas pelos padres lazaristas na região em 1806, decidiu procurar essa congregação, querendo ser também um missionário popular. Foi até Lisboa, ao seminário de Rilhafoles procurar o superior geral padre Luís Manuel Pereira, com quem conversou demoradamente, manifestando seu projeto. Começou aí uma espera angustiante, pois somente dois anos depois veio a resposta definitiva, acolhendo-o como membro da comunidade vicentina.

Em Lisboa, na casa de Rilhafoles, vestiu o hábito de São Vicente de Paulo a 25 de julho de 1811. Fez sua profissão solene a 26 de Julho de 1813. Foram, portanto, sete anos em Rilhafoles, dos quais dois anos de exercícios espirituais e meditação em preparação para assumir a nova, exigente e desprendida forma de vida como um missionário lazarista. Tendo feito os votos em 1813, iniciou um novo ciclo de estudos adquirindo novos conhecimentos e aprofundando outros. Diante da prolongada vacatura da Sé de Lisboa, foi ordenado presbítero, dois anos depois de concluir o subdiaconato, pelo bispo resignatário de Macal dom frei Marcelino José da Silva que, ao mesmo tempo, residia no Crato. No dia 07 de março, depois de longos anos de estudo e espera, celebrou a primeira Missa.

A sua primeira missão foi ainda em Portugal, enviado a lecionar Filosofia no Colégio Nossa Senhora da Purificação, na cidade de Évora. Essa primeira missão durou pouco tempo, pois, foi enviado para o Brasil, juntamente com o padre Leandro Rabelo Peixoto e Castro (1781-1841) para cuidar da catequese dos índios no Mato Grosso.

2.4. *Padre Antônio Ferreira Viçoso: missionário lazarista no Brasil*

Os padres Leandro Rabelo Peixoto e Antônio Viçoso partiram de Lisboa em direção ao Brasil a 27 de setembro de 1819. Quando aportaram no Rio de Janeiro, a 7 de dezembro desse mesmo ano, dom João VI já havia entregado a missão junto aos índios do Mato Grosso aos freis Capuchinhos. Depois de alguns dias de espera no Rio de Janeiro, uma nova missão foi-lhes apresentada. Receberam das mãos de dom João VI o testamento do irmão Lourenço de Nossa Senhora, fundador do Caraça,[17] e foram enviados para a província de Minas Gerais, para edificar o colégio e a residência para missionários, conforme queria o irmão Lourenço e ordenou dom João VI. No dia 15 de abril desse mesmo ano, após 45 dias de caminhada, percorrendo em torno de seiscentos quilômetros desde o Rio de Janeiro, os dois missionários chegaram ao Santuário Maria Mãe dos Homens do Caraça. Começaram, a princípio, a reforma da estrutura dos prédios. No entanto, o padre Antônio Viçoso inicia sua missão como missionário popular, pregando missões nas cidades de Catas Altas e Barbacena. Nos princípios de janeiro de 1821 iniciam as aulas, ficando o padre Antônio Viçoso responsável pela orientação pedagógica. A partir do Caraça, abriram mais duas casas em Minas: Congonhas do Campo e Campo Belo da Farinha Podre.

No entanto, a missão do padre Antônio Viçoso no Caraça foi curta, pois dois anos mais tarde, foi requisitado pelo primeiro imperador do Brasil, dom Pedro I, para uma outra missão educativa. O seminário e colégio da Santíssima Trindade, (ou de Jacuecanga), na vila de Ilha Grande, a duzentos quilômetros do Rio de Janeiro, construído pelo irmão Joaquim do Livramento, foi-lhe entregue. Ali chegou em meados de setembro de 1822. Depois de reestruturar o prédio, trabalhou como reitor do seminário, mestre e responsável pela acomodação e pelo sustento dos alunos. Mesmo sem ser pároco,

---

[17] **Caraça**: Fazenda com ermida e casa construídas pelo ermitão irmão Lourenço de Nossa Senhora, dedicada a Nossa Senhora Mãe dos homens. Após morte de irmão Lourenço, dom João VI como herdeiro e testamenteiro de todos os seus bens, no compromisso de tornar a capela e a casa ali construídas em uma casa de Missionários, que assumissem o trabalho de Missões populares e a construção de um colégio para a educação da mocidade, deu-as aos primeiros lazaristas que aqui vieram: padre Antônio Ferreira Viçoso e padre Leandro Rabelo Peixoto e Castro. Fiéis ao testamento do Irmão Lourenço, passaram construir o famoso colégio do Caraça, que além de colégio, funcionou como seminário lazarista e da diocese, centro de missão e sede da província brasileira dos Padres da Missão. PIMENTA, *Vida de Dom Viçoso, op. cit.* p. 24-33; TOBIAS ZICO J., Os Lazaristas do Caraça, in *REB* 41(1981) p. 485-509.

assistia pastoralmente as várias comunidades da redondeza, como Monsuaba, Prainha do Veado, Tartaruga, Ponta de Leste, Angra dos Reis e Ilha Grande. Em Jacuecanga, visando divulgar o pensamento dos melhores autores cristãos da época, fez publicar um periódico chamado "*Selecta Católica*".[18] Foram 15 anos repletos de doação e sacrifícios. Ali, recebeu a triste notícia da morte de seus pais em Portugal: do pai a 18 de julho de 1830, e da mãe a 16 de outubro de 1836. Depois de 15 anos longe da comunidade lazarista, diante do isolamento moral em que se encontrava, longe de sua comunidade religiosa a tanto tempo, pediu sua transferência para o Caraça novamente. Despede-se de Jacuecanga no início de julho de 1837.

De volta ao Colégio do Caraça, no final de julho de 1837, encontrou-o ampliado e repleto de alunos, bem como de novos irmãos lazaristas, pois, tinham feito votos 37 confrades brasileiros.[19] Foi eleito Superior do Colégio. Em setembro de 1839, diante da proibição do governo imperial de que as congregações religiosas presentes no Brasil mantivessem alguma ligação com suas sedes europeias,[20] em razão da recente proclamação da independência e do consequente nacionalismo resultante desse processo, e tendo, portanto, os Lazaristas brasileiros se desligado da casa mãe em Paris, padre Antônio Ferreira Viçoso foi elevado à dignidade de Superior

---

[18] CALADO, *op. cit.*, p. 34-37.

[19] Cf. *Compêndio da História da Congregação da Missão em Portugal* – terceira parte –. Desde a supressão das Ordens Religiosas até a vinda dos Lazaristas Franceses (1834-1857), mimeo, p. 127.

[20] *Código Penal do Império do Brasil, dos crimes públicos.* Título II Dos crimes contra a existência do Império. Capítulo I: Dos crimes contra a Independência, a integridade e a dignidade da nação.
Art. 79:, Reconhecer o que for cidadão brasileiro, superior fora do Império, prestando-lhe efetiva obediência. Penas: de prisão por 4 a 16 meses.
Art. 80: Se este crime for cometido por corporação, será esta dissolvida: e se os seus membros se tornarem a reunir debaixo da mesma ou diversa denominação, com a mesma ou diversas regras. Penas: aos chefes, de prisão por dois a oito anos; aos outros membros, de prisão por oito meses a três anos.
Art. 81: Recorrer a autoridade estrangeira, residente dentro ou fora do Império, sem legítima licença, para impetração de graças espirituais, distinções ou privilégios na hierarquia eclesiástica, ou para autorização de qualquer ato religioso. Penas de prisão por três a nove meses. *Coleção das Leis do Império do Brasil* – parte nona – v. VIII, ano de 1831 *apud* Processo de Beatificação de dom Antônio Ferreira Viçoso, p. 75.

Geral da Congregação da Missão Brasileira. Essa nova missão não o afastou das antigas missões como mestre e missionário popular, pregando missões durante todo um mês em Mariana, seguindo depois para Vila de Pomba, Remédios e São José del Rei, "colhendo em todos os lugares muitos frutos de conversões e reforma dos costumes".[21]

A 28 de agosto de 1841, sofreu o desgosto do falecimento de seu amigo e companheiro de viagem e missão no Brasil padre Leandro Rabelo Peixoto e Castro, ocorrido em Ouro Preto.

Em 1842, diante da eminente revolução republicana, viu-se obrigado a fechar o colégio do Caraça e transferir-se com a comunidade lazarista e alunos para Campo Belo (hoje Campina Verde) a setecentos quilômetros de distância. Foi ali que depois da longa viagem e alguns meses de trabalho ficou sabendo de sua eleição para bispo de Mariana. Recebeu o aviso imperial, datado de 7 de janeiro de 1843 com alguns meses de atraso, devido à dificuldade de comunicação e a repentina mudança para Campo Belo. Partiu para o Rio de Janeiro para dar a sua afirmativa, após muita apreensão e meditação.

2.5. Dom Antônio Ferreira Viçoso, sétimo bispo de Mariana

A escolha de dom Antônio Ferreira Viçoso aconteceu no contexto do sistema do padroado, em que o imperador – dom Pedro I, o primeiro imperador do Império brasileiro – elegeu o novo bispo por um decreto do Poder Executivo, como dispunha a Constituição do Império.[22] Feita e aceita a nomeação, foi iniciado um processo de habilitação do candidato perante o núncio apostólico, ou perante o Metropolita ou outro bispo indicado pelo Imperador, caso a Sé Metropolitana estivesse vaga. Nesse processo, buscava-se conhecer toda a vida do candidato. A ele era anexada a Profissão de fé do candidato conforme o Concílio de Trento. Feito esse

---

[21] CALADO, *op. cit.*, p. 40.
[22] Constituição do Império, Art. 102, parágrafo 2, *apud* Processo de beatificação de dom Viçoso, p. 93.

processo de habilitação, o nome do candidato era enviado através de Carta de Apresentação do Imperador (Patrono), onde eram reafirmados os seus direitos como Patrono da Igreja no Império do Brasil, para a confirmação do papa junto a relatórios demonstrando a situação da diocese, da catedral, das igrejas paroquiais, do cabido diocesano e do seminário, segundo as determinações do Breve de Pio VII de 29 de novembro de 1806.[23]

No que se refere à relação Igreja/Estado Imperial, a independência do Brasil do domínio português não trouxe melhores dias para a Igreja. Os problemas enfrentados durante o período colonial continuaram e até agravaram-se. Em primeiro lugar, porque dom Pedro I não rompeu com o sistema de Padroado, muito pelo contrário, de formação regalista,[24] sem nenhum contrato com a Santa Sé, fez-se herdeiro desse direito dos reis de Portugal no novo império. Em 1824, dois anos após a Independência, a Constituição do Império declarou o catolicismo como religião oficial do Estado e o imperador como patrono da Igreja, grão-mestre da Ordem de Cristo, prelado ordinário, senhor também da Igreja no novo império. Na sequência da política pombalina, no Império do Brasil, o papa passou a ser tratado como um rei estrangeiro, sem nenhum direito de interferir em questões internas do país. Constituída a *Mesa de Consciência e Ordens*, através do direito de *placet*, passou-se inclusive a impedir a entrada no país de bulas e outros documentos pontifícios, considerados contrários aos interesses nacionais. O clima de entusiasmo e o sentimento de nacionalismo decorrente das lutas pela independência, e mesmo o grande envolvimento de eclesiásticos nessas lutas, fizeram com que a questão não ganhasse entre os bispos[25] e padres de então o valor que merecia.

---

[23] Sobre este assunto, ver: ALMEIDA C. M., *Direito Civil e Eclesiástico Brasileiro*. Rio de Janeiro 1866, a partir 935.

[24] Regalismo: Doutrina que preconiza a defesa das prerrogativas do Estado em face das pretensões da Igreja. Uma espécie de Cesaropapismo moderno, em que o rei se achava no direito de interferir nos assuntos internos da Igreja.

[25] Grande parte do clero e a totalidade dos bispos do Brasil, anteriores a dom Antônio Viçoso, foram formados na Universidade de Coimbra, que pela reforma do ensino de 1772, havia assimilado o espírito da Ilustração e o galicanismo do marquês de Pombal.

Esse incipiente nacionalismo, que começava a aflorar na vida brasileira nesses anos pós-proclamação da Independência[26] e a continuidade dessa política regalista no governo de dom Pedro II, fez com que o padre Antônio Viçoso pensasse muito antes de dizer o seu sim a sua indicação ao episcopado, pois bem conhecia o sentimento de rejeição aos portugueses,[27] bem como o ambiente profundamente politizado, e consequentemente conflitivo da diocese de Mariana, palco recente da revolução liberal de 1842, e berço de antigas lutas pela defesa de suas riquezas minerais – cada vez mais escassas –, contra os abusos na cobrança de impostos por parte de Portugal e das lutas pela Independência do país, como foi a conhecida *Inconfidência mineira.*[28]

Profundamente consciente dos desafios que o esperavam, aceitou a indicação ao episcopado e partiu para o Rio de Janeiro, para pessoalmente entregar o seu documento de aceitação ao imperador, esperar a bula pontifícia confirmando a sua eleição e cuidar pessoalmente de toda a parte burocrática para a sua ordenação e posse na diocese de Mariana. Teve sua eleição confirmada pelo papa Gregório XVI a 24 de janeiro de 1844. Resolveu permanecer no Rio de Janeiro até a celebração de sua ordenação episcopal.

Nesse ínterim, enquanto esperava a sua confirmação como bispo de Mariana, durante o mês de fevereiro, foi enviado pelo Delegado Apostólico e Internúncio no Brasil, mons. Ambrogio Campodonico, para resolver problemas e reformar o convento carmelita em Salvador, na Bahia. Foi

---

[26] Proclamação da Independência do Brasil, por dom Pedro I, às márgens do Rio Ipiranga em São Paulo, a 7 de setembro de 1822.

[27] CALADO, *op. cit.*, p. 42.

[28] Minas Gerais era a mais irrequieta e viva de todas as capitanias brasileiras. Desenvolvera-se aí uma pequena "intelligentzia", composta de poetas e pensadores, muito receptiva às correntes modernas de pensamento. O declínio da produção aurífera e a pressão portuguesa para o aumento da transferência de ouro para Portugal trouxeram para Minas crise e descontentamento. A "Inconfidência Mineira" foi fruto desta revolta: um movimento de cunho republicano, contra o domínio português, liderado pelo alferes Joaquim José da Silva Xavier, o Tiradentes. Foi descoberto em 1789, culminando na prisão, condenação de seus membros por "crime de lesa-majestade", no consequente exílio de vários de seus protagonistas e na execução do seu grande líder, o Tiradentes, por enforcamento, fazendo com que fosse acolhido como o primeiro mártir da Independência do Brasil.

bem sucedido na missão, destituindo o antigo Prior e fazendo eleger outro e encaminhando um programa de reformas,[29] resolvendo a situação conflituosa nesse convento e, em consequência, adquirindo respeito e admiração diante do imperador e do episcopado brasileiro.

A sua ordenação episcopal deu-se no Mosteiro de São Bento, na cidade do Rio de Janeiro, a 5 de maio de 1844. O bispo oficiante foi dom Manuel do Monte Rodrigues de Araújo, bispo de São Sebastião do Rio de Janeiro, assistido pelos bispos: dom Pedro de Santa Mariana, de Crisópolis e dom José Afonso de Morais Torres, do Pará. Nesse mesmo dia, dom Antônio Viçoso escreveu uma carta ao Cabido de Mariana, manifestando gratidão pela boa acolhida que recebeu e a sua Primeira Carta Pastoral ao Clero e aos fiéis, em que manifestou seu programa pastoral para a diocese de Mariana.

Poucos dias depois, partiu para a sua diocese, acompanhado de uma pequena comitiva. Após haver dispensado na cidade de Congonhas do Campo a guarda de honra enviada pelo governador da província para acompanhá-lo solenemente até Mariana, continuou viagem em um clima de muita simplicidade. Entrou em Mariana, a 16 de junho de 1844, em um clima de grande alegria de todos, já que a diocese se encontrava vacante há quase oito anos, desde a morte de dom frei José da Santíssima Trindade (1772-1835), ocorrida a 28 de setembro de 1835.

---

[29] Cf. Processo de Beatificação, *op. cit.*, p. 97.

3

Um Olhar sobre a Igreja em Minas Gerais, quando da chegada de dom Antônio Ferreira Viçoso a Mariana

Mariana é a sexta diocese do Brasil. Foi criada pelo papa Bento XIV, a pedido de dom João V, pelo seu moto próprio *Candor lucis aeternae*, de 06 de Dezembro de 1745, quando ainda Mariana chamava-se Ribeirão do Carmo. A instalação do bispado deu-se a 27 de fevereiro de 1748. O primeiro bispo foi dom frei Manuel da Cruz, português, mestre jubilado em teologia e doutor pela Universidade de Coimbra, que veio para Mariana, transferido do Maranhão. O segundo bispo foi dom Joaquim Borges de Figueiroa; o terceiro dom Bartolomeu Mendes dos Reis; o quarto foi dom frei Domingos Pontével; o quinto foi frei Antônio Robalo; o sexto foi dom Cipriano de São José; o sétimo foi um dos mais importantes da história da diocese: dom frei José da Santíssima Trindade, que deu grandes passos no sentido da reforma do clero; o oitavo, que não chegou sequer a pedir a confirmação de sua eleição, foi o polêmico padre Diogo Antônio Feijó; o nono, que também não chegou a pisar dentro da diocese, foi o padre Carlos P. F. de Moura; o décimo bispo foi dom Antônio Ferreira Viçoso, maior nome do episcopado de Mariana e grande propulsor da reforma tridentina no Brasil.

Dom Antônio Ferreira Viçoso, que na linha histórica é o décimo bispo, na realidade pode ser colocado como o sétimo bispo de Mariana, já que três anteriores não assumiram de fato a diocese. Foram apresentados pelo Império, mas não foram confirmados por Roma.

A chegada de dom Antônio Ferreira Viçoso a Mariana deu-se a 16 de junho de 1844. Nesse tempo, conforme já vimos anteriormente, a Igreja do Brasil vivia uma grave crise, consequência da política de Pombal de perseguição aos jesuítas e às Ordens tradicionais e do regalismo do governo de dom Pedro I, do regente do Brasil, Diogo Antônio Feijó e também do governo de dom Pedro II. As ordens religiosas, por não poderem acolher noviços e também por terem sido obrigadas pelo governo imperial a desvincular-se de Roma e de suas sedes na Europa, encontravam-se em grave crise. Inúmeros conventos e obras missionárias estavam extinguindo-se. Os seminários, tão frágeis em todo o Brasil, fechavam-se por falta de professores e formadores, função que era assumida no Brasil quase que com exclusividade pelos religiosos. O seminário Nossa Senhora da Boa Morte, em Mariana, estava em profunda decadência, depois da saída dos franciscanos, no tempo do bispado de dom frei José da Santíssima Trindade. Viam-se também inúmeras irregularidades na vida dos padres seculares que aqui existiam.

O problema da diocese de Mariana agravou-se ainda em razão da longa vacância de mais de nove anos sem bispo. Essa vacância deu-se porque Diogo Antônio Feijó, não aceitando a missão de bispo de Mariana, simplesmente deixou a carta imperial guardada, sem se preocupar com a diocese vacante. Também porque o outro bispo eleito pela *regência trina* e confirmado por Gregório XVI, a 17 de ezembro de 1840, padre Carlos Pereira Freire de Moura adoeceu e faleceu no caminho para o Rio de Janeiro, onde seria ordenado bispo.[1] Durante esses anos, a diocese foi dirigida por uma autoridade interina, um vigário capitular incontinente[2] e pelo cabido, constituído por cônegos na mesma situação, mas com honrosas exceções.

Ordenado bispo no mosteiro de São Bento no Rio de Janeiro a 05 de maio de 1844, dom Antônio Ferreira Viçoso, em sua primeira carta pastoral, datada desse mesmo dia, além de mostrar-se profundamente conhecedor da realidade de sua diocese, onde já havia trabalhado, no colégio do Caraça e em missões populares,[3] mostra-nos o seu plano de governo. Nessa carta, começa repreendendo o cabido aos párocos, ao clero, aos vocacionados ao sacerdócio e a todo o povo. Apresentando Deus como um *Juiz severíssimo*, fala sobre os mandamentos da lei de Deus e da Igreja e apresenta o sacramento da confissão como o centro da vida cristã. Essa primeira carta pastoral[4] é com certeza o projeto codificado de toda a ação que esse bispo desenvolveu na diocese de Mariana, berço do catolicismo em Minas Gerais.

O problema do clero marianense não era a quantidade de sacerdotes e muito menos a sua instrução. Eram bem instruídos, graças ao trabalho de dom frei José da Santíssima Trindade, muito zeloso também nesse aspecto.

"A maior lástima era a incontinência."[5] E além do mau exemplo que davam, "não explicavam a doutrina ao povo".[6]

Quanto ao povo, pela pouca instrução recebida, *era ignorante e sem doutrina.*[7] Escândalos públicos eram frequentes. Salvo em alguns lugares, a

---

[1] R. TRINDADE, *op. cit.* p. 214-216.

[2] SILVÉRIO GOMES PIMENTA (pe.), *Vida de Dom Antônio Viçoso*, Typ. Archiepiscopal, Marianna, 1920, p. 90.

[3] PIMENTA, *op. cit.* p. 31.

[4] Primeira Carta Pastoral de dom Viçoso: *apud* PIMENTA, *op. cit.* p. 74-85.

[5] PIMENTA, *op. cit.* p. 90.

[6] *Ibidem*, p. 92.

[7] *Idem.*

frequência aos sacramentos era quase nula, o culto era reduzido a aspectos externos, as igrejas eram sujas e mal cuidadas, o Tabernáculo, os paramentos e panos sagrados eram uma miséria. Pouco respeito para com os templos e nenhuma devoção à Eucaristia. "Mancebias e casamentos desunidos eram sem conto."[8]

A escravidão contribuía para a ruína moral do povo. Dom Viçoso via-a como a verdadeira fonte de imoralidade. Os escravos não eram instruídos, havia muita liberdade entre os dois sexos dentro da mesma casa, por culpa dos senhores, viviam fora dos sacramentos; havia abusos e violência sexual dos senhores para com suas escravas. A escravidão era um "poderoso agente para estragar os costumes de um povo".[9] Por causa dela "os escândalos ganhavam ar de naturalidade".[10]

Outro problema que estragava a vida moral do povo era o ambiente revolucionário. A Revolução Liberal de 1842 deixou profundos marcos na vida do povo, sobretudo, rivalidades e ódios políticos. Além disso, muitos eclesiásticos se envolveram profundamente nesse conflito.[11]

O sistema de Padroado e as tendências regalistas dos governantes, intervindo indevidamente em questões religiosas, impediam o pleno cumprimento da missão da Igreja. "Deixaram de ser protetores para serem dominadores".[12] O placet imperial, problema difícil e melindroso, impedia a entrada de documentos da Santa Sé, criando um distanciamento terrível entre a Igreja do Brasil e Roma.

O tamanho do bispado era outro aspecto que contribuía para a crise na Igreja de Mariana: três quartos do Estado de Minas Gerais. Isso fazia com que a figura do bispo fosse uma figura estranha e distante para o povo. Apesar das distâncias e das dificuldades de locomoção, geralmente

---

[8] PIMENTA, p. 93.
[9] *Ibidem*, p. 93.
[10] *Idem*.
[11] *Ibidem*, p. 94.
[12] *Idem*.

montados em animal ou carregados na liteira,[13] os bispos realizaram visitas pastorais, ordenadas pelo concílio de Trento e pelas Primeiras Constituições do Arcebispado da Bahia (1707). Dos bispos anteriores a dom Viçoso, temos notícias das visitas de dom frei Manuel da Cruz, primeiro bispo de Mariana (02/02/1748 – 02/01/1764) e dom frei Cipriano de São José (20/08/1798 – 14/08/1817), terceiro bispo dessa diocese.[14]

A realidade eclesial de Mariana era tão dramática que, quando os primeiros estudantes enviados por dom Viçoso a Roma, para formarem-se nos padrões tridentinos[15] e fortalecerem o processo de reforma na Igreja marianense, esses ouviram do próprio Pio IX: "qual povo, tais sacerdotes" *sicut populus sic sacerdos*.[16] Mais do que criticar o povo brasileiro e mineiro, criticava Pio IX a situação do clero, que em muito contribuía para a ruína moral do povo.

A causa da grave situação moral do clero na diocese de Mariana era acima de tudo o contexto em que vivia. Esse contexto sócio-político-econômico-cultural e eclesial da província de Minas Gerais e da diocese de Mariana deu um rosto ao trabalho pastoral de dom Antônio Ferreira Viçoso. Sua ação pastoral, fiel à orientação de Pio IX, foi elaborada a partir da realidade em que foi chamado a atuar. De um lado tinha às mãos o *Syllabus* e outros documentos de Pio IX e do outro, tinha a realidade concreta de uma Igreja, situada no meio de montanhas e florestas, formada em sua grande parte por aventureiros em busca de ouro e esmeraldas (cada vez

---

[13] Liteira: era um aparelho usado para transportar pessoas mais importantes. Algumas eram carregadas por escravos; outras, como a de dom Viçoso, por dois burros, um à frente e outro atrás. Era nesse aparelho, durante as viagens, que dom Viçoso fazia suas anotações, leituras e traduções de textos.

[14] Sobre o tema ver: Flávio Carneiro Rodrigues (mons.) *Cadernos Históricos do Arquivo Eclesiástico da Arquidiocese de Mariana*. I: As Primeiras Visitas Pastorais no Bispado de Mariana (mimeo), 1999, p. 42 e Também o II: Visitas Pastorais de dom frei Cipriano de São José, (mimeo), 1999, p 90.

[15] Os primeiros estudantes de Mariana enviados por dom Viçoso a Roma para estudos foram: o padre João Antônio dos Santos, e os seminaristas Luís Antônio dos Santos e Pedro Maria de Lacerda – mais tarde serão eleitos bispos de Diamantina, Ceará e Rio de Janeiro, respectivamente.

[16] PIMENTA, *op. cit.*, p. 90.

mais escassos), e marcada por profundas crises, conforme vimos anterior-mente. A ação pastoral de dom Viçoso foi uma resposta concreta não só às orientações da Santa Sé, mas, sobretudo às necessidades concretas de sua Igreja particular.

4

Dom Antônio Ferreira Viçoso e a Reforma do Clero

A primeira grande iniciativa pastoral de dom Viçoso na diocese de Mariana foi a Reforma do Clero. Essa deve ser compreendida, à luz daquilo que o padre João Batista Libânio (SJ) chama o "imaginário tridentino".[1] Faz parte de um processo iniciado na Europa ainda no século XVII e que no século XIX ganhou força em nosso país: a reforma tridentina.

Outro elemento importante para se entender essa iniciativa de reforma do clero por dom Viçoso, reside no fato de ser ele um padre lazarista, discípulo de São Vicente de Paulo. A formação e a reforma do clero não era elemento periférico e secundário, mas fazia parte da essência mesma da missão da Congregação da Missão. São Vicente de Paulo, que passou por um processo de conversão e reforma de costumes e mentalidade sob a orientação dos amigos e mestres Bérulle e São Francisco de Sales, via nos padres relaxados e de vida irregular os piores inimigos da Igreja, a causa das heresias e de toda a crise eclesial:

---

[1] LIBÂNIO, J, B. *A volta à grande disciplina*, São Paulo, 1983, p. 19-22.

mas, a conclusão é que a Igreja não tem piores inimigos que os padres. Deles vêm as heresias, e é prova disso o fato que os dois hereges Lutero e Calvino eram padres; e por culpa dos padres os heréticos prevalecem, o vício reina, a ignorância tem estabelecido o seu trono no pobre povo, e isto pela vida irregular e por não colocar toda a sua força na oposição, segundo a sua obrigação, a estas três correntes que têm inundado a terra.[2]

Tendo experimentado a conversão como uma nova forma de conceber e viver o sacerdócio, criou sua Companhia com o objetivo de evangelização dos pobres, sobretudo dos camponeses, e a serviço dessa evangelização, para a reforma e formação dos padres.

Sua finalidade consiste: 1º Em trabalhar em sua própria perfeição, fazendo todo o possível por praticar as virtudes que este soberano mestre nos tem ensinado por palavra e obra; 2º Em pregar o Evangelho aos pobres, especialmente aos do campo; 3º Em ajudar aos eclesiásticos a adquirir a ciência e as virtudes necessárias ao seu estado, a formação do clero. (Regras Comunes, cap. 1, art. 1.).[3]

São Vicente sabia de que os frutos da missão somente iriam permanecer se existissem pastores bem formados, zelosos pela própria santificação e pela evangelização, e dispostos a servir e a se sacrificarem em favor do povo, especialmente dos pobres. Na linha de Santo Agostinho, pensava

---

[2] Adorazione L. Mezzadri. Sacrifício e missione. Le dimensioni del presbiterato nella scuola francese del 600. In: *Comunio* (1996) 32-45. Este texto aparece na nona conferência dos exercícios espirituais de dom Viçoso para os ordinandos, "Bom Exemplo dos eclesiásticos", p. 5.

[3] In: Orcajo A. y Flores M. P. *San Vicente de Paúl II, Espiritualidad e Selección de escritos*. 2 ed, 1984, p. 440. Molinari F. *San Vincenzo de Paoli i la Riforma del Clero*. Annali della Missioni 89 (1982) 38-76 e Román J. M. (c.m) *La formazione del clero nella tradizione Vincenziana*. Annali della Missioni 89 (1982) 161-183.

o sacerdócio como *officium propter beneficium*.[4] O sacerdote não devia ser um homem que tivesse sido separado do povo para ser honrado e o dirigir, mas um padre separado e constituído para servir e sacrificar-se em favor desse mesmo povo. Um padre missionário, homem de oração, místico, bem instruído, catequista, consciente de suas atribuições e deveres, dedicado exclusivamente à salvação das almas. É esse o modelo de presbítero que dom Antônio Viçoso tem em mente em sua reforma do clero, o padre da "escola sacerdotal francesa", sonhado por São Vicente de Paulo e seus mestres espirituais.

No processo de reforma católica, sob a inspiração do Concílio Tridentino, realizado por dom Antônio Ferreira Viçoso, a Igreja de Minas Gerais foi unida de forma definitiva à orientação de Roma. Iniciou sua pastoral[5] em Mariana aos 56 anos de idade e a sua primeira e obstinada preocupação foi a reforma do clero. Além dos problemas no campo da sexualidade, em que grande parte do clero manifestava-se profundamente infiel ao celibato eclesiástico, dom Viçoso combateu também outro problema de seu clero: a secularização.

O problema da incontinência do clero era algo radical e escandaloso na diocese de Mariana. Um problema antigo, já combatido e não resolvido por seus antecessores.[6] O problema se agravava, porque no próprio Cabido, órgão máximo da diocese, vários cônegos viviam nessa situação. Padre Silvério

---

[4] ROMAN, p. 163.

[5] Na grande ação pastoral de dom Viçoso em Mariana, muitos foram os documentos editados, desde simples bilhetes a sermões e cartas pastorais. Tivemos acesso a estes documentos em diversas fontes, especialmente no Arquivo Eclesiástico da Arquidiocese de Mariana (AEAM), onde encontramos inclusive, manuscritos, escritos em português antigo; o mesmo acontece na Vida de dom Viçoso de padre Silvério Pimenta. Por outro lado, no Processo de Beatificação, os documentos estão escritos em português moderno. Em razão desta diversidade e das dificuldades para compreensão dos diversos textos, fizemos opção em traduzir todos para o Português moderno, conservando, no entanto, a pontuação original nos diversos documentos.

[6] Sobre a escandalosa incontinência do clero de Mariana e a iniciativa de reforma feita por dom frei Manuel da Cruz, primeiro bispo de Mariana (1748-1764), ver: MOTT, L. Modelos de Santidade para um clero devasso: a propósito das pinturas do Cabido de Mariana. 1760. In: *Revista do Departamento de História da UFBA* 9 (1989), p. 96-120.

Gomes Pimenta[7] (1840-1922), em sua biografia de dom Viçoso, dá-nos o testemunho sobre o tema:

> contavam-se, é verdade, bons, e muitos bons sacerdotes, mas a volta destes muitos outros, esquecidos de suas obrigações e de seus votos, cujos procedimentos autorizavam os vícios, não só desculpavam os viciosos. A maior lástima era a incontinência, porque muito grande parte vivia como se fossem casados, e pela muita frequência e continuação destes exemplos, já o povo quase não fazia reparo em tais procedimentos, e menos estranhava em viver tão encontrado com a profissão, com os votos e com a dignidade sacerdotal. (...) Por maior desgraça, o mal partia do alto, pois onde os demais sacerdotes deviam de achar modelos que se espelhassem, achavam tristes exemplos de manifesta desordem. Porquanto o cabido da catedral, primeira autoridade na vacância da diocese era, com poucas, mas honrosas exceções, composto de padres publicamente amasiados.[8]

Escreve ainda padre Silvério Gomes Pimenta: "Os padres, acrescenta ele em seus manuscritos, quando não tinham as mulheres em casa, tinham-nas em casa sabida e conhecida, donde lhes vinha a comida e onde passavam as noites. Isto em Mariana, cabeça da diocese".[9]

A secularização, outra característica do clero tão combatida por dom Viçoso, manifestava-se de forma muito especial em seu envolvimento em ou-

---

[7] SILVÉRIO GOMES PIMENTA (1840-1922), afilhado de batismo de dom Viçoso, seminarista e padre da diocese de Mariana, tornou-se um dos principais auxiliares de dom Viçoso em suas reformas. Após a morte de dom Viçoso, dirigiu os destinos da diocese de Mariana como vigário capitular até 1877, quando tomou posse dom Antônio de Sá e Benevides. Eleito bispo em 31 de agosto de 1890 – primeira ordenação episcopal do período republicano – foi bispo auxiliar de Mariana e depois constituído como o seu primeiro arcebispo. Pôde continuar e aprofundar as reformas iniciadas por dom Viçoso em sua diocese. Foi o primeiro bispo brasileiro de cor negra, e constituiu-se em um dos grandes nomes do episcopado no início do período republicano, pos seus dotes literários, políticos e pela facilidade em falar várias línguas.
[8] PIMENTA, *op. cit.*, p. 89-90.
[9] TRINDADE J. F. S. *Lugares e Pessoas*. São Paulo, 1948, p. 299.

tras profissões lucrativas e também na participação político-partidária. Este segundo aspecto ganhava especial preocupação de dom Viçoso, em razão da grande efervescência política no país e, em especial, em sua diocese, no coração da província de Minas Gerais. O ambiente revolucionário e os diversos problemas enfrentados por ele na reforma do clero eram bem semelhantes aos vividos por São Vicente de Paulo na Paris do século XVII, o que facilitou a transposição de seus métodos e de sua espiritualidade sacerdotal.

Essa reforma do Clero empreendida por dom Viçoso deu-se por várias iniciativas, sempre com a preocupação de que o seu clero não fosse motivo de escândalo para o seu povo. As principais iniciativas foram: Cartas Pastorais, onde de forma clara expressava ao clero e aos fiéis suas ideias; Cartas e Ofícios aos poderes constituídos do Império, na mentalidade do Padroado, repreendendo interferências indevidas nas questões internas à Igreja e exigindo apoio no programa de reformas; visitas pessoais a seus padres, especialmente aos de vida escandalosa; cartas pessoais a esses padres; castigos aos padres incontinentes e envolvidos em questões seculares; confecção de textos próprios e tradução de obras estrangeiras, favorecendo a uma nova espiritualidade e mentalidade sacerdotal; retiros e exercícios espirituais para os ordinandos e o clero em geral e, sobretudo, a principal medida que foi a reforma do seminário, onde dom Viçoso sonhava a formação de um novo clero.

Seu sonho de reforma do clero foi manifestado em diversas *cartas pastorais*. Nessas, alguns elementos nos chamam atenção. Primeiramente, demonstram o conhecimento profundo que dom Viçoso tinha da realidade de seu clero e povo. Em segundo lugar, mostra que a pregação é parte essencial da missão do padre; em terceiro, traz à tona um tema que se tornou clássico nas cartas pastorais dos bispos que vieram depois dele em Mariana e em outras dioceses do Brasil, que é a insistência quanto à ignorância religiosa do povo.

A partir da consciência da fragilidade e infidelidade de grande parte de seu clero, escreve e imprime os diversos subsídios que os possibilitem cumprir com a obrigação da pregação aos fiéis. Apesar de mostrar que a grande pregação é o testemunho, o exemplo de vida virtuosa, exigia que seus padres pregassem ao povo, ensinassem a doutrina cristã de forma simples, objetiva, prática, de acordo com a própria capacidade e as necessidades do lugar. Não exigia arte nem beleza, mas fidelidade às exigências morais e à doutrina da Igreja. Supunha de seus padres uma capacidade intuitiva, de escuta e observação da vida concreta do povo para que a pregação moral seja acessível e eficaz.

Por fim, tudo acontecia em meio a um forte temor escatológico; as obrigações dos padres são apresentadas, de forma, que tivessem consciência que deveriam dar contas a Deus, Justo Juiz, de sua fidelidade ou negligência diante de sua responsabilidade para com o múnus sacerdotal e as necessidades do povo, a quem deviam consagrar a vida e servir.

Esses elementos comuns às cartas pastorais apareceram também com força nas outras iniciativas.

4.1. Tradução de textos estrangeiros

A tradução de textos estrangeiros foi uma constante em sua ação pastoral e reformadora do clero e do povo. Foi protagonista na chama da "boa imprensa". Através da gráfica diocesana, além de textos compostos por sua pena, traduzia e publicava textos estrangeiros que pensava serem portadores de ideias essenciais ao seu plano de reformas.

Um dos principais livros traduzidos e editados por ele foi a *Nova Missão Abreviada*, texto composto a partir de partes do *Tratado sobre a Oração* do dominicano espanhol, frei Luís de Granada[10] (1504-1588). Foi editada em Mariana a 4 de abril de 1872.

---

[10] FREI LUIS DE GRANADA (OP) (1504-1588). Seu nome era Luís de Sarria. Nasceu em Granada em 1504, na época da reconquista espanhola dessa região. Bebeu do Tomismo em seu auge. Concluiu a Teologia em 1529, foi ordenado presbítero em 1532 e alcançou o título de mestre em teologia por sua ordem em 1550. Amigo de São João D'Avila, fez-se reformador da vida religiosa e expoente da espiritualidade espanhola do século XVI. Deserto, fuga do mundo e medo da vanglória estão muito presentes em seus escritos. Vê a fuga do mundo como busca de si e de Deus. O desejo da solidão interior e exterior marca a sua vida e todos os seus escritos. Morreu no convento de São Domingos de Lisboa a 31 de dezembro de 1588. Ver: Huerga A. *Fray Luis de Granada*. Uma vida al servicio de la Iglesia. BAC, Madrid, 1988.

Essa obra é um conjunto de meditações baseadas nos últimos acontecimentos que acometerão o ser: morte, juízo, purgatório, inferno e paraíso, para serem usadas durante uma semana de missões ou exercícios espirituais; obra marcada por profundo rigorismo, que recorre à pedagogia do medo do inferno e da morte e suas circunstâncias para alcançar o seu objetivo: a mudança dos costumes, a conversão. O objetivo da tradução e impressão dessa obra por dom Viçoso foi auxiliar os párocos e missionários nas pregações. No prefácio desse livro, ele o recomenda aos sacerdotes, que o usem nas pregações e na catequese do povo. "Extraímos das obras do padre Luis de Granada, especialmente do seu *Tratado da Oração*, este opúsculo, a que damos o título de *Nova Missão Abreviada*, porquanto é ele um excelente compêndio de tudo o que costumam pregar os missionários sobre o pecado, misérias da vida humana, novíssimos do homem, paixão de Nosso Senhor Jesus Cristo etc. Parece-nos que supre bem a obra do padre Manuel José Gonçalves Couto, que tem o mesmo título".[11]

Sua preocupação primeira aparenta ser com a ignorância do povo que precisa ser doutrinado, para que abandone os antigos costumes. Mas com certeza, diante da preocupação de dom Viçoso com os maus costumes de seus padres, esse texto serviu também para eles, sobretudo a seguinte passagem:

> São João Clímaco escreveu de um monge que sendo gravemente tentado da formosura de uma mulher, que ele tinha visto no mundo, como viesse a saber que era já falecida, foi-se à sepultura dela e esfregou um pano hediondo na defunta, e todas as vezes que o demônio o tornava a convidar com aquele mau pensamento chegava aquele pano no nariz, e dizia: "eis aqui miserável o que tu amas, olha em que porão os deleites e formosuras do mundo".[12]

Essa obra, *Nova Missão Abreviada*, não é apenas uma tradução, mas uma nova obra que dom Viçoso compõe a partir do *Tratado da Oração* e outras

---

[11] DOM VIÇOSO. *Nova Missão Abreviada, op. cit.*, p. 5.
[12] *Ibidem*, p. 121.

obras do frei dominicano Luis de Granada. Não é o momento de criticarmos o critério metodológico usado pelo nosso bispo, mas de constatarmos que ela constituiu um grande meio para a sua pregação e a de seus padres.

Pelas palavras de dom Viçoso, no prefácio, podemos intuir o conteúdo dessa obra. É uma coletânea de meditações, escritas em linguagem aberta, dura e radical, para serem usadas como sermões nas missões populares e nas pregações dos párocos; foram confeccionados para uma semana de pregação e meditação; para isto, bastava o pregador tomá-las e lê-las em público com a devida entonação de voz, para alcançar o seu objetivo. Vemos aqui, uma transposição de uma pregação europeia, do catolicismo ibérico, do século XVI para outro povo e contexto vital, especialmente, para quase três séculos depois. Os temas tratados são os referentes à escatologia cristã, com especial enfoque na morte e suas circunstâncias, no juízo final e no inferno. Vejamos alguns títulos:

- Do conhecimento próprio e memória dos pecados: para a segunda-feira à noite.
- Das misérias da vida humana: para terça-feira à noite.
- Dos pecados da vida passada.
- Da acusação da própria consciência.
- Como é mutável a nossa vida?
- Da última das misérias que é a morte.
- Enganos da nossa vida.
- Quão miserável é a nossa vida.
- Da morte: para quarta-feira à noite.
- Do Juízo final: para quinta-feira à noite.
- Sobre o Inferno: para sexta-feira.

É uma obra de cunho aterrorizante, que recorre ao medo escatológico visando à conversão, à mudança dos costumes: avareza, amor ao sexo e prazeres deste mundo, orgulho etc. Manifesta uma profunda aversão ao mundo, sobretudo, à sexualidade e aos bens terrenos. O objetivo não é anunciar a misericórdia de Deus, mas a força destruidora do pecado. Deus é apresentado como um juiz terrível e vingativo, e o homem como o homem da queda, miserável, um ser para a morte. As poucas citações da Escritura que aparecem, em sua quase totalidade, são extraídas da apocalíptica cristã e todas aplicadas de forma a levar ao temor do dia da morte e do juízo. A forma como apresenta o juízo – juízos profundíssimos – leva facilmente ao escrúpulo. O grande interesse da obra não é levar o fiel a fazer o bem, a assumir uma atitude positiva frente a Deus, ao mundo, a si mesmo e ao outro, mas, sobretudo, à fuga do pecado, o não pecar. A misericórdia e o amor de Deus são atributos sufocados pela supervalorização da ira, raiva, a profundeza e a radicalidade dos juízos e da terrível e eterna vingança de Deus. Falando da condenação eterna, diz que Deus até colabora com os demônios, soprando o braseiro do inferno para que o fogo não se apague.[13]

O homem é apresentado como a mais vil e desprezível de todas as criaturas. Neste texto, dom Viçoso manifesta o seu pessimismo antropológico, tão presente na pregação rigorista dos autores pós-concílio de Trento: "Diz a Escritura Divina, que criou Deus o homem do lodo da terra. Entre todos os elementos o mais baixo é a terra: e entre todas as partes da terra, a mais baixa é o lodo: segundo o que parece ter criado Deus o homem da mais vil e baixa coisa do mundo".[14]

Se o ser humano, como um todo, é visto com pessimismo por essa obra, pior ainda acontece em relação ao corpo, apresentado como podridão e imundície:

> dize-me, rogo-te, que outra cousa é o corpo, senão um vaso danado, que todos quantos licores lançam nele, logo os azeda e corrompe? Que é o ser humano senão uma esterqueira coberta de neve, que por fora parece branca e dentro está cheia de imundícies. Que esterqueira é tão suja, que tais coisas lançam por todas as partes. As

---

[13] DOM VIÇOSO. *Nova Missão Abreviada*, p. 221.
[14] *Nova Missão Abreviada*, p. 69.

árvores e as ervas, e mesmo alguns animais, dão de si mui suaves cheiros, só o homem tais cousas lança de si, que não parece ser outra cousa, senão um manancial de imundícia.[15]

Na mesma linha pessimista como vê o ser humano e o seu corpo, a própria vida humana é vista com extremo pessimismo, uma caminhada para a morte e para o terrível julgamento:

> assim nesta vida, todo o tempo, que vivemos, caminhamos e nos vamos chegando mais para o comum porto desta navegação que é a morte. Pois se não é outra cousa o nosso viver senão caminhar para a morte, e esta hora da morte é também a hora do juízo, que será logo viver, senão caminhar para o tribunal de Deus, e chegamos mais ao seu Juízo? Que desvario pode haver maior, que ir atualmente para ser julgado, ir pelo caminho ofendendo a quem nos há de julgar e provocando mais sua ira contra nós? Abre os olhos miserável! Olha o caminho que levas, e para onde vais, e tem vergonha e dó ao menos de ti mesmo, considerando quanto concorda mal isto que fazes com o que te há de acontecer.[16]

Nessa obra, portanto, a vida toda é apresentada como miséria, jugo e sofrimento: castigo do pecado original.

Outro elemento comum a vários autores de tendência rigorista entre os séculos XIII a XVIII aparece aqui, que é uma visão profundamente negativa com relação à infância e à juventude.[17]

> Quão miserável é a nossa vida. Pois que será sobre tudo isto, se discorrermos pelas misérias de todas as idades e estados desta vida? Como é cheia de ignorância a meninice? Como é leviana a mocidade? Como ar-

---

[15] *Nova Missão Abreviada*, p. 72.
[16] *Ibidem*, p. 91-92.
[17] DELUMEAU, J. *O Pecado e o Medo:* A culpabilização no Ocidente nos séculos XIII-XVIII. Bauru, 2000, v.1, p. 502-515.

rebatada a juventude? Como pesada a velhice? Que é um menino senão um animal bruto com figura de homem? Que é o moço senão um cavalo desbocado e sem freio? Que é o velho já pesado senão um saco de enfermidades e dores? Finalmente, tal é esta vida, que pode com muita razão dizer o sábio: grande e pesado é o jugo, que trazem às costas os filhos de Adão desde o dia em que saem dos ventres de suas mães, até o dia da sepultura, que é mãe comum de todos (...) E ainda que tudo isso foi castigo do pecado, com tudo foi castigo piedoso e medicinal, porque tudo isto ordenou aquela Soberana Providência, para apartar os nossos corações do amor desordenado desta vida. Por isto nos pôs tanto azebre em seus peitos, para desterrar-nos dela: por isto nada afeou tanto, para que não puséssemos nosso amor nela, para que de melhor vontade a deixássemos e suspirássemos sempre pela vida verdadeira.[18]

Nesse texto aparece um elemento muito presente na obra e pregação de dom Viçoso que é a centralidade do pecado: o mais importante é não pecar. Para ele o melhor remédio contra o pecado é a lembrança da morte iminente. Novamente a pedagogia do medo da morte, é usada como antídoto contra o pecado. "Grande cousa é não pecar, e grande remédio é para isto lembrar-se o homem que há de morrer."[19]

Nessa tradução, dom Viçoso expressa todo o seu pessimismo com relação ao mundo. No contexto de busca de riquezas, de luta por poderes, que marcava o clero e grande parte do povo de sua diocese, dirá que o ser humano, por mais formoso e poderoso que seja não passa de podridão. Diz que a morte e o túmulo constituem o destino comum para todas as pessoas:

logo abrem um buraco de 7 ou 8 pés de cumprido, ainda que seja para Alexandre Magno, que não cabia no mundo, e só com isto se dá o ali o corpo por contente. Ali lhe dão casa para sempre, ali toma

---

[18] *Nova Missão Abreviada, op. cit.*, p. 101-102.
[19] *Ibidem*, p. 120.

solar perpétuo em companhia de outros mortos: ali o saem a receber os bichos, e ali finalmente o depositam em uma pobre roupa, coberto o rosto com um lenço, e atados os pés e as mãos debalde, porque bem certo é que não fugirá do cárcere, nem se defenderá dali (...) e a última honra, que lhe pode fazer o mundo naquela hora, é lançar-lhe em cima uma capa de terra, e cobri-lo muito bem com ela para que não veja a gente em sua hediondez e a sua desonra. (...) E o outro que andava cheio de galas, e cheiros, se verá aqui coberto de hediondez e de bichos. Eis aqui em que porão as galas e toda a glória do mundo.[20]

Outra característica da pregação "rigorista", presente nessa obra, é a insegurança com relação à salvação. Essa que foi a grande preocupação popular cristã do início da Idade Moderna, em meio a muitas e graves transformações e consequentes crises, é transportada para meados do século XIX, na diocese de Mariana, pela confecção dessa obra a partir dos escritos de frei Luis de Granada. Na busca da mudança de atitudes, de costumes do clero e do povo, esta insegurança escatológica aparece como grande recurso pedagógico. A justiça de Deus, aqui, exclui toda misericórdia. A única coisa que resta à pessoa humana é o temor, diante do rigoroso juízo divino. Diante desse juízo, ninguém está seguro:

e não pense alguém que se desculpa com a sua inocência dizendo: que estas ameaças não dizem com ele, mas sim com os homens injustos e desalmados. Porque justo era São Jerônimo; e, contudo, disto dizia: que cada vez que se lembrava do dia do juízo, temia-lhe o coração e o corpo. (...) Portanto a todos convém viver com temor deste dia, por muito justificadamente que vivam; pois o dia é tão temeroso e a nossa vida tão culpada e o Juiz tão justo, sobretudo seus juízos tão profundos, que ninguém sabe a sorte que lhe há de caber, senão que (como diz o Salvador) dois estavam no campo, a um tomarão e a ou-

---

[20] *Nova Missão Abreviada*, p. 141-147.

tro deixarão: dois na mesma cama, a um tomarão, a outro deixarão: dois moendo no moinho, a um levarão, a outro deixarão: nas quais palavras se dão a entender que de um mesmo estado e modo de vida, uns serão levados ao céu e outros ao inferno, para que ninguém se tenha por seguro em quanto vive neste mundo.[21]

No Juízo, aqui caracterizado como terrível e profundíssimo, não há lugar para a misericórdia e o perdão. Nele, Deus manifestará toda a ira e a raiva que tem recolhido em todos os séculos contra o pecador:

pensa, pois, primeiramente quão terrível será aquele dia, no qual se averiguarão as causas de todos os filhos de Adão e se concluirão os processos das nossas vidas, e se dará sentença definitiva do que para sempre há de ser (...). Aquele dia abraçará em si os dias de todos os séculos presentes, passados e futuros, porque nele dará o mundo conta de todos os tempos, e nele derramará Deus a ira e a raiva que tem recolhido em todos os séculos.[22]

Nesse texto, são manifestados os Sinais que mostrarão a chegada do dia do juízo:

considera os sinais espantosos que precederão a este dia (...) prognosticando por aqui as grandes calamidades e misérias que ameaçam ao mundo tão temerosos sinais. (...) Considera aquele dilúvio universal de fogo que virá diante do Juiz, e aquele som temeroso da trombeta (...). Depois de tudo considera a terrível sentença que o Juiz fulminará contra os maus, e aquela temerosa palavra que fará retenir os ouvidos de quem a ouvir (...) "apartai-vos de mim malditos para o fogo eterno".[23]

---

[21] *Nova Missão Abreviada,* p. 163-166.
[22] *Ibidem*, p. 153.
[23] *Ibidem*, p. 154-159.

A vinda do Juiz será terrível: coincidirá com o fim da glória desse mundo e a ressurreição:

> depois de todos estes sinais, será a vinda do Juiz, diante do qual virá um dilúvio universal de fogo que abrase e torne em cinza toda a glória do mundo. Este fogo será para os maus princípio de sua pena, e para os bons, princípio de sua glória, e para os que alguma cousa tiveram que pagar no purgatório de sua culpa (...). Ali finalmente, se prostrarão todos os filhos de Adão para que dê a cada um vazão de si e seja julgado segundo as suas obras. Mas ainda que todos ressuscitem para nunca mais morrer, será grande a diferença que haverá entre corpos e corpos. Porque os corpos dos justos ressuscitarão formosos e resplandecentes como o sol: mas os dos maus, escuros e feios como a mesma morte.[24]

No juízo divino, o mínimo prazer, como um simples sorriso, será castigado. Ainda, os pecados dos filhos e dos criados serão condenados no pai de família, que se omitiu na repressão ao erro:

> Oh quantas razões ali terão os maus para chorar e prantear! Chorarão porque não podem fazer penitência, nem fugir da justiça, nem apelar da sentença (...); se disseres: Senhor eu não jurei: dirá o Juiz: jurou o teu filho, ou teu criado a quem tu deverias castigar (...). Finalmente, (como diz São Gregório) de todos os pontos e momentos da nossa vida se nos há de pedir ali conta, em que e como gastamos (...). Na vida dos padres lemos que como um daqueles santos varões visse uma vez rir a um discípulo seu, o repreendeu asperamente, dizendo: como! E havendo de dar contas a Deus diante do Céu e da terra, te atreves a rir? Não lhe parecia a este santo que tinha licença para rir-se quem esperava esta conta.[25]

---

[24] *Nova Missão Abreviada,* p. 174-176.
[25] *Ibidem*, p. 174.

Depois de falar do perigo do pecado, da atitude do fiel diante deste e do consequente severo juízo de Deus, falará com cores vivas do inferno. A mesma pedagogia do medo aparece agora com mais vigor. Inicia esta reflexão, falando do seu objetivo:

> confirme mais a tua alma no temor de Deus e no aborrecimento do pecado. (...) Neste mal-aventurado lugar se padecem duas penas principais: de sentido e de dano. (...) Muito maior será, quando se ponham a medir a duração dos prazeres passados com a das dores presentes: e vejam como os prazeres duravam um ponto e as dores durarão para sempre (...). Ainda que me dessem todos os reinos e deleites do mundo, e que deles tivesse de gozar por tantos anos quantas areias há no mar: tudo isto era nada em comparação da menor pena que aqui se passa. E não me dando nada disto, mas uma pequena sombra de prazer fugitivo, por esta tenho de levar às costas eterno tormento (...). Da pena de dano: Pois como Deus seja um bem infinito, e o mais de todos os bens, claro está, que carecer dele, será mal infinito, e o maior de todos os males. (...) Das penas particulares: sobre todas estas penas sobreditas há ainda outras (...) outras particulares assinaladas e proporcionadas a cada um, segundo a qualidade de seu delito (...). Da eternidade das penas: seu manjar é fogo que abrasa e não acaba (...) terão os demônios sempre o cargo de soprar (este fogo) e se eles se cansarem ai está o sopro de Deus eterno, que nunca cansará (...). Mas sua pena não tem fim, porque (como diz São Gregório) dá-se ali aos maus morte sem morte, e fim sem fim, e defeito sem defeito, porque ali a morte sempre vive, e o fim sempre começa, e o defeito não desfalece.[26]

Amplamente difundida por toda a diocese, essa coletânea de escritos de frei Luis de Granada, reunidas em livro por dom Viçoso, foi plenamente

---

[26] *Nova Missão Abreviada*, p. 191-221.

usada pelos padres nas suas meditações pessoais, na catequese e pregação, e também nas missões populares. O efeito, desse uso nós podemos sentir ainda hoje. De um lado, dom Viçoso conseguiu mudar a vida de muitas pessoas; assistir a muitíssimos casamentos e moralizar seu povo; por outro lado, lançou os alicerces de uma vida religiosa doentia, uma religião do medo, em que o medo da morte e do inferno, e seus tormentos falam mais alto do que o amor e a vontade salvífica de Deus.

Em outro texto, composto pelo próprio dom Viçoso, a partir do livro Regula Cleri, sob o título *Para os Meos Irmãos os Reverendos Sacerdotes,*[27] de 16 páginas, dividido em sete pequenos capítulos, e subdivididos em parágrafos, anexado ao *Diretorium ad Divinum Officium Recitandum.*[28] Os mesmos temas tratados na *Nova Missão Abreviada*, agora são exclusivamente dirigidos aos sacerdotes. A partir dos títulos podemos perceber a linha de reflexão e o objetivo de dom Viçoso: levar os seus padres à mudança nos costumes a partir da reflexão e meditação sobre os "novíssimos" aplicados a sua própria vida e missão: I. Da Morte e suas Circunstâncias; II. Angústias da Morte de um Padre; III e IV. Estreito Juízo de um Mau Sacerdote; V. Soberba, Luxúria e Avareza do Sacerdote; VI e VII Empregos Pastorais.

Dom Viçoso era profundamente zeloso pela santidade de seu clero. E santo é a palavra mais perfeita para caracterizar o padre que ele buscava em suas muitas iniciativas pastorais de seu processo de reforma eclesiástico/presbiteral. Queria um padre santo, separado do mundo, das preocupações seculares, dedicado única e exclusivamente da missão pastoral e sacramental. Um padre que além de romper com a imagem de padre tradicional do padroado, um funcionário público, profundamente envolvido em questões políticas e dependentes de favores do Estado para alcançar benefícios eclesiásticos. Não queria padres subservientes aos poderes temporais, mas em comunhão plena com seu bispo, fiéis às orientações de Roma, e exem-

---

[27] DOM VIÇOSO. Para os Meus Irmãos os Reverendos Sacerdotes. p. 16, *apud Directorium ad Divinum officium recitandum*, Marianne, 1857. (Vide anexo 1).

[28] Diretório litúrgico, em língua latina, com as datas das festas e rubricas para o Missal e Breviário, na diocese de Mariana no ano 1857.

plos a serem seguidos pelos seus fiéis. O padre além de pastor deve ser modelo para suas ovelhas.

Essa imagem de padre sonhada por dom Viçoso estava muito longe de ser concretizada no clero de Mariana. Visando a sua conversão, à mudança de seus costumes, agindo como homem de seu tempo, não hesitou em recorrer ao medo escatológico. Crendo e temendo a própria condenação, usou do recurso ao medo da morte e do inferno, pintado com cores vivas, como remédio para sanar os males que marcavam a vida do seu clero. E não era algo artificial, pois, ele próprio, temia o julgamento final e tinha medo de ir para o inferno.

> Pobre bispo de Mariana, que apenas tem tempo de dizer missa e rezar, e lhe é preciso não perder um momento. Esperando só a sepultura para descansar o cadáver, mas a alma se estiver no purgatório, que labaredas não sofrerá! Meu compadre, peça a Deus que não me mande para o inferno. Parece-me que Deus me terá perdoado *delicta juventutis meae*. O de que mais medo tenho é das ignorâncias, frouxidões, doçuras extemporâneas depois de bispo. Valha-me Deus![29]

É o que aparece nesse texto que escreve a seus sacerdotes, anexado ao diretório litúrgico diocesano, que todos os padres precisavam recorrer para celebrar as festas diocesanas. Anexou-o ao diretório litúrgico, para que pudesse ser lido por todos os padres. Nele, dom Viçoso lembrava-lhes a sua responsabilidade para com os fiéis, à Igreja, o sacramento que receberam e os que celebram, e para com a própria salvação. Lembrava-lhes a hora da morte, o terrível e profundo julgamento de Jesus Cristo, Severo Juiz, que sonda os rins e os corações, e também os tormentos eternos do inferno.

Mais do que graça, a salvação aparece aqui como esforço humano. O novo padre será acima de tudo um asceta, que foge do pecado e se esforça em viver bem a missão para não incorrer na terrível condenação.

---

[29] Carta de dom Viçoso a um compadre e amigo, *apud* SILVA NETO, B.J. *Dom Viçoso, apóstolo de Minas*, p. 180.

É nesse recurso psicológico ao medo e nos escrúpulos que dele resultaram, bem como na disciplina que impôs ao seu clero, que a mentalidade "rigorista" invadiu a vida de seus padres, e através destes, à vida do povo mineiro. Não mais o rigor do jansenismo político, misturado às ideias galicanas e regalistas inculcados pela literatura da reforma pombalina, mas a mentalidade, a espiritualidade, o escrúpulo, a incerteza quanto à própria salvação e o medo da condenação eterna, que marcou tão fortemente a evangelização e espiritualidade europeia nos séculos XIII a XVIII,[30] fez com que aqui e além de nossas fronteiras, muitos padres e grande parcela do povo abandonassem antigos costumes, mas que também afastou a muitos da mesa do Senhor e de uma relação de amizade e confiança no amor de Deus. O Deus de Jesus Cristo, anunciado e celebrado nesta diocese, deixou de ser o Pai misericordioso da parábola do filho pródigo[31] – se já havia sido – para ser simplesmente o Juiz Severíssimo; na relação com Deus, o temor substituiu ao amor.

Os capítulos VI e VII desta pequena obra ajudam-nos a compreender melhor a imagem de sacerdote que dom Viçoso visava na reforma de seu clero e do seminário: padres humildes, tementes a Deus, conscientes da grave responsabilidade que o seu ministério encerra: "não te exaltes, mas com temor cumpre o teu ministério (...) vigia, trabalha em tudo, exerce a obra do evangelista, duríssimo juízo se fará sobre os que presidem".[32]

Dom Viçoso não queria funcionários do sagrado, mas pastores que assumissem a missão e servissem de modelos para os fiéis: "ainda que só pertence a Deus suscitar para si sacerdotes fiéis, e pastores segundo seu coração, que feitos modelos do rebanho, os conduzam aos pastos da vida eterna (...) Ó pobre rebanho disperso, e em termos de ser devorado dos lobos, quem vos curará, e quem me curará também a mim, pastor cego?".[33]

Santo, separado do mundo, zeloso pela salvação dos fiéis e da própria salvação, essas eram características do padre sonhado por dom Viçoso. Queria

---

[30] Cf. DELUMEAU, J. *O Pecado e o Medo*: A culpabilização no Ocidente (século XIII ao XVIII). Bauru, 2003.
[31] Cf. Lc 15,11ss.
[32] DOM VIÇOSO. *Para os meus irmãos, op. cit.*, p. 11.
[33] *Ibidem*, p. 12.

ainda um padre catequista, que denunciasse o erro e anunciasse a Palavra de Deus e doutrinasse o povo:

> sou mandado apascentar o rebanho de Deus que me foi encarregado, e zelar as almas, remidas com o precioso sangue do Cordeiro sem mancha. Serei eu presente com o corpo e ausente no espírito? Simulacro, que tem olhos e não vê, tem boca e não fala? Ai de mim se não anuncio incessantemente ao povo as suas maldades. Devo conhecer minhas ovelhas, apascentá-las com o pasto da divina Palavra, catequizar com afeto de pai, e em espírito e suavidade os meninos e rudes. Prego a mim mesmo ou a Jesus Cristo.[34]

Além disso, o novo padre deveria ser o homem do sagrado, ocupado especialmente com a celebração dos sacramentos, e deve estar disposto a tudo para salvar suas ovelhas:

> administro a minhas ovelhas, os Sacramentos, quando os necessitam, ou todas as vezes que racionavelmente os pedem? Sou fiel dispenseiro delas, ou sou dissipador, dando o Santo aos cães? (...) Estou pronto a fazer-me tudo para todos, e a perder a vida, se for necessário; para salvar a todos? Escolho tempo e momentos oportunos, e o modo saudável, para que seja frutuosa a minha correção? Com que fim corrijo eu os delinquentes; é pelo ódio do pecado, ou por ódio do pecador?[35]

Nesse texto, vemos que dom Viçoso foi influenciado não apenas pela teologia presbiteral agostiniana, que tanto marcou a São Vicente de Paulo e suas obras, mas também pela teologia beruliana, baseada no Pseudo-Dionízio, onde o padre é apresentado como o homem do sagrado e do culto. Além de zeloso pela reconciliação dos pecadores com Deus e pela assistên-

---

[34] DOM VIÇOSO. *Para os meus irmãos.* p. 12.
[35] *Ibidem*, p. 13.

cia sacramental aos enfermos, o novo padre, como homem do sagrado e do culto, deveria tratar com o devido cuidado os objetos sacros:

> choro eu entre o vestíbulo e o altar pelos pecadores que deixam a lei do Senhor, para me tornar reconciliação no tempo da ira? Não me lembro que fui tirado dentre os homens, para oferecer sacrifícios por mim e pelo povo? Amo o decoro da casa de Deus, do sacrário, dos ornamentos, da fonte batismal e dos vasos sagrados? Tenho vergonha de visitar os doentes, pobres e moribundos? E se pela minha frouxidão perecer sem Sacramentos o doente, pelo qual Cristo deu a vida, não terei de dar alma por alma?[36]

Na mesma linha, diz que o zelo do novo padre deve manifestar-se também na fidelidade às leis eclesiásticas, e na administração dos bens da paróquia (fábrica) e das irmandades:

> cuido eu que se cumpram os legados pios, que se não dissipem os reditos da Fábrica, e das Irmandades, e se observem as Constituições do Bispado? (...) Cumpro o ônus do meu Benefício? Ai! Quantos deveres, quantos perigos! Oh como é verdade o que Deus diz no Eclesiástico: governo os outros para a desgraça minha: *Interdum dominatur homo homini in malum suum.*[37]

Por fim, que tenha consciência do chamado divino e responda a Deus vivendo a missão, doando-se, sacrificando-se e consumindo-se inteiramente para a salvação dos fiéis. Que confie na graça divina:

> com tudo eu sei que escolheis o que é fraco no mundo para confundir os fortes, peço-vos que me ensineis a fazer a vossa vontade; se me chamardes, vos responderei: eis-me aqui, mandai-me; e como

---

[36] DOM VIÇOSO. *Para os meus irmãos*. p. 14.

[37] *Ibidem*, p. 14.

vós dissestes: não sois vós os que falais, mas é o espírito de vosso Pai, que fala em vós; dai-me vós a sabedoria, para que seja Pastor, segundo o vosso coração, e a vosso exemplo, de muito boa vontade me consumirei pelas almas, que me entregastes.[38]

Nas obras traduzidas para a reforma e o auxílio de seus sacerdotes vemos outro grande personagem que influenciou profundamente o pensamento e a ação reformadora de dom Viçoso: *Santo Afonso Maria de Ligório.*[39] Dele, dom Viçoso traduziu do italiano para o Português, a obra o *Compêndio de Teologia Moral.*[40] Nos arquivos da Cúria diocesana de Mariana tivemos acesso a alguns manuscritos de dom Viçoso, onde traduzia páginas dessa obra do italiano para o português, sob o título de *Compêndio de Doutrina Cristã de S. Ligório.*[41] Aqui, podemos perceber que essa obra era uma das fontes de sua reflexão e ação. Vemos, portanto, que ele não foi influenciado somente pela Escola Sacerdotal Francesa, pelo grande mestre e pai São Vicente de Paulo, mas também pelo grande movimento missionário e reformador italiano, que teve em Santo Afonso Maria de Ligório, missionário popular,

---

[38] DOM VIÇOSO. *Para os meus irmãos.* p. 15.

[39] *Santo Afonso Maria de Ligório* (1696-1787). Nasceu e viveu no reino de Nápole, em uma época de grande efervescência social, cultural e política. É um dos grandes nomes da história da Igreja do século XVIII. Sua formação é clássica: pintura, música e formação jurídica. Estudou teologia moral sob o Manual de François Genet (1640-1703), filojansenista e expoente da Moral de Genoble. Recebe, portanto, uma formação rigorista, na linha da corrente probabiliorista. Não é um teórico, um teólogo profissional, mas um homem da prática e da pastoral. E foi a sua grande sensibilidade e prática pastoral que fez com que abandonasse o rigor probabiliorista e assumisse uma posição moderada, intermediária entre esta corrente e o probabilismo. A Sagrada Escritura, os Cânones e os Santos Padres constituíram-se na base de seus escritos e pregação, em que procurava ajudar a resolver os problemas da consciência moral cristã. Em seus escritos, em sua ação como missionário popular, fundador da Congregação do Santíssimo Redentor e bispo, foi Santo Afonso um reformador da Igreja, e, sobretudo, da Teologia Moral, tornando-a "moral da bondade pastoral, alternativa ao rigorismo moral e canal eficaz para a abundante salvação cristã" (cf. VIDAL M., *La Morale di Sant'Alfonso. Dal Rigorismo ala Benignità*, Roma, 1992, p. 276).

[40] AEAM. *Compêndio de Theologia Moral de Santo Affonso Maria de Ligori.* Redigido pelo padre José Frassinetti, traduzido do italiano, da 5ª edição de Gênova, 1865, por ordem de Exm. e Revmo. Sr. dom Antônio Ferreira Viçoso – Conde da Conceição – bispo de Mariana. Rio de Janeiro, B.L. Garnier, livreiro editor,1872.

[41] AEAM. *Escritos de Catequese de Dom Viçoso.* Compêndio da Doutrina Cristã de S. Ligório, arquivo 3, gaveta 1, pasta 9.

teólogo moralista, fundador dos Redentoristas, bispo reformador do clero italiano e doutor da Igreja, um de seus maiores expoentes. O objetivo dessa tradução foi, com certeza, dar aos sacerdotes, especialmente aos confessores, um instrumento de orientação segura, fiel ao Concílio de Trento para a resolução dos sérios problemas morais dos próprios sacerdotes e do povo, bem como substituir outros compêndios de teologia moral, que circulavam no Brasil e na Província de Minas Gerais, repletos de doutrinas condenadas pela Igreja. Vemos que dom Viçoso foi um bispo de transição, pois, ao mesmo tempo em que escreveu textos e usou argumentos de profundo teor rigorista, visando à conversão dos padres e do povo, introduziu essa obra que marca a passagem do rigor jansenista para uma teologia de tom profundamente evangélico, que tanto marcou a pregação e as obras desse grande reformador do clero italiano e da teologia moral, que é Santo Afonso Maria de Ligório. A preocupação prática é o que une esses dois grandes reformadores.

Um dado interessante que aparece nessa tradução é que dom Viçoso conservou em latim, conforme o original de Santo Afonso, a parte que trata do sexto mandamento e do Sacramento do Matrimônio. Isto foi uma exigência da Santa Sé a Santo Afonso para que a obra pudesse ser autorizada.[42] Diante do forte escrúpulo em tratar do tema sexualidade, com certeza, esse fato visava manter a sexualidade como um assunto proibido, reservado a um grupo restrito que falava o latim: o clero. De Santo Afonso, traduziu ainda a obra: *O Guia dos Confessores da Gente do Campo*, com o mesmo objetivo de apoiar a seus sacerdotes espalhados nos muitos e pequenos vilarejos de sua extensa diocese. Se a pregação rigorista separava esses dois grandes reformadores da Igreja, o caráter prático de seus escritos e iniciativas pastorais os uniam profundamente.

Coordenou ainda a composição do *Catechismo de Marianna*. Na capa de rosto do pequeno livro de 144 páginas estava escrito: "Catecismo de Mariana, coordenado pelo Exmo. e Revmo. Sr. dom Antônio Ferreira Viçoso e reimpresso por ordem do Exmo. e Revmo. Sr. dom Antônio Maria C. de Sá e Benevides para uso da diocese". Essa reimpressão deu-se em 1885. Nesse catecismo,

---

[42] VIDAL M. *La Morale de Sant'Alfonso*, p. 41.

escrito no esquema tridentino de perguntas e respostas, vemos impressa essa mentalidade de caráter "rigorista" no tratamento da confissão, criando medos e fortalecendo o escrúpulo. Essa mentalidade "rigorista" aparece especialmente nas atividades práticas propostas no final de cada ponto de doutrina. Esse catecismo deveria ser usado pelos sacerdotes como instrumento prático para as suas pregações dominicais e para a atividade catequética.

Dom Viçoso imprimiu ainda *homilias de Frei Luis de Granada e de frei Bartolomeu dos Mártires*. De Teodoro de Almeida, imprimiu *O tesouro da paciência*. Como leitura espiritual para os sacerdotes imprimiu *Jesus no Coração do Sacerdote*. Ainda, compilou cerimônias litúrgicas da obra de José Baldeschi: *O Cerimonial Baldeschi*. Da obra de Paulo V, compôs *Excertos do Ritual Romano*; do padre Rosmini, compilou *Das leis Relativas ao matrimônio dos cristãos*; editou *A imitação de Maria Santíssima* do padre Marchtallense e do padre Claude Arvisenet, *O Memorial dos Discípulos de Cristo*. Fez editar em Mariana a segunda fase dos periódicos *Selecta católica e o Romano* – que saiu por dois anos – e *o Bom Ladrão*, periódicos que muito contribuíram para popularizar a nova mentalidade tridentina e, sobretudo, documentos pontifícios que através de suas mãos passaram a ser traduzidos. Publicou ainda *o Ordo diocesano* ao qual junto às leis e festas religiosas diocesanas, ajuntava conselhos, avisos, e casos de consciência etc. Além disso, muitas *Circulares* e *Cartas Pastorais*. De todos esses trabalhos fazia larga distribuição em toda a diocese.[43]

4.2. Retiro ou exercícios espirituais para o Clero

Um forte recurso que dom Viçoso usou na reforma do clero foram os Retiros e Exercícios Espirituais. Em sua época, apenas chegou a pregar tais Exercícios Espirituais para os ordinandos como preparação prévia para ordenação e também para padres infiéis ao compromisso do celibato eclesiástico e envolvidos com questões e profissões seculares. Tal instituição

---

[43] TRINDADE, *op. cit.*, p. 223.

tornou-se comum a todo o clero, mais tarde, durante o governo de dom Antônio Maria Correia de Sá e Benevides, seu sucessor. O primeiro retiro geral com Exercícios Espirituais foi convocado por circular datada de 19 de Março de 1879 e teve início a 6 de Junho do mesmo ano.[44]

Sobre esse tema, o arquivo do Colégio do Caraça conserva uma coleção de sermões de dom Viçoso,[45] onde podemos conhecer os conteúdos e a metodologia desses exercícios espirituais pregados aos ordinandos e ao clero. Nesse sermonário vemos a retomada dos mesmos temas das cartas pastorais, as mesmas preocupações manifestadas em uma linguagem mais serena e espiritualizada sem, no entanto, abandonar a pedagogia do medo escatológico. Aqui, sob a clara influência da já citada escola sacerdotal francesa, sobretudo São Vicente de Paulo e também do bispo italiano, reformador e doutor da Igreja, Santo Afonso Maria de Ligório, vemos esse reformador da Igreja em Minas Gerais expor o rosto, a nova imagem de padre buscada em suas iniciativas de reforma.[46]

4.2.1. Conferências aos Ordinandos

Nesse conjunto de sermões, dirigidos aos ordinandos, temos treze conferências, com um temário semelhante à obra já citada, *Para os meus Irmãos os Reverendos Sacerdotes*. Dom Viçoso procura levar aos ordinandos, nesse tempo de preparação próxima para a ordenação presbiteral, suas preocupações e, sobretudo, a imagem ideal de padre buscada nos diversos passos de seu trabalho reformador. São estas as conferências: 1) Exercícios Espirituais, 2) Escândalos

---

[44] TRINDADE, p. 256.

[45] Tivemos acesso a uma cópia deste sermonário, nos Arquivos Eclesiásticos da Arquidiocese de Mariana (AEAM).

[46] Além da influência destes reformadores do clero do tempo moderno, vemos nestas conferências de dom Viçoso ao clero muitas citações de alguns padres da Igreja, em especial, São João Crisóstomo, Santo Ambrósio, Santo Agostinho, São Gregório Nazianzeno e São Jerônimo. Não são textos científicos, mas sermões, e o uso de tais citações é um recurso de oratória, pedagógico, visando dar força e justificação aos argumentos das conferências. Não existe nestes sermões a tão necessária indicação das fontes, o que nos impede de um tratamento científico de tais obras. O mesmo se verificará nos sermões missionários do padre Viçoso.

dos Eclesiásticos, 3) Horas Canônicas, 4) Ciência dos Eclesiásticos, 5) Pecado Mortal nos Eclesiásticos, 6) Excelências do Estado Eclesiástico, 7) Zelo dos Eclesiásticos, 8) Excelência do Sacerdócio, 9) Bom Exemplo dos Eclesiásticos, 10) A Castidade dos Eclesiásticos, 11) Obrigações dos Clérigos, 12) Santidade dos Eclesiásticos, 13) Zelo dos Sacerdotes.[47] Dessas conferências, cito apenas as mais significativas para nosso tema, que expressam o rigorismo moral, o pessimismo com relação à natureza humana e a excelência dos sacramentos.

Na primeira conferência, intitulada Exercícios Espirituais, sob a pedagogia do medo escatológico assim escreve contra estes falsos vocacionados ao sacerdócio:

> não é este, aquele que ao mesmo passo que entra para o estado eclesiástico sem legítima vocação se expõe ao ódio e aborrecimento de Deus e a seus castigos? Tal é a necessidade de provar cada um, que entra para o estado eclesiástico, se é ou não para ele chamado por Deus (...) Pode ser que algum destes eclesiásticos entrasse para este estado, sem legítima vocação e, neste caso, o seu crime é mui grande e grandes os castigos que o esperam e com que Deus o tem ameaçado. A justiça divina está irritada contra ele e sua salvação está em grande perigo. Nestes termos, só lhe resta pedir perdão dos seus crimes e aplacar a ira de Deus com a penitência.[48]

---

[47] Além destas 13 conferências, vemos ainda neste sermonário outros textos que não foram escritos por dom Viçoso: 1) Uma cópia, em latim, da carta encíclica do papa Leão XII, datada de 24 de setembro de 1824, transcrita do cônego Saião em 1829, e que o rei de Espanha, Fernando VII enviou a todos os bispos e arcebispos das Américas, Ilhas adjacentes e Filipinas. Além deste documento, vemos ainda: 2) um elenco de diversos decretos da Sagrada Congregação para a Doutrina da Fé, de 11 páginas, proibindo diversos livros; 3) um conjunto de preces matutinas e verpertinas; 4) o desenho e a devida explicação da cruz de São Bento, jaculatórias e o ritual da aplicação; 5) versos sentenciosos; 6) Máximas de São Vicente de Paulo; 7) compêndio de provas da Religião, traduzido do francês; 7) uma coleção de cânticos cristãos; 8) um compêndio da doutrina cristã de 10 páginas, para ser lido depois das Missas nos dias santos; 9) Sermão do Santíssimo Sacramento de frei José da Transfiguração, franciscano pregador de Braga, de 16 de junho de 1781; 10) um sermão de São Vicente de Paulo; e 11) um sermão do mandato do Senhor.

[48] AEAM. Conferência: *Exercícios Espirituais*, *apud Sermonário aos Ordinandos*, p. 7.

Na mesma perspectiva apresenta os Exercícios Espirituais como um tempo de graça, ou como uma graça divina que poderá definir a salvação ou a condenação eterna do candidato:

> nem será só desprezo de uma graça especial, mas talvez, a última. Todo o cristão que tem a temeridade de ofender gravemente ao seu Deus, sabe muito bem que ao mesmo tempo que peca, Deus adquire um direito (não disse bem) adquire uma obrigação de o sepultar no inferno, pois a sua justiça é zeladora da sua honra e o crime é merecedor do castigo. Nós temos bastantes exemplos desta verdade. Os anjos rebeldes, apenas se rebelaram contra Deus, pelo seu único pecado, foram sepultados no inferno, sem Deus lhes conceder tempo de arrependimento.[49]

Na segunda conferência, sobre os escândalos dos eclesiásticos, vem dom Viçoso ajudar os candidatos a firmarem-se no propósito de uma vida baseada na fidelidade aos compromissos assumidos no sacramento da Ordem, pois a ruína do eclesiástico leva também à ruína o próximo:

> oh, que rigoroso juízo se formará contra nós, daqueles pecados que, com a nossa má vida, fazemos cometer aos outros. (...) Esta é a nossa infelicidade que, acontecendo que os pecados dos seculares onde nascem, aí morrem o nosso, nascendo em nós, lança raízes e troncos e ramos venenosos, tantos quantos são os que nos observam. E que ruína ocasionam, nas almas dos próximos, aquelas tentações e pecados que arruínam a nossa! Para se corromperem os costumes dos próximos, basta que o demônio chegue a corromper os dos sacerdotes.[50]

Apresentando o sacerdote como modelo moral para o povo, vem ajudar os ordinandos a refletirem bem sobre a consequência de seus "escândalos" e peca-

---

[49] AEAM. *Conferência*: Exercícios Espirituais, p. 9.
[50] AEAM. *Conferência*: Escândalos dos Eclesiásticos, p. 12.

dos. Para ele o sacerdote é a "cabeça dos seculares" e dele depende a salvação ou a ruína do povo: "Nós somos a cabeça dos seculares, diz São Bernardo, somos seus pais, somos o sal que tempera a sua ignorância, somos a luz que alumia as suas trevas, em uma palavra, de nós depende a sua salvação. (...) Se a cabeça está doente, como estarão os membros? Tudo se arruína, tudo se perde".[51] Baseando-se em seu pai e mestre São Vicente de Paulo, apresenta os sacerdotes escandalosos como os piores inimigos da Igreja. Novamente, invocando os Novíssimos pessoais, passa a falar do castigo que espera os sacerdotes escandalosos:

> pois assim, diz Deus, que sairá ao encontro daqueles sacerdotes que, em vez de salvar as almas, como era o seu ofício, as roubaram e mataram as almas que tanto custaram a ganhar a Jesus Cristo e por quem Ele chegou a derramar o seu sangue e a dar a própria vida às almas que Ele ama como as meninas de seus olhos, que tanta pena lhe dão se desviam de seu rebanho e por quem manda fazer festas no céu, pelos mesmos anjos que as acha.(...) E pelo contrário, quantos sacerdotes, que cá tinham o primeiro lugar, estarão ali chorando e raivando, desesperados à espera do Justo Juiz de companhia com os demônios e com aquelas infelizes almas, que para ali conduziram com os seus escândalos. (...) Miseráveis de nós, se, com os nossos escândalos, marcamos as almas dos nossos próximos para o inferno. (...) Senhores, é necessário medir mui bem as nossas ações, para que não sejam de escândalo para o próximo, porque, aliás, que severidade será a de Deus no seu juízo a nos castigar? Certamente que, como seremos devedores pela morte de tantas almas, assim ficaremos sujeitos a suas penas, de que Deus, por sua infinita misericórdia, nos livre.[52]

Na conferência sobre *o pecado mortal dos eclesiásticos*, versa sobre um dos temas centrais nas preocupações e pregação de dom Viçoso o perigo do pecado mortal nos eclesiásticos.

---

[51] AEAM. *Conferência*: Escândalos dos Eclesiásticos. p. 13.
[52] Ibidem. p. 16-17.

De qualquer modo e em qualquer circunstância que se considere o pecado mortal, sempre é infinitamente digno de ser aborrecido, porque sempre é o maior mal que Deus aborrece, o que mais danifica o homem e o sujeita aos flagelos da divina justiça, mas também devemos dizer que o pecado nunca é tão monstruoso que quando se acha naqueles que estão condecorados com a honra do sacerdócio de Jesus Cristo. (...) Deixo a vossa consideração investigar que castigos estão reservados ao sacerdote da nova aliança que tiver a desgraça de deixar reinar em si este cruel tirano das almas. (...) O pecado mortal (no sacerdote) ultraja a Deus e irrita a sua justiça muito mais que nos leigos e dele procede um encadeamento de desgraças para o tempo e para a eternidade.[53]

Fala depois das consequências do pecado mortal na vida do eclesiástico. A primeira consequência é "a vergonha de que se cobre e o desprezo em que cai entre os homens".[54] Lembra que "as pessoas do mundo, ainda que não amem a virtude, exigem-na num sacerdote".[55]

A outra consequência do pecado nos sacerdotes é o nenhum fruto que produzem suas funções, pelo que diz respeito à salvação das almas. (...) Em lugar de abrandar a misericórdia, ele provoca a cólera de Deus por suas desordens e que não atraia senão a sua ira e indignação". Lembra que o padre em pecado mortal não conseguirá instruir nem repreender, pois pra isso é necessário "uma vida santa e irrepreensível[56]. (...) A oblação do sacrifício ou a administração do Sacramento da Penitência não fazem menos deplorável a condição do sacerdote que anda em pecado mortal. Que vai ele fazer ao altar? Profanar, com suas ações, os adoráveis mistérios que ele trata. Quanto à celebração do Sacramento da Penitência em pecado mortal dirá: (...) No Sagrado

---

[53] AEAM. Conferência: Pecado mortal nos eclesiásticos. In: *Sermonário aos Ordinandos*, p. 43.
[54] *Ibidem*, p. 44.
[55] *Ibidem*.
[56] *Ibidem*, p. 45.

Tribunal, justificando os outros, dá sentença de condenação contra si mesmo e, reconciliando-os com Deus, incorre em seu desagrado, cura as enfermidades espirituais nos outros e faz a si cruéis feridas; de um ministério igualmente santo e santificante, faz um ministério de maldição para si e, algumas vezes, também para os outros.[57]

A partir da consciência que é o sacerdote um intermediário entre Deus e o povo, alguém que deve interceder em favor desse, acalmando a ira de Deus, dirá que o sacerdote em pecado mortal não conseguirá cumprir essa missão, ao contrário, será motivo de queda e maldição para aqueles a quem devia servir:

em terceiro lugar um mau sacerdote é na Igreja de Jesus Cristo o flagelo mais terrível dos povos, entre os quais se acha colocado. (...) Quem sabe se os flagelos que os povos se vêm oprimidos, se a extinção quase da fé e da piedade no mundo e se o aumento dos incrédulos, que se elevam sobre as ruínas da fé, quem sabe se todos estes males são castigos de Deus ultrajado em seus ministérios sagrados pelos sacerdotes profanadores? Pode ser que nós que devíamos ser os ministros da reconciliação de Deus com os homens, somos talvez o único objeto de seu furor! Não, meus irmãos, leiamos os Livros Santos, os pecados dos sacerdotes nunca ficam sem castigo.[58]

Por fim falará de uma última consequência do pecado mortal na vida dos sacerdotes, que são os remorsos de sua consciência:

os remorsos de uma consciência acusadora que os chama e repreende sem cessar"[59] (...) "Se sobe ao altar, um resto de religião lhe pinta todo o horror de sua conduta. Se assiste os moribundos, o espetáculo

---

[57] AEAM. Conferência: Pecado mortal nos eclesiásticos. In: *Sermonário aos Ordinandos*, p. 47.
[58] *Ibidem*, p. 47.
[59] *Ibidem*.

da morte, que tem presente o espanta, o consterna, os remorsos e o medo o desanimam e o desfazem. E, se ele já está em tal estado que nada disso lhe faz impressão, então este é o maior de todos os castigos, é um aviso de sua cegueira e prova de sua dureza e presságio de sua reprovação. Ele cairá na impenitência e morrerá na desesperação.[60]

Dom Viçoso fala das penas que incorrerão os sacerdotes em pecado mortal ainda nesta vida: a cegueira do entendimento e a dureza de coração. Manifesta todo o seu pessimismo diante de um sacerdote em estado de pecado mortal:

neste estado que podem eles esperar senão a morte no seu pecado? Todo o seu remédio seria uma penitência sincera, mas ah, quanto ela é rara nesta qualidade de pecadores? Quem viu jamais um clérigo recorrer prontamente à penitência e fazê-la sinceramente? (...) Mas sacerdotes, que se convertam para Deus, depois de uma vida por muito tempo desordenada, é o que nunca se vê: eles não acabam de pecar, senão quando acabam de viver.[61]

Em seguida dá razão a esse pessimismo com relação à conversão do sacerdote pecador:

familiarizado com os grandes princípios, que ele lê todos os dias na Escritura e de que é encarregado a instruir os outros, só se toca frouxamente, faz mui pouca atenção a eles; todos os dias, ele ouve as ameaças terríveis e anátemas lançados contra os pecadores no Evangelho e ouve tudo isto tranquilamente, está já afeito a ouvir tudo isto e nada é capaz de o abrandar e de o fazer voltar à Penitência[62]. (...) Ainda que indigno, ele se chegará a esta mesa terrível onde não pode deixar de

---

[60] AEAM. Conferência: Pecado mortal nos eclesiásticos. In: *Sermonário aos Ordinandos*. p. 48.
[61] *Ibidem*, p. 51.
[62] *Ibidem*, p. 51.

comer e beber o seu juízo. Desgraçada condição de um mau sacerdote! A mesma mesa de Jesus Cristo é uma rede e um laço em que se acha de tal modo enredado que se não pode desembrulhar, sem perigo de sua alma. (...). Que graça se pode esperar para um profanador que tantas vezes teve selado a sentença da sua reprovação com o mesmo sangue de Jesus Cristo? Assim morre nos sentimentos de maior furor o sacerdote infiel que tem esgotado em sua pessoa a origem da graça e da salvação. Depois de ter vivido como Judas, no apego ao pecado, morre como Judas morreu, na impenitência e acaba uma vida cheia de crimes por um crime ainda maior que é a desesperação. (...)Para evitar tão grande ameaça, meditemos seriamente hoje, pois ainda é tempo: os horrores do pecado mortal e as consequências que sempre há em um sacerdote, quando se deixa dominar pelo pecado por um certo tempo.[63]

A sexta conferência, sobre *As Excelências do Estado Eclesiástico*, de dom Viçoso é um texto muito bonito, no qual ele, a partir das Sagradas Escrituras e de referências aos Santos Padres, expõe sua visão a respeito do sacerdócio.

Seu primeiro questionamento é quanto aos que abraçam a vida sacerdotal sem a devida vocação. Segundo ele, isso é causa de lágrimas e gemidos para a Igreja.[64] Segundo nosso autor, para "se ter uma justa ideia da grandeza do estado eclesiástico, é necessário julgá-lo primeiramente pela honra que Cristo Nosso Senhor quer que se dê a seus ministros; pela ideia que os santos têm da grandeza deste estado; em terceiro lugar, pela grandeza dos poderes que Jesus Cristo lhes comunica".[65] A partir de São Paulo, dom Viçoso diz que os sacerdotes "são embaixadores de Cristo".[66] Diz que "grande (...) é o caráter dos ministros de Jesus Cristo, considerável e elevado, porque seu lustre não pode ser obscurecido por seus depravados costumes".[67]

---

[63] AEAM. *Conferência*: Excelências do Estado Eclesiástico.In: *Sermonário aos Ordinandos*, p. 53.
[64] AEAM. *Conferência*: Excelências do Estado Eclesiástico.In: *Sermonário aos Ordinandos*, p. 55.
[65] *Ibidem*.
[66] *Ibidem*, p. 56.
[67] *Ibidem*, p. 57.

Em seguida passa a expor a visão que alguns santos que bem compreenderam o sentido profundo desse estado manifestaram. Fazendo referência ao testemunho Santo Agostinho, São Gregório Magno, Santo Epifânio diz "que se estes exemplos fossem seguidos, haveria menor número de sacerdotes, mas a Igreja não gemeria de ver-se oprimida de tantos ministros atrevidos que usurpam o sacerdócio e que entram no santuário sem vocação e que se não espantam do peso, do jugo que tomam sobre si".[68] O testemunho desses santos mostra a grandeza deste ministério sacerdotal: "mas se não atendermos à violência que se fazia aos santos cujos exemplos temos referido, ao menos atendamos aos seus sentimentos, isto é, de que nada há mais elevado que o ministério eclesiástico".[69] Ainda a partir do exemplo dos santos, lembra aos ordinandos, que a eficácia desse estado não é mérito humano, mas graça divina que deve ser acolhida e vivida com humildade: "se a sua humildade lhes fazia olhar os empregos como superiores a sua força, ao menos humilhemo-nos nós à vista da grandeza do estado e da nossa baixeza".[70]

Ainda citando o testemunho de Santos Padres, passa a expor os poderes que Deus comunica a seus ministros por meio do sacramento da Ordem. Primeiro diz que Deus concedeu ao sacerdote o poder de "celebrar os santos mistérios e de consagrar o corpo de Jesus Cristo. (...) O sacerdote faz descer não o fogo do céu, mas o Espírito Santo (...): é um sacerdote que celebra um sacrifício, é ele que imola a Jesus Cristo, é pelo seu ministério que o Espírito Santo desce para encher os corações dos que assistem ao venerável sacrifício".[71]

Depois, citando São João Crisóstomo e São Jerônimo enaltece o ministério do sacerdote comparando-o a Jesus Cristo, e fala sobre o poder de perdoar os pecados:

> São João Crisóstomo iguala de algum modo o poder dos sacerdotes
> ao de Jesus Cristo, ele diz que é tão grande que dá lugar a duvidar de

---

[68] AEAM. *Conferência*: Excelências do Estado Eclesiástico, p. 58.
[69] *Ibidem*, p. 59.
[70] *Ibidem*, p. 59.
[71] *Ibidem*, p. 59-60.

que um poder tão extenso pudesse ser comunicado aos homens; (...) os sacerdotes, sucessores dos apóstolos, consagram o corpo de Jesus Cristo por força das palavras que pronunciam; pelo seu ministério nós nos fazemos cristãos, eles têm as chaves do Reino dos céus e eles julgam de algum modo antes daquele grande dia em que o Senhor há de julgar a todos os homens; eles consagram o corpo de Jesus Cristo pela força das palavras que pronunciam, da parte de Jesus Cristo, eles julgam como soberanos... que mais Deus podia comunicar aos homens.[72]

Afirma ainda que: "não há poderes que se possam comparar com os que Cristo Senhor Nosso tem confiado a seus ministros. Julgai do espírito eclesiástico, seguindo estes princípios e não tereis dificuldade em dizer que é este o mais nobre e elevado de todos os estados".[73]

A partir da exposição da grandeza do sacerdócio, passa a tirar as consequências desse estado para os próprios sacerdotes, chamando a atenção para a importância fundamental da atitude da humilde fidelidade à missão:

que os chamados a ele devem viver na humildade, na exatidão e pureza e no trabalho. (...)Quando a grandeza não é acompanhada da humildade, ela nos eleva aparentemente, mas na realidade nos abate. Atribuindo que a sucessão apostólica se dá não somente com os bispos, mas com todos os eclesiásticos, diz que esta é a maior glória para estes. (...) Nossa principal glória no ministério eclesiástico é suceder aos apóstolos. (...) Quando os apóstolos ainda eram grosseiros, disputavam entre si quem era o primeiro; mas depois que foram cheios do Espírito Santo, esta disputa se mudou e se tornou bem diferente: todos pretendem ser inferiores aos outros e ter o último lugar.[74]

---

[72] AEAM. *Conferência*: Excelências do Estado Eclesiástico, p. 60-61.

[73] *Ibidem*, p. 61.

[74] *Ibidem*, p. 62.

A partir daí, conclui que *devem, pois, todos os eclesiásticos apartar de si todo espírito de dominação.*[75] E citando São Bernardo diz: "(...) Vós sois elevados sobre vossos irmãos, é verdade, mas aí mesmo vos deveis humilhar, porque quem sois vós para serdes elevados a esta dignidade, que tendes feito para a merecer? Jesus Cristo vos tirou do vosso nada para vos dar parte do seu poder".[76]

E falando da santidade desse estado, mostra a necessidade de se viver separado do restante dos homens e do mundo secular, dizendo:

> um eclesiástico, que não vive do modo digno de seu estado, não conhece a sua excelência e não se envergonha, quando vê a desproporção que há entre a sua vida e o seu estado. Estas coisas pareceram a São Bernardo tão extraordinárias e tão fora da razão que ele olhou como um monstro unir a dignidade eclesiástica a uma vida secular e profana. (...) O que São Bernardo considerou como um monstro é o que hoje se encontra mais entre os eclesiásticos.[77]

Após falar das três primeiras consequências da grandeza do estado eclesiástico: a humildade, a exatidão no proceder e a pureza de vida, fala dom Viçoso da importância do empenho constante, do trabalho, do cumprimento das muitas responsabilidades inerentes ao estado clerical: "Eu disse que a elevação do estado eclesiástico nos obriga a trabalhar muito. O estado eclesiástico é uma honra, mas é também um peso, (...) obrigações".[78] E citando Santo Agostinho diz que:

> nada há de mais doce que meditar tranquilamente nas Santas Escrituras, mas ser obrigado a pregar e a repreender, estar em inquietações contínuas pela salvação de seus irmãos, é um grande peso

---

[75] AEAM. *Conferência*: Excelências do Estado Eclesiástico, p. 63.
[76] *Ibidem*.
[77] *Ibidem*, p. 64
[78] *Ibidem*, p. 65.

e um grande trabalho. Quem não fugirá de um trabalho desta natureza?" (...) Que o sacerdócio é um peso e que lhe é dado este nome porque as suas obrigações são grandes. Que ninguém se deve encarregar desta obrigação, que não esteja no desígnio de cumprir seus deveres e que os que os não cumprem serão severamente julgados no tribunal de Jesus Cristo. (...) Que mau caráter o do eclesiástico que quer viver ocioso! Ele está obrigado a trabalhar. Deus há de lhe pedir contas, à proporção dos talentos que lhe deu e das suas dignidades.[79]

4.2.2. Conferências ao Clero em Geral

As conferências de dom Viçoso para os Exercícios Espirituais se dirigem a dois públicos diferentes. Estas oito primeiras são dirigidas aos ordinandos, e as outras ao clero em geral; e foram pronunciadas, em exercícios espirituais, especialmente preparados para os sacerdotes diocesanos que não estavam vivendo de maneira fiel a seus compromissos.

• Conferência: O bom exemplo dos eclesiásticos

Esta nona conferência de dom Viçoso intitulada: *o bom exemplo dos eclesiásticos*,[80] com certeza, fez parte de conferências dirigidas nos Exercícios Espirituais aos padres "escandalosos", de quem exigia a participação em tais eventos visando à mudança em seus maus costumes, para poderem continuar no exercício do ministério. Pode ser considerada a mais importante de todas, pois além de ser construída à luz dos problemas concretos

---

[79] AEAM. *Conferência*: Excelências do Estado Eclesiástico, p. 66.

[80] AEAM. Conferência: Bom exemplo dos Eclesiásticos, p. 1. In: *Sermonário ao Clero*. Esta nona conferência de dom Viçoso abre a segunda parte de suas conferências, com nova numeração de páginas e novo Título: sermonário ao clero, e é dirigida ao clero em geral.

de seu clero diocesano, toca os pontos essenciais de sua reforma do clero. Aqui, podemos notar de forma muito clara a influência de seu pai e mestre São Vicente de Paulo no tratamento aos vícios do clero e nas soluções apresentadas. Na base dessa conferência está o grande lema da reforma do clero para este bispo reformador da Igreja em Minas Gerais: "o sacerdote deve ser exemplo para os seus fiéis em todas as virtudes".

Primeiramente, apresentando os eclesiásticos como os principais membros do corpo místico de Cristo, diz "que eles são obrigados a conduzir e encaminhar os seus irmãos". A partir daí, apresenta o esquema sobre o qual construirá a conferência: "sobre a obrigação dos eclesiásticos em dar bom exemplo; no segundo, sobre os principais obstáculos que impedem este bom exemplo e, no terceiro, sobre os meios que tomaremos para o desempenho desta obrigação".[81]

Nesta primeira parte, em meio a argumentos já presentes em outros seus documentos, à luz de Mt 5,14-16, passa a falar da missão do presbítero, dizendo que é parte de "seu ministério alumiar os homens pela pureza de sua doutrina e santidade de seus costumes".[82] Lembrando que os apóstolos levaram a sério esta missão, dando o exemplo e exigindo dos primeiros cristãos também o bom exemplo, a fim de não serem motivo de escândalo para os fracos, diz, "se os apóstolos recomendaram aos fiéis dar bom exemplo, eles quiseram que os ministros do Evangelho fossem ainda mais obrigados a edificar a seus irmãos pela santidade de sua conduta. (...) Que os ministros do altar devem atrair a estimação, o respeito dos povos pela regularidade de seus costumes".[83] Que "grande serviço fazem (...) à Igreja aqueles que edificam os outros, por sua vida santa e irrepreensível".[84] Se os bons exemplos edificam, "que maus efeitos produz a vida de um sacerdote, se ele é pastor, quando é escandalosa? Atrevo-me a dizer que as heresias de Lutero e Calvino se têm fortificado mais pela ignorância e má vida dos nossos eclesiásticos escandalosos que pela força dos discursos enganadores dos hereges. Ela destrói e arruína e nunca edifica".[85]

---

[81] AEAM. *Conferência*: Bom exemplo dos Eclesiásticos, p. 1.
[82] *Ibidem*, p. 2.
[83] *Ibidem*, p. 3-4.
[84] *Ibidem*, p. 4.
[85] *Ibidem*, p. 5.

Depois de falar da força do bom exemplo na missão pastoral do padre, passa a falar da força destruidora dos vícios na vida de um padre escandaloso. Segundo ele, os principais vícios são: "a impureza, a imodéstia, a vida mole, a avareza e o desejo de ser rico".[86] dom Viçoso comenta cada um desses vícios, deixando transparecer o seu amor à Igreja, o zelo pastoral, a sua preocupação com o bem e a salvação do povo a ele confiado. Manifesta o seu sonho de um clero consciente da dignidade de seu estado e de sua missão, de vida ilibada, fiel ao compromisso do celibato eclesiástico, totalmente consagrado à missão, de vida simples, pobre e desapegada, zeloso e trabalhador pela salvação dos fiéis.

- Conferência: A castidade dos eclesiásticos

Esta conferência procura responder a maior preocupação de dom Viçoso em sua reforma do clero, a incontinência de grande parte de seu clero. É um discurso bem feito, profundamente bem fundamentado em textos da tradição cristã, onde a castidade é apresentada como a mais importante virtude. Assim inicia-se o texto: "esmeram-se os santos padres em tecer elogios ao sacerdócio e à castidade; a dignidade daquela e a excelência desta ocuparam suas elegantes penas e seus imortais panegíricos".[87] Citando São Próspero e São Gregório, disse que a castidade é a plenitude, o esmalte das virtudes: "o esplendor das virtudes é a castidade; o precioso esmalte das ordens sagradas é o sacerdócio, o esmalte precioso das virtudes é a castidade: sem o sacerdócio, inúteis seriam as outras ordens sagradas e, sem a castidade, seriam infrutuosas as boas obras". Ainda, "o nosso ofício é angélico, virtude angélica é a castidade".[88]

Termina a introdução da conferência dizendo da necessidade de que os eclesiásticos, especialmente os sacerdotes conservem a castidade:

---

[86] AEAM. *Conferência*: Bom exemplo dos Eclesiásticos, p. 6.

[87] AEAM. Conferência: A castidade dos Eclesiásticos. In: Sermonário ao clero, p. 14.

[88] *Ibidem*, p. 14.

veremos, pois, brevemente neste discurso a necessidade e a obrigação que têm os sacerdotes e mais eclesiásticos proporcionalmente de conservar a castidade do corpo e da alma e quão indigna seja deles a impureza e quão perigosa a conversação com mulheres.[89]

Na primeira parte, mostrou a presença da virtude da castidade na vida dos sacerdotes pagãos, hebreus e no testemunho de vários padres da Igreja, apresentou a castidade como algo intrínseco ao sacerdócio cristão. Comparou o sacrifício hebreu ao cristão:

> pois tanta castidade se requeria naqueles cujo ofício era oferecer sacrifícios de brutos animais! Quão puras devem ser nossas mãos para tocar aquela sacrossanta hóstia que é adorada dos anjos nas nossas próprias mãos, quão castos os olhos que, debaixo das nuvens daquela hóstia sagrada, veem o seu Criador e Redentor, quão pura aquela língua que tem poder de fazê-lo descer do céu a terra! (...) Quão puro e casto deve ser aquele que exercita um ofício mais que angélico, que no sagrado altar representa a pessoa de Cristo e, com poucas palavras, o faz descer do trono da divindade a suas mãos?[90]

Na invocação da necessária pureza de corpo e de mente para a celebração da Eucaristia, dom Viçoso invoca o testemunho do papa Cirício, Santo Ambrósio, São Cirilo de Jerusalém, São Tomás de Vilanova e São Gregório. A repulsa à impureza e consequente indignidade, e a exigência de uma pureza angelical, aproxima dom Viçoso nessa conferência, aos cuidados dos jansenistas do século XVII no tratamento aos sacramentos: "mas que horror não terá ele de ser produzido por uma boca infame, ser tocado por mãos imundas, pelos toques impuros, ser recebido num coração cheio de corrupção?".[91]

---

[89] AEAM. *Conferência*: A castidade dos Eclesiásticos, p. 14.
[90] *Ibidem*, p. 16.
[91] *Ibidem*, p. 18.

Tratando a infidelidade ao celibato como vício infame, crime e desgraça, invoca o testemunho da história da Igreja no castigo aos leigos e eclesiásticos incontinentes:

> a Igreja manteve menos horror a este vício infame, quando ordenou nos antigos cânones, penitências de um, onze, quinze anos para os leigos que se manchassem com este crime e, para os seus ministros que tivessem cometido e caído em semelhante desgraça, ela os degradava e privava para sempre do exercício do seu ministério. Esta foi a prática constante da Igreja por muitos séculos, assim no Oriente como no Ocidente.[92]

A partir daí, passa a invocar o testemunho dos Concílios de Neocesareia, de Orleans e os concílios de Elvira "que os tinha até excomungado e ordenado que nem na hora da morte, se lhes desse a comunhão".[93] Citando Paládio, na vida de São Macário, conta de um sacerdote castigado por Deus com um câncer por ter ele fornicado e celebrado em seguida a Santa Missa: "Deus te enviou este cancro para te castigar, como mereces, mas se tu lhe fazes prometer que, na tua vida, nunca mais celebrará Missa e que farás penitência em todo o resto dela, Deus nosso Senhor te curará".[94]

Dom Viçoso sonhava o padre como um ser angelical, separado não apenas do mundo secular, mas até do corpo; um ser tão consciente de sua dignidade, de sua missão, da importância da vida casta para a vivência da missão, tão voltado para Deus a ponto de tornar-se "isento de toda fraqueza da carne":

> a Igreja também considera que nada impede mais os povos a aproveitar-se das instruções dos seus pastores que este vício, porque é naturalmente impressa no seu espírito que aqueles que fazem estas funções divinas devem ser isentos de todas as fraquezas da carne e

---

[92] AEAM. *Conferência*: A castidade dos Eclesiásticos, p. 18.
[93] *Ibidem*.
[94] *Ibidem*, p. 19.

viver, de algum modo, como se vive no céu para onde eles devem conduzir os outros e onde não há núpcias nem matrimônio, porque ali haverão sempre de ser semelhantes aos anjos de Deus.[95]

Na segunda parte dessa conferência, apresenta aos ordinandos "os meios para conservar e adquirir esta angélica virtude".[96] Novamente apresenta os Santos Padres como mestres. Começando pelo apóstolo São Paulo, apresenta São Jerônimo, Santo Agostinho e São Gregório Nazianzeno como modelos a serem seguidos na sua oração constante, jejuns, fugas para o deserto, trabalho e mortificação. Nesse sentido, o primeiro meio apresentado é a oração. Mostrando a castidade como um dom só de Deus, diz que é impossível conseguir a fidelidade a esta virtude sem a oração. Assim diz de São Paulo "que era mais anjo que homem sentia esta lei imperiosa dos membros, castigava o seu corpo e o reduzia à escravidão com os jejuns, trabalho e mortificação".[97]

Outro meio importante para se conseguir e preservar a virtude angélica da castidade é o trabalho:

em segundo lugar, é necessário juntar à temperança o trabalho e a fugir do ócio. (...) O demônio da preguiça é o mais perigoso de todos, pois que dá entrada a todos os outros; esta espécie de demônio não se expele senão pelo trabalho e ocupação (...) Assim como a água estagnada não gera mais que mosquitos e sevandijas assim também a ociosidade não gera senão pensamentos impuros e desonestos. (...) É necessário, portanto, que o demônio nos ache sempre ocupados e de sentinela contra seus ataques por um trabalho contínuo.[98]

---

[95] AEAM. *Conferência*: A castidade dos Eclesiásticos, p. 19.
[96] *Ibidem*, p. 20.
[97] *Ibidem*.
[98] *Ibidem*, p. 21-22.

Além do trabalho corporal, fala dom Viçoso da importância do trabalho espiritual:

> que é mais conforme a nossa profissão e nos é incomparavelmente mais útil, porque enche a imaginação, a memória, o entendimento e o coração de santas ideias, de coisas úteis e piedosos desejos e verdades divinas. Ele inspira o apartamento e o horror a todos os prazeres da carne. Os prazeres dos sentidos são uma vianda, que causam náusea a um homem acostumado a nutrir-se das verdades dos escritos santos, suas castas e inocentes delícias. (...) Outro meio absolutamente necessário para conservar a castidade é a fuga de todo comércio e de toda frequência com pessoas do outro sexo e de evitar familiaridade com elas como a mordedura da víbora. Não somos mais fortes que Sansão, nem mais santos que David, nem mais sábios que Salomão que naufragaram tristemente e deram deploráveis quedas. (...) Querer conversar com mulheres sem necessidade e querer conservar a castidade é querer tocar os pés, sem sujar as mãos, e querer ocultar o fogo no peito, sem se queimar. Não é esta tentação como as outras: não se combate nem se vence este vício senão fugindo. É como a peste que o melhor remédio é fugir para se nos não pegar.[99]

Citando os cuidados de Santo Agostinho em manter-se fiel à castidade, diz que:

> não há só perigo com aquelas que já perderam a honra, mas também com aquelas que têm toda modéstia e todo o pejo que inspira o temor de Deus e que a honestidade pede delas. (...) Esta familiaridade é contra a ordem e é enganar-se a si mesmo não temer tão grande perigo. Tudo o que é aproximar-se de outro sexo nos deve encher de susto (...). Esta

---

[99] AEAM. *Conferência*: A castidade dos Eclesiásticos, p. 22-23.

paixão infame acende na alma e no corpo daqueles, a quem ela possui, chamas negras que se podem comparar com as do inferno, ela faz da alma um bruto irracional, que se está revolvendo num lodo e que acha ali as suas delícias, ela faz do templo do Espírito Santo uma cova e um lodaçal dos espíritos imundos. É coisa raríssima que quem é tocado de semelhante vício venha jamais a emendar-se: mas como vive agora assim viverá sempre sem nunca se satisfazer de todo, e assim morrerá e assim será sepultado no inferno. Temamos e tremamos de semelhante, oh amados eclesiásticos meus, oponhamo-nos vigorosamente à torrente destes viciosos que quotidianamente se precipita sem remédio.[100]

Ao final, dom Viçoso apresentou outros meios para se conseguir e manter a virtude da castidade, porém, sem maiores comentários: o respeito para com o Santíssimo Sacramento do Altar, a devoção Santíssima Virgem e um constante estado de vigilância.

• Santidade dos eclesiásticos

A décima segunda conferência, que tem por tema a *Santidade dos Eclesiásticos*, retoma e aprofunda esse tema tão caro a dom Viçoso que é a santidade sacerdotal. Nessa reflexão podemos novamente ver a influência da São Vicente de Paulo, que via na vivência fiel do ministério sacerdotal um caminho de perfeição e santificação pessoal.

Ele inicia sua conferência questionando o fato de se abraçar o estado eclesiástico sem a disposição de viver suas obrigações. Ele o faz a partir de uma pastoral aterrorizante, baseada no medo dos castigos divinos, contra os que buscam a vida sacerdotal como vida cômoda e sossegada e meio de enriquecimento pessoal:

---

[100] AEAM. *Conferência*: A castidade dos Eclesiásticos, p. 24-25.

e o que dizer de abraçar o estado eclesiástico e não cumprir suas obrigações? Não é isto irritar a Deus e expor-se manifestamente a sofrer os mais terríveis castigos? Se se conhecesse quanto Deus aborrece os eclesiásticos, que se apartam do caminho santo, maior temor haveria de cair em suas mãos vingadoras e muitos não caminhariam tão afoitos, com medo de experimentar os efeitos terríveis da cólera do Senhor.[101]

Após este duro alerta a seus padres, fala de seu objetivo:

mostrar-vos um dever essencial do estado eclesiástico, que é o de passar uma vida santa, proporcionada à santidade deste sublime estado. Concluo que a primeira resolução daquele que se introduz neste estado, deve ser trabalhar sem cessar para se santificar e não fazer ação alguma que não seja conforme à santidade de seu estado.[102]

Sua reflexão se divide em dois momentos: o primeiro as razões que obrigam os eclesiásticos a serem santos, e o segundo, em que consiste esta santidade.

Comparando o ministério do Antigo Testamento com o ministério cristão, dirá que o ministério cristão é mais sublime. No Antigo Testamento, já se exigia a santidade do sacerdote para que pudesse oferecer o incenso e os pães diante do Senhor. Falando da excelência do ministério cristão diz: "que santidade será necessária para oferecer a Deus o que é superior ao incenso e aos pães? (...) É necessário que os ministros de Jesus Cristo excedam aos do Antigo Testamento em santidade".[103]

Em seguida, compara o sacerdote com os outros cristãos no que se refere ao chamado e à necessidade da santidade: "todo aquele que é honrado com o nome de cristão deve ser santo. Ora, os sacerdotes são elevados sobre o resto dos cristãos pelo seu caráter. Logo, eles devem exceder-lhes também

---

[101] AEAM. Conferência: Santidade dos Eclesiásticos. In: *Sermonário ao Clero*, p. 33.
[102] *Ibidem.*
[103] *Ibidem*, p. 35.

pela santidade. Um sacerdote deve ser mais santo que os outros cristãos, um pastor mais santo que suas ovelhas".[104] Esse argumento é confirmado, citando São Gregório Nazianzeno e Santo Ambrósio que colocam como critério de santidade sacerdotal o próprio Cristo.

> Tudo é santo no sacerdote: seu caráter é santo, suas funções são santas; a primeira condição para as exercitar bem é viver em grande santidade. Quem é o sacerdote? É um ministro do Altíssimo, é o ministro d'Aquele que é a mesma santidade. (...) É necessário que haja proporção entre o ministro e o Senhor. (...) Somos vigários de Cristo como diz o Santo Concílio de Trento. (...)Cristo foi cheio de zelo pela glória de seu Pai, Cristo foi pobre, Cristo foi paciente, Cristo foi cheio de sabedoria, Cristo passava os dias em trabalhos contínuos: eis aqui aquele de quem sois vigários, quando vos revestis do caráter de sacerdote. Somos vigários de Cristo para exercer as suas funções: que coisa mais santa que as funções de um sacerdote? Que maior atrevimento que aplicar-se a estas santas funções, sem ter antes trabalhado para santificar-se.[105]

Para dom Viçoso não bastava a consciência da vocação, a disciplina e o zelo pastoral; citando São João Crisóstomo, manifesta a necessidade de uma completa separação da vida dos homens normais, uma vida angelical. Novamente, apresenta o ministério sacerdotal de uma forma tão elevada, e as exigências para ele tão fortes, que o ser sacerdote torna-se um privilégio para uma pequena minoria de privilegiados, em um argumento muito próximo ao dos jansenistas do século XVII na sua pastoral sacramental. Diz:

> que as funções do sacerdote são tão santas e elevadas que, para as exercitar bem (...) seria necessário estar como no número dos anjos,

---

[104] AEAM. *Conferência*: Santidade dos Eclesiásticos, p. 35.
[105] *Ibidem*, p. 36.

(...) viver na terra como se estivera no céu. Um sacerdote é um homem que deve passar uma vida angélica em corpo mortal, não deve viver como homem, ainda que esteja entre os homens, deve estar apartado dos laços da corrupção, ainda que viva no meio da corrupção. Se ele não tem chegado a esta elevação, não está em estado de exercer o ministério de anjos.[106]

Na mesma linha, a partir das diversas funções do sacerdote, passa a apresentar a santidade como condição necessária para que estas funções sejam bem exercidas. Assim considera a função do sacerdote na celebração da Eucaristia:

tudo no sacerdote deve ser santo, porque tudo nele concorre para a mais santa de todas as oblações: suas mãos devem ser puras, porque tocam em Jesus Cristo tantas vezes; sua língua deve ser pura, porque pronuncia as misteriosas palavras que são tão santas e que têm tanta força; sua alma deve ser pura, aliás, como poderia ser templo do Divino Espírito Santo? Os anjos o animam com a sua presença e lhe fazem ver que ele os deve quase igualar na pureza.[107]

Considera que a função mediadora entre Deus e o povo, assumida pelo sacerdote, exige santidade. Segundo o nosso autor deve o sacerdote:

alcançar as graças para o povo e abrandar a cólera de Deus, irritado pelos pecados. (...) Que graças há de obter um sacerdote criminoso, como há de ser ouvido e como há de abrandar a ira de Deus? Portanto, é necessário ser santo, desde que sou sacerdote: o povo tem direito de me pedir que ore por ele e eu não estou em estado disso, se não sou santo.[108]

---

[106] AEAM. *Conferência*: Santidade dos Eclesiásticos, p. 36.
[107] *Ibidem*, p. 37.
[108] *Ibidem*.

A partir da mesma exigência de santidade, diz que o sacerdócio é uma função para poucos, somente para os mais santos, pois é muito séria e exigente e que deve ser até temida: "os mais santos sacerdotes da antiguidade tremiam e fugiam do sacerdócio e o principal motivo desta fuga era porque julgavam que a sua vida não era tão santa, como requeriam os ministérios sagrados. (...) Portanto, é necessário ser santo e muito santo para ser sacerdote".[109]

Na segunda parte dessa conferência, dom Viçoso passa a expor o que entende pela santidade sacerdotal. E o faz comentando três máximas:

> primeira: a Igreja quer que o sacerdote seja santo não só quando principia a ser sacerdote, mas já desde a sua mocidade quer que tenha exercitado nas virtudes; Segunda: ela não reputa por santo senão quando exercita já exatamente todas as virtudes de seu estado; terceira: quer que eles nunca se satisfaçam de sua virtude, mas que procurem fazer sempre novos progressos na virtude.[110]

Já que entende por um verdadeiro eclesiástico, um homem que se aplica a santificar-se a si mesmo e a santificar os outros:

> que nunca está satisfeito de si mesmo, nem do que tem feito e propõe, sem cessar, fazer novos progressos. (...) Ele deve ter em vista a iminência da santidade e não há caminho que não deva tentar para chegar a este fim nobre.[111]

Diz que esta perfeição na santidade supõe esforço e trabalho, porque "sem trabalho não podemos conservar o que temos adquirido", e também a consciência de que somos "ainda muito pobres e falta-nos muita riqueza para adquirir".[112]

---

[109] AEAM. *Conferência*: Santidade dos Eclesiásticos, p. 38.
[110] *Ibidem.*
[111] *Ibidem*, p. 43.
[112] *Ibidem.*

- Conferência: Zelo dos sacerdotes

Nesta décima terceira conferência, nosso bispo, como que refazendo o caminho feito, reúne diversas pequenas reflexões sobre a missão do sacerdote. Além dos diversos aspectos abordados nas conferências anteriores, como a dedicação pela própria salvação e a dos outros, da pregação e instrução, do serviço ao altar, do atendimento às confissões, vem agora acrescentar um aspecto novo em suas conferências, mas muito presente em outras iniciativas pastorais, que é:

> O empregar-se a ajudar a bem morrer, que é uma obra de muita caridade, a mais agradável a Deus e mais útil à salvação das almas, porque no tempo da morte, os pobres enfermos se acham, por uma parte, tentados pelo demônio, pela outra, inábeis para ajudar a si mesmos. (...) Isso pertence aos párocos, por obrigação de justiça, e aos outros sacerdotes, por obrigação de caridade. (...) Pode ajudar muito não só aos enfermos mas também aos parentes e amigos.[113]

Como já foi dito anteriormente, dom Viçoso não conseguiu tornar os retiros, ou exercícios espirituais, uma instituição obrigatória e anual para todo o clero, mas lançou a semente. Esta instituição somente deu-se pelo seu sucessor, o também lazarista, dom Antônio de Sá e Benevides, que de uma forma muito bonita e fiel continuou seu plano de reformas. Em uma carta, dirigida ao padre Chalvet, superior da Casa Central de Paris, o padre Lazarista, superior do seminário maior de Mariana, padre João Batista Cornaglioto, a 8 de agosto de 1887, dá notícias do primeiro retiro do clero em Mariana:

> uma obra instituída aqui e que produz um tão grande bem é a dos retiros eclesiásticos. De todos os seminários do Brasil, foi este aqui

---

[113] AEAM. Conferência: Zelo dos sacerdotes. In: *Sermonário ao Clero*, p. 55.

de Mariana que tomou iniciativa destes santos exercícios. Depois de dez anos que eles foram estabelecidos, nós os regulamentamos para o mês de julho. O número de padres que tomam parte é de sessenta a setenta. Nada mais edificante do que a atenção com a qual eles escutam as instruções que são feitas, e a exatidão com que eles atendem a todos os exercícios.[114]

Além das Cartas Pastorais, dos Exercícios Espirituais aos ordinandos e ao clero em geral, como pastor, empenhou-se dom Viçoso em visitas e cartas pessoais aos presbíteros em dificuldade no campo moral sexual.

4.3. Visitas pessoais aos padres da diocese

A primeira iniciativa de dom Viçoso foi visitar pessoalmente, mandar avisos, chamar a sua presença os padres, que ele sabia serem incontinentes e envolvidos com outras profissões liberais. Era o que ocorria durante as visitas pastorais, assumidas com afinco por ele, em obediência às determinações do Concílio de Trento. Foi um processo longo e difícil diante da grande extensão da diocese, mas assumido com muita determinação. No Ofício ao Imperador de janeiro de 1850 dando notícias sobre os problemas morais de seu clero, demonstrou as dificuldades encontradas com essas visitas, manifestando gastar de cinco a sete meses por ano com esta função.[115]

Nessas visitas, deparou-se com muita clareza diante do problema da incontinência do clero e combateu, com destemor, um costume centenário e tão comum que o povo já enxergava com naturalidade tais procedimentos

---

[114] ACCM, *Annales de la Congrégation de la Mission ou Recueil de Lettres édificantes, écrites par les prêtes de cette Congrégatinon et par les Filles de la Charité, paraissant tous les trois mois.* Tome LIII – Année 1888, Paris, p. 295. Obs: Os originais destas correspondências estão em língua francesa. A tradução foi feita com a assessoria da professora Maria Madalena da Silva.

[115] Cf. AEAM, Armário Dom Viçoso, *Pasta Relação do clero, Ofício de 9 de Janeiro de 1850.* – Sobre a extensão da diocese de Mariana, vide mapa, no anexo 6.

de seus párocos. Agiu com rigor contra esses padres; além de penas canônicas como o impedimento de benefícios e do uso de ordens, investiu junto ao governo imperial, visando à suspensão de benefícios.

> Persuado-me que este mal data de tempos remotos, e será devido à enorme extensão de tão grande bispado, no qual o bispo não pode visitar o mesmo lugar senão de 7 em 7 anos, e o padre vive atolado em seus crimes, sem quem o repreenda, e encontrando nos companheiros que o cercam, outros cúmplices de suas misérias. Considero continuamente no remédio a estes males, e em tempo oportuno intento propô-lo à consideração de S. Majestade a ver se se põe um dique à corrente.[116]

Para dom Viçoso, não se tratava apenas de visar a um bem pastoral para a diocese e para os seus padres, mas estava em jogo a própria salvação. Sendo o responsável pela diocese e por seus padres, julgava-se em perigo de condenar-se, temia profundamente o fogo do inferno. "Esta é a maior aflição que nos acompanha, e nos faz tremer diante de Deus, pelas contas, que daqui a pouco lhe temos de dar. Ai de nós, se aparecermos na sua presença sem mais este esforço".[117]

4.4. Cartas pessoais a padres da diocese

Dos contatos pessoais surgiram cartas[118] e avisos que enviava a posteriori, nos quais insistia na necessidade de vida reclusa do padre, em um esforço contínuo pela própria santificação e perfeição, na atitude de oferecimento e serviço ao seu povo, em um ideal monástico de contemplação

---

[116] AEAM, Armário Dom Viçoso, *Pasta Relação do clero, Ofício de 9 de Janeiro de 1850.*

[117] AEAM, Armário Dom Viçoso, Pasta *Cartas Pastorais, Carta Pastoral de 26 de Maio de 1856.*

[118] Em razão de respeito aos familiares dos diversos padres que são tratados por nome e sobrenome em cartas pessoais, considerando que muitos sobrenomes continuam atuais em Minas Gerais, nos casos em que são tratadas questões íntimas de ordem moral, fizemos a opção de colocar no corpo do trabalho e notas apenas o nome do padre, apresentando o sobrenome apenas pelas letras iniciais.

na missão que o bispo aprendera desde cedo na atmosfera espiritual de São Vicente de Paulo. Além de lembrar sempre os novíssimos, o perigo do fogo do inferno para o mau padre, dom Viçoso sempre aconselhava a confissão frequente, a leitura de livros espirituais e de Moral, além da necessidade da catequese e da homilia. Valorizando profundamente o padre como confessor, aconselhava sempre a leitura de livros de Moral, para que este saiba orientar os seus fiéis, contribuindo para a sua conversão e salvação.

Além da contínua insistência na necessidade da fidelidade ao celibato eclesiástico, insistia dom Viçoso na necessidade da pregação e da doutrinação, já que a grande maioria dos padres não fazia a homilia nem aos domingos. É própria de nosso bispo, a persistência sobre os aspectos morais, sobre a necessidade de os párocos ensinarem os princípios de doutrina e corrigirem os erros de seus fiéis, no que diz respeito à prática moral. Na sequela de seu mestre São Vicente de Paulo, lembra aqui também que a grande pregação do padre é a vida, o testemunho; o padre deve ser um exemplo de virtudes para o seu povo.

O Arquivo Eclesiástico da Arquidiocese de Mariana conservou este grande tesouro das cartas e avisos pessoais de dom Viçoso a alguns de seus sacerdotes. São elas, em um clima de muita intimidade e simplicidade, instrumento que nos proporciona entrar no mais profundo da consciência de dom Viçoso no que se refere à identidade, dignidade e missão do sacerdote, bem como de respeito ao seu povo. São cartas, bilhetes e recados que o bispo enviou a seus padres, quer para encaminhá-los no início de sua missão, quer para corrigi-los de alguma conduta contrária à sua orientação, ou para reforçar seus propósitos ou esforços de reforma de vida. Nessas cartas pessoais, encontramos uma postura mais incisiva, uma pregação mais direta, um ensino moral mais rigoroso, pois falava como quem conhecia de perto a realidade concreta da vida de seus padres e os males que ocasionavam ao povo por sua má conduta. Transcrevemos apenas trechos de algumas cartas afins ao nosso tema.

A primeira carta foi dirigida a um padre recém-ordenado, o padre Guimarães. Nela, dom Viçoso deixa notar primeiramente o horror ao pecado, a preocupação com a santidade e perfeição sacerdotal e a serviço desta, a centralidade do sacramento da confissão na espiritualidade presbiteral. Na prática constante da confissão, vê um meio privilegiado para elevar o nível moral de seu clero. Nesse caso, procurava conservar no padre recém-ordenado os costumes cultivados no seminário, onde os seminaristas confessavam-se frequentemente. Aparece também a preocupação com o aperfeiçoamento moral e espiritual, com o conselho de leituras nessas áreas e, no contexto da espiritualidade sacerdotal vicentina na qual foi formado, manda-lhe o crucifixo[119] de presente:

> antes morrer que pecar! V. M. confesse-se com o seu tio de quinze em quinze dias, pelo menos. Não deixe passar mês sem se confessar. Não perca um momento de tempo, moral, lição espiritual e etc. Vai um santo lenho para V.M.: não o dê a ninguém senão por morte (...). Deus o faça um grande sacerdote.[120]

Outra carta é escrita em 1853 ao seu vigário geral e versa sobre a questão da moralidade clerical e menciona o padre Fernando, de Bom Despacho, acusado de irregularidades no comportamento moral. O texto nos mostra uma atitude pedagógica de dom Viçoso, que era colocar o padre de comportamento irregular sob o acompanhamento de outro padre de moralidade rígida e ilibada, no caso o padre Vicente. Considerando o sacramento da Penitência como instrumento para reforma dos costumes do clero,[121] vemos novamente sua exigência da confissão frequente, aqui mensalmente, sob pena de suspensão de ordens caso não se confessasse: "Quanto ao padre Fernando Bom Despacho, ele me pareceu contando mil inocências: permiti-lhe que fosse usar de suas ordens e confessar em Pitangui, com a

---

[119] Sobre o lugar e a importância da Cruz de Cristo na espiritualidade sacerdotal vicentina, ver: Bergesio G.B (CM) La croce in: S. Vincenzo. In *Annali della Missione 95* (1988), p. 19-37.

[120] *Carta ao padre Guimarães, recém-ordenado em 1850*, apud PIMENTA, *op. cit.*, p. 534.

[121] Sobre a importância do sacramento da Penitência como meio especial para a mudança nos costumes, é interessante o que dom Viçoso escreve na Explicação motivada dos principais artigos do regulamento do Seminário Eclesiástico de Mariana, no §14, sobre Confissões e Comunhões: "Os confessores dos seminaristas serão os mesmos Diretores do Seminário. E como a frequência das confissões é um poderoso meio para não só reformar os costumes mas, para adiantar no caminho da virtude, terão grande cuidado em não deixar passar muito tempo, evitando nisto toda negligência".

condição de confessar-se em todos os meses, sob pena de suspensão no mês seguinte; e é bom que more naquela vila, porque o padre Vicente não tem mãos a medir".[122]

A outro padre, de nome Honório, dom Viçoso escreveu apresentando-se como um verdadeiro amigo. Diante das denúncias contra a sua conduta moral, foi-lhe dada a receita de como superar os dissabores das críticas da comunidade. Junto com a referência ao Juízo final, aos constantes conselhos de leitura espiritual e moral, aconselhou a oração pessoal, a devota celebração da missa seguida da oração de ação de graças e completa abstração do mundo. O ideal de vida sacerdotal da espiritualidade sacerdotal francesa aparece como pano de fundo de todos os seus conselhos.

> V. M. conhece esta letra? Pois saiba que é de seu verdadeiro amigo, o bispo de Mariana, que há anos lhe tem feito o bem, que pôde (...). Meu padre, atenda a seu verdadeiro amigo e ai de V.M., por este mundo e para o outro, se assim não o faz. (...) Parece-me que, nas suas atuais circunstâncias, V.M. deve portar-se do modo seguinte: pela manhã, encomende-se a Deus e faça sua meia hora de oração, prepare-se para a Missa e vá dizê-la, com maior devoção e vagar que puder. Demore-se na Ação de Graças e vá tomar alguma coisa a casa, (...) pegue o seu livro de Moral e depois em outro de Lição Espiritual (...), jante, descanse, livros, vésperas. Vá depois fazer uma boa visita ao Santíssimo, casa, livros, orações, terço, recolha-se se lhe for possível, não converse com ninguém, senão que faça a cada um simples cumprimento e vá andando. Olhe o que lhe aconselho: uma inteira abstração do mundo, nestes seus primeiros tempos, de modo que, por este sistema de vida, é que V. M. fará parar a tempestade que contra V. M. se tem levantado. (...) Na hora da morte e no dia do Juízo, veremos se eu sou ou não seu verdadeiro amigo.

---

[122] AEAM, Armário Dom Viçoso, Pasta Carta de Dom Viçoso. *Carta ao Sr. Arcipreste e Vigário Geral*, Diamantina, 31 de Agosto de 1853.

> Se porém, V. M. não tomar estes meus conselhos, mas esta vai ser analisada e ser texto para se discorrer, ah, pobre padre Honório![123]

No primeiro livro de borrão, isto é, rascunho, dom Viçoso registrou alguns conselhos a um jovem padre, novo capelão. Nesses conselhos aparece o recurso ao medo escatológico, a constante preocupação com a fidelidade ao celibato eclesiástico, com a oração e a confissão frequente. Nesse texto, vemos algumas frases que sempre aparecem em seus aconselhamentos aos padres e seminaristas, tais como: "Fuja da incontinência como do demônio e antes morrer que pecar". No conselho à oração, vemos também uma possível influência de Santo Afonso Maria de Ligório na pregação de dom Viçoso, que via na oração pessoal um elemento essencial para a salvação: "1. Fuja da incontinência como do demônio; antes morrer que pecar. 2. Confesse-se com N. de 15 em 15 dias ou ao menos uma vez por mês. Não deite em pecado que pode amanhecer no inferno(...) 7. Quase se não pode salvar sem um bocado de Oração. Aí lhe vai um livrinho para ela".[124]

No geral, sua correspondência pessoal era constituída de conselhos e determinações simples e diretas, com o intuito de levar o clero à compreensão do sentido de suas funções, através da oração, do estudo e de um prudente isolamento da vida social. Transcrevemos parte da carta ao padre Cândido, na qual dom Viçoso toma atitudes drásticas contra ele, obrigando-o a abandonar a família se quisesse continuar no ministério. O peso social dessa decisão de abandonar mulher e filhos não é levado em conta por ele, que tem por interesse a salvação do padre para o ministério e para o Céu, já que a mulher e filhos aqui são simplesmente instrumentos de pecado para o padre.

> Meu Revdo. Sr. Vigário. Antes que aconteça alguma grande desgraça nesta freguesia, vejo-me obrigado a suspendê-lo da vigararia e de dizer

---

[123] AEAM, Armário Dom Viçoso. *Pasta Cartas de Dom Viçoso. Carta de Boa Esperança, 21 de julho de 1850.*

[124] AEAM, Armário Dom Viçoso, *Pasta Diversos*, 1º livro borrão desde junho de 1844, fl.56 verso.

missas. Portanto, dê-se por suspenso. Procure outro lugar bem distante, e olhe, não leve para lá as más companhias. Cuido que em toda parte lhe acontecerá o mesmo, enquanto V. M. se não der a Deus de todo o coração, e não principiar uma vida de perfeito ministro de Deus.[125]

A 14 de abril de 1848, escreveu ao padre M. J. da Silva, padre incontinente e reincidente. É com certeza o texto mais forte de dom Viçoso, em que manifesta toda a sua indignação e oposição à incontinência de seus padres. Além da linguagem dura, do recurso ao medo escatológico, ameaças e invectivas contra o mau sacerdote, vemos o recurso à Confissão Geral[126] como meio para se chegar à perfeição sacerdotal.

Quando aí estive, V.M. me disse que tinham cessado seus escândalos e que tinha feito há pouco sua Confissão Geral; fiquei satisfeito. Há tempos me disseram que foi o fruto de tal confissão geral que se antes tinha amásia fora, agora a tinha em casa e continua a ter filhos. Se isto é verdade, V.M. é um padre escandaloso, é um lobo devorador, é um desgraçado, condenado, a quem era melhor nunca ter nascido. Maldito vício, infeliz vigário que não tem medo do inferno, nem de mandar para lá tantas almas com o seu exemplo péssimo. Esta é a segunda advertência que lhe faço, e estou à espera de ver o seu comportamento. Desde já declaro guerra eterna aos párocos desonestos, esteja firmemente persuadido que V. M. há de mudar inteiramente de conduta, ou lhe hei de descarregar com todas as censuras da Igreja ainda que me custe a vida, porque então morrerei mártir. Não se pode sofrer um exemplo tal. Se dentro de 8 dias depois de receber esta V. M. não põe na rua esta mulher

---

[125] AEAM, Armário Dom Viçoso, pasta Cartas de Dom Viçoso. *Carta ao vigário Cândido Sinfrônio de Castro e Silva*, de 18 de Dezembro de 1873.

[126] Confissão Geral: Costume conforme a espiritualidade sacramental tridentina, profundamente incentivado na Escola Sacerdotal Francesa, que constituía na confissão de todos os pecados, após minucioso exame de consciência que compreendia toda a vida do penitente. Esta confissão geralmente acontecia durante os Exercícios Espirituais ou Retiro, ambiente próprio para a necessária reflexão e exame de consciência.

e o ipso eu o suspendo, e coram Deo fica com a censura e irregular nos atos. Não a publico para não fazer estrondo, e porque não perdi toda a esperança a seu respeito. Mas fique certo que sendo necessário que isto se faça público, eu terei a meu favor não só a Deus por cuja causa pugno: mas também os magistrados, até chegar ao Imperador.[127]

Outra carta que versa sobre o mesmo tema e com a mesma radicalidade foi escrita a 13 de março de 1875, agora, ao padre Joaquim J. F. G. Novamente as ameaças, o medo escatológico e a Confissão Geral aparecem como recursos pedagógicos de dom Viçoso visando à mudança de costumes de seu pároco: o abandono da mulher e o retorno à condição de celibatário:

vamos ao principal: não sei como vossa mercê não teme da morte e da estreitíssima conta que tem de dar a Deus, como é que rodeado de filhos, e com a mãe deles em casa, come, bebe e dorme descansado, em termos de amanhecer no inferno por séculos e por toda a eternidade? Ora pois, aqui lhe mando os papéis impressos feitos por dois homens santos; pense que é um aviso que Deus lhe manda pela boca de seu prelado: leia-os mil vezes; e quanto antes, mude de casa, e nunca mais ponha os olhos nesta infeliz companheira. Fica a cópia desta, para lhe tornar a mandar. Entretanto, fique suspenso de dizer missa e confessar, até que tire este escândalo, e que o público saiba que já é outro o seu viver. Se assim for, se fizer a sua confissão geral, talvez eu mande paroquiar em Santa Cruz, contanto que há de viver só com um rapaz, seu cozinheiro e camarada, sem mais por os olhos nesta infeliz criatura. E nada disto falte. Dê ao mundo este exemplo, se quer livrar-se do inferno.[128]

Uma pequena carta é escrita a outro pároco incontinente que perseverava no erro. Sem rodeios, com muita objetividade e rigor, recorrendo à pe-

---

[127] *Carta ao Pe. M. J. da Silva*, *apud* Processo de Beatificação, *op. cit.*, p. 296-297.
[128] *Carta ao Pe. Joaquim J. F. G.*, *apud* Processo de Beatificação, p. 297.

dagogia do medo escatológico para o padre e as companheiras, dom Viçoso deu o último aviso, antes da suspensão de Ordens. "Reverendo Sr. Vigário, terceira vez lhe rogo a favor de sua alma, e dessas duas companheiras, que em tanto perigo estão de se condenarem. Continuarei teimando, enquanto vossa mercê também continuar na mesma teima, e enquanto vossa mercê teimar, teimarei eu também com Deus, até de uma vez suspender".[129]

Como pudemos perceber, a primeira grande preocupação de dom Viçoso na reforma de seu clero foi com a questão da infidelidade no compromisso do celibato eclesiástico. Esse erro foi combatido com todas as suas forças. Mas, outro problema foi enfrentado por ele com muita coragem e franqueza: o envolvimento de seus padres na vida político-partidária. Esse tema, presente de forma clara nas cartas pastorais, aparece então, em meio a argumentos mais fortes e diretos nas cartas pessoais. Dom Viçoso trabalha para ver seus padres dedicados exclusivamente à vida pastoral e missionária. Algumas cartas demonstram essa sua grande preocupação e a forma radical com que agiu, visando mudar esse tradicional costume de seu clero.

Um primeiro exemplo foi a carta, datada de 24 de maio de 1864:

> com mágoa em meu coração paternal, soubemos que V. Revma. está se intrometendo em política. O pároco político é a peste de seu rebanho. Reze o seu breviário, estude as cerimônias da Igreja, e procure a Deus deveras, não nas confusas reuniões dos homens, mas sim, no recolhimento e no retiro. Ainda uma vez repito: o pároco político é a peste de seu rebanho.[130]

O cuidado para com o povo estava em primeiro lugar, é o que vemos nesta carta que ele escreveu a um padre eleito como deputado da província e queria manter-se pároco, apesar de estar longe do povo a ele confiado. "V. M. não sabe que de modo nenhum pode desamparar suas ovelhas; e ainda quando achasse outro sacerdote, que lhes prestasse todos os socorros,

---

[129] *Carta a um pároco, a 10 de junto de 1875 apud* Processo de Beatificação, p. 298.
[130] *Carta de 24 de maio de 1864, a um vigário, apud* CAMELLO, *op. cit.*, 384.

doutrina e o mais, era necessária a aprovação de seu Ordinário? V.M. prefere ser deputado a ser pároco? Que contas daremos a Deus V.M. e eu?".[131]

A retidão moral do padre era algo que dom Viçoso prezava acima de tudo. Pois cria piamente que a sua grande pregação era o exemplo de vida. Se os aconselhamentos, as visitas e cartas pessoais, as repreensões não bastavam para a mudança nos costumes dos padres incontinentes, dom Viçoso tomava decisões mais radicais. Sobre isso, o cônego Raimundo Trindade, em sua obra sobre a história da arquidiocese de Mariana, escreve:

> com seu escrúpulo na colação de benefícios poderosamente concorreu dom Viçoso para trazer o clero ao conhecimento de seus compromissos. Afastou muitos e muitos indignos dos benefícios eclesiásticos, quer de "curas d'almas" quer dos "canonicais". Fez ruído no país a recusa corajosamente oposta por dom Viçoso à colação, em catedrático da Sé, do cônego honorário (da capela imperial) José de Souza Roussim, apresentado pelo governo. (...) Acompanhava com os mais encantadores conselhos, verbalmente ou por escrito, o sacerdote que provia em algum benefício. Deste gênero, (...) possui o arquivo do arcebispado algumas centenas de cartas do punho do grande bispo.[132]

Nesse ponto, dom Viçoso viu-se, em muitos momentos, em conflito com o governo imperial, porque, no sistema do padroado, era esse quem dava o benefício. O bispo tinha o direito de indicar nomes, geralmente lista tríplice, e devia confirmar os benefícios imperiais. Foi famoso o caso do acima citado, cônego Roussim,[133] que dom Viçoso, negando o acordo do padroado, não o aceitou colar como membro do cabido de sua catedral por seus costumes escandalosos, apesar das ordens em contrário de dom Pedro II e de seu ministro da Justiça.

---

[131] *Diálogo com um padre deputado*, *apud* PIMENTA, *op. cit.*, p. 170.

[132] TRINDADE *op. cit.*, p. 223-224.

[133] Sobre o conflito de dom Viçoso com os governos provincial e Imperial, referente ao "caso Roussim" ver: PIMENTA, *op. cit.*, p. 185-196.

A ingerência indevida do governo imperial em questões internas da Igreja como esta fez com que dom Viçoso acirrasse a sua luta pelos direitos da Igreja,[134] sendo um dos primeiros a levantar a voz contra a atitude regalista do imperador e de seus ministros. Foi com certeza um dos protagonistas desta luta que culminou, no final do Período Imperial, na *Questão Religiosa*, fator determinante na separação entre Igreja e Estado no período Republicano.

> Quase nonagenário, formou sem medos ao lado dos bispos mártires. (...) "Vossa Majestade sabe que não tenho cavalos, nem carruagem e menos talheres em que me possam multar; também não me podem prender em calabouços, porque em calabouço estou eu metido sendo bispo há trinta anos e tendo de idade quase noventa; por-me-ão em liberdade se me tiram desta masmorra de bispado, ainda que lhes pareça que me mandam para uma prisão pior".[135]

Quanto aos que estavam por serem ordenados, se dom Viçoso soubesse de faltas no campo dos costumes, negava-lhes as ordens e nem permitia que fossem ordenados em outros bispados.[136]

---

[134] Sobre a luta de dom Viçoso contra o regalismo e pelos direitos da Igreja, ver: PIMENTA, p. 197-222.

[135] *Ofício ao Imperador, datado de 10 de janeiro de 1874, apud* TRINDADE, Arquidiocese, *op. cit.,* p. 231.

[136] TRINDADE, *op. cit.,* p. 224.

5

Dom Viçoso e a Reforma do Seminário

O seminário, enquanto instituição tridentina não teve no Brasil uma evolução tranquila. Muitos foram os problemas que atrapalharam a sua implantação e aperfeiçoamento. A primeira dificuldade foi com certeza a carência de professores e formadores especializados. Essa dificuldade aumentou, drasticamente, depois de 1759, com a expulsão dos jesuítas e a política pombalina de reforma e extinção das antigas Ordens Religiosas, primeiras responsáveis pela formação do clero nacional. Também carências materiais atrapalharam. Com o sistema de padroado, o governo nem sempre repassava à Igreja o necessário para a manutenção dos seminários, os bispos precisavam recorrer à solidariedade dos fiéis para resolver esses problemas. São famosas as coletas diocesanas que dom Viçoso realizou nesse sentido. Outro problema foram as muitas interrupções do processo de formação, por causas, às vezes, alheias à vontade dos bispos, como aconteceu em 1842, quando o seminário Nossa Senhora da Boa Morte, em Mariana, foi usado como quartel para as tropas do governo envolvidas na revolução.

O seminário de Mariana[1] passou por todos esses problemas. Fundado por ordem régia de 1744 e implantado por dom frei Manuel da Cruz em 1750, foi entregue aos padres jesuítas, que chegando a Mariana em 1756, tiveram que abandonar Mariana por ordem real a 31 de Janeiro de 1758. A partir daí, o que se percebeu foi um funcionamento profundamente instável. Entre 1806 a 1811 no tempo de dom Cipriano de São José, o seminário ficou sem alunos e apenas funcionou para os candidatos a serem ordenados, que ali vinham fazer seus exercícios espirituais, em preparação imediata para a ordenação.[2]

No ano de 1816, a Câmara de Mariana, primeira Câmara de Minas, solicitou a dom João VI a criação de um Colégio de Artes e Disciplinas Eclesiásticas, no prédio do seminário, que se encontrava fechado.[3] O seminário foi reaberto por dom frei José da Santíssima Trindade, em 1821, e funcionou satisfatoriamente até 1827, quando perdeu dois colaboradores franciscanos, que vieram com ele da Bahia e teve que substituir na cadeira de Filosofia o padre Antônio Ribeiro Bhering, "que ensoberbecido por sua ciência desandou a pregar de sua cadeira novidades filosóficas".[4] Após sua morte, em 1835, o seminário definhou a tal ponto que, nove anos mais tarde, quando dom Viçoso entrou em Mariana, só encontrou no seminário um único seminarista. Dom frei José ampliou e restaurou o prédio e deu-lhe um estatuto semelhante aos Estatutos do Seminário Episcopal de Nossa Senhora das Graças de Olinda (Pernambuco), que foi escrito por dom José Joaquim da Cunha de Azeredo Coutinho e promulgado em 1798. A respeito da ação de dom frei José e seus antecessores, na formação intelectual do clero, dom Viçoso escreveu: "Quanto à instrução, graças aos cuidados de meus antecessores, e o gênio feliz da mocidade mineira,

---

[1] Sobre a reforma do seminário de Mariana, vide: Camello M. J. *Dom Antônio Ferreira Viçoso e a Reforma do Clero em Minas Gerais no Século XIX*. Tese apresentada ao Departamento de História da Faculdade de Filosofia, Letras e Ciências Humanas da Universidade de São Paulo para obtenção de grau de Doutor. São Paulo, 1986.

[2] TRINDADE, *Breve notícia dos Seminários de Mariana*, p. 31.

[3] *Ibidem*.

[4] *Ibidem*, p. 43.

persuado-me que no geral há em nosso clero, especialmente nos párocos, as necessárias luzes para o seu emprego".[5]

Dom frei José da Santíssima Trindade, pela sua preocupação com a instituição do seminário e a reforma do clero pôde também ser contado como um bispo reformador, um precursor de dom Viçoso e dos que a partir dele assumiram essa missão.

Assumindo a diocese, em 1844, dom Antônio Ferreira Viçoso fez da reforma do clero a sua prioridade absoluta, e para ele, esta começava pelo reforma do seminário. A reforma do seminário significava acima de tudo, fidelidade ao Concílio de Trento. Os padres tridentinos estavam certos de que a reforma envolvia um novo perfil de padres, e esse perfil deveria ser traçado desde o princípio, antes mesmo do contágio com o mundo.[6]

Dom Viçoso buscou inspiração para sua obra, na própria formação que recebeu. Como lazarista, sabia muito bem da intenção de São Vicente de Paulo ao fundar essa congregação. Além de evangelizar os camponeses e as populações pobres, deveriam criar seminários menores e maiores e cuidar da formação do clero à luz das determinações do Concílio de Trento.[7] Esperava dom Viçoso que a partir da formação de um novo clero, o futuro poderia ser melhor para sua igreja particular: "E só me nutro da esperança de um melhor futuro na criação dos candidatos ao clero".[8] Para isso, exigia do governo imperial, melhor regulamento e disciplina no Seminário Episcopal, já que no sistema de padroado era o governo civil, o primeiro responsável pela formação do clero.[9]

O cônego Raimundo Trindade, em sua obra *Arquidiocese de Mariana, subsídios para a sua História* escreveu:

---

[5] CAMELLO, *Dom Antônio Ferreira Viçoso e a Reforma do Clero no Século XIX,* p. 244.

[6] FREITAS, J. H.de. *Aplicação no Brasil do decreto tridentino sobre os seminários até 1889.* Belo Horizonte, 1979, p. 29-30.

[7] CONCÍLIO de Trento, Sessão XXIII, 15 de julho de 1563, Cânon XVIII.

[8] AEAM, Armário de Dom Viçoso, *Pasta Relação do Clero, ofício de 09 de janeiro de 1850.*

[9] AEAM, Armário de Dom Viçoso, *Pasta Relação do clero, Ofício de Janeiro de 1852.*

de um dos cadernos de dom Silvério (1892-1894) copio o seguinte que não encontrei na "Vida de dom Viçoso": o seminário da Sé vago estava de tal jeito que os alunos saíam de noite para as casas das amásias que tinham na cidade, apesar da reclusão em que eram guardados, dormindo com as portas fechadas. Chegava ao ponto que quando algum seminarista tentava alguma moça, ela lhe prometia para quando fosse padre, porque então tinha meios de a sustentar.[10]

A reforma do seminário era para dom Viçoso prioridade absoluta. Não conseguia imaginar a reforma do clero sem a formação de novos padres, formados sob as diretrizes do Concílio de Trento. O trabalho de dom Viçoso na reforma do Seminário Nossa Senhora da Boa Morte, em Mariana pode ser dividido em dois períodos: período pré-lazaristas e o período em que os lazaristas assumiram a direção dessa casa.

Em 1845, sete meses depois de sua posse na Igreja de Mariana, reabriu as aulas no seminário Nossa Senhora da Boa Morte. O primeiro passo foi a restauração do prédio semidestruído pelo abandono e pelo uso que as tropas do governo fizeram dele na Revolução Liberal de 1842. Repartiu o prédio em seis grandes dormitórios coletivos, "os quais se prestavam melhor à vigilância do que a divisão por cubículos",[11] aumentando a capacidade do seminário para mais de 150 seminaristas. Entregou a reitoria do seminário para o recém-ordenado: padre João Antônio dos Santos.

No início também alunos externos foram aceitos, visando tornar viável economicamente a instituição. Esses alunos externos, colegiais porcionistas, deveriam sujeitar-se ao rígido regulamento da casa. Procurando acompanhar de perto a formação, o bispo ia pernoitar todos os sábados no seminário, ouvir confissão dos seminaristas, presidir os exames enquanto possível e fazer a abertura das aulas, com discursos acomodados ao tempo e tendentes a excitar os alunos a que colhessem todo proveito da educação recebida.

---

[10] TRINDADE, *op. cit.*, p. 221.
[11] *Ibidem*, p. 49.

Nos anos 1844 a 1847, 99 seminaristas foram acolhidos no seminário, em sua maioria pessoas adultas. Nesse tempo, dom Viçoso priorizou pessoas mais maduras, que dessem maior garantia de perseverança na vocação. A maioria dos vocacionados tinha sua origem no bispado. Contrariando as Constituições do arcebispado da Bahia, dom Viçoso acolheu no seminário muitos descendentes de negros,[12] e até teve por eles especial estima, como foi o caso do seminarista de Campanha, Francisco de Paula Victor, ordenado a 14 de junho de 1851 e que fez história como pároco de Três Pontas, no Sul de Minas, hoje servo de Deus, e o seu futuro biógrafo e sucessor, Silvério Gomes Pimenta, que depois se constituiu em um dos grandes nomes do episcopado nacional, no início do período republicano, e o primeiro arcebispo de Mariana. Também muitos filhos naturais ou expostos foram acolhidos como seminaristas, como pode ser verificado no livro de matrículas. A maioria dos seminaristas era pobre, ou seja, pessoas que não podiam custear os seus estudos, o que dificultava ainda mais a manutenção do seminário.[13] Também este critério econômico não era considerado por ele. O critério maior para dom Viçoso era acima de tudo a índole moral do candidato.

As matérias estudadas eram: latim, grego, francês, inglês, história, geometria, geografia, aritmética, trigonometria, álgebra, direito eclesiástico, filosofia, retórica, cantochão, teologia moral, história sagrada, liturgia, e teologia.[14]

Dentre os professores aparecem os padres Luis Antônio dos Santos e Pedro Maria de Lacerda, que juntos com o reitor, padre João Antônio dos Santos,

---

[12] "Se é legítimo, havido de legítimo matrimônio; se tem parte com nação hebreia ou de qualquer infecta, ou de negro ou mulato; se é cativo, e sem licença do seu senhor sequer ordenar". *Apud* Constituições Primeiras do Arcebispado da Bahia, Livro I, Título LIII, Das diligências que se requerem para todas as ordens, e da forma com que se deve fazer. Para a primeira tonsura e quatro graus, p. 93-94. Vide anexos 4 e 5.

[13] Sobre as dificuldades financeiras do Seminário e sobre as muitas coletas realizadas por dom Viçoso em todo o bispado para a manutenção deste, bem como suas iniciativas junto ao poder civil para cumprir sua obrigação neste aspecto, ver: PIMENTA, *op. cit.*, p. 104, 114-117.

[14] CAMELLO, *op. cit.*, p. 324.

foram os primeiros padres brasileiros enviados para serem formados nos novos padrões em Roma. Mais tarde, ordenados bispos, constituíram-se também nomes importantes no episcopado reformador no Ceará e Rio de Janeiro, e na segunda diocese de Minas Gerais, Diamantina, respectivamente.

5.1. Regulamento do Seminário

A grande preocupação de dom Viçoso era com a ordem moral do estabelecimento, a formação dos costumes.[15] Para isso, em 1845, outorgou um regulamento bastante pormenorizado com 25 determinações, seguida pela ordem nos dias de aula.[16] São normas concisas e claras, que deviam ser obedecidas. Davam ênfase à pontualidade e à disciplina, mesmo não especificando castigos e sanções, exceto a de expulsão nos crimes máximos: a ofensa à castidade e a perturbação grave na paz do seminário. Há nesse regulamento uma acentuada preocupação moralizante.

Segundo o estatuto, o seminário tinha por finalidade: "instruir os moços nas virtudes e nas ciências". Define a vida no seminário como uma "nova vida", para a qual o seminarista há de preparar-se com uma boa confissão (§1). Deverão os rapazes se confessar ao fim de um retiro espiritual de cinco dias, feito após as férias (§2), terão uma confissão mensal com um padre que escolherão para confessor e os ordinandos *in sacris* deverão "amiudar mais as suas confissões" (§5). O novo seminarista será entregue a "um antigo seminarista de probidade, que o dirija e ensine os costumes do Seminário" (§3). Conhecedor da vida em comunidades estudantis fechadas escreve visando a proteção dos novatos: "é proibido meter à bulha os novatos, e escarnecer dos seus modos e ações" (§3). Deverão respeitar os superiores, professores, regentes e empregados da casa, "nem meterão à bulha as pessoas estranhas, que vierem ao seminário".

---

[15] *Ibidem*, p. 328.

[16] Regulamento do Seminário de Mariana, *apud* Processo de Beatificação, *op. cit.* p. 147-149.

O cotidiano do seminário é bem detalhado, começando ao toque do sino pela manhã, quando os alunos serão diligentes em se levantar, "tendo-se encomendado particularmente a Deus, lavarão o rosto, e ao 2º toque, genuflexos no meio do salão, um atrás do outro diante da imagem, recitarão em comum aos atos da manhã" (§4). Essas orações matinais serão completadas com a missa diária (§5). O regulamento ordena a observância exata da ordem do dia (§6).

Além da pontualidade, o seminário de dom Viçoso terá no silêncio outra regra áurea: "dizendo a Escritura que há tempo de falar e de calar, e sendo moralmente impossível que haja piedade e boa ordem aonde não há silêncio, diligentemente procurarão observá-lo; não falando fora das horas da recreação, nem fazendo rumor nos salões, especialmente no tempo de estudo, e depois do exame geral da noite, nem também irão aos leitos de seus companheiros perder tempo em conversas" (§7).

A boa ordem se refletirá também no cuidado com o asseio, a cama, as vestes e os livros, que levarão o nome ou a marca do proprietário (§8). Sua expressão se fará na própria maneira de caminhar nos atos da comunidade, quando os seminaristas irão juntos, dois a dois, com os de sua classe ou com os companheiros que lhes forem assinalados e sempre à vista e perto dos regentes (§10); não poderão entrar em salões de outros, nem conversar às portas deles e quando quiserem visitar os doentes, só o poderão fazer com a licença do regente (§12). Os seminaristas não introduzirão no seminário 'bebidas espirituosas', nem terão em seu poder facas, pistolas ou outras armas proibidas (§15); não agredirão uns aos outros, nem se ameaçarão ou injuriarão com palavras; não se tocarão pelas mãos, braços e vestidos, não rasgarão livros próprios e alheios; não cortarão ou quebrarão mesas e outros trastes da casa, não trarão as vestes rotas e sujas, nem sairão dos aposentos "sem estar decentemente vestidos com batina e cabeção" (§16).

Essas proibições ainda completam-se pela proibição de comprar e vender sem licença, de jogar jogos de cartas e de azar, "e muito menos a dinheiro", de montar nos animais que se acham nos pastos, correr atrás deles ou espancá-los (§20), e, por fim, de lavarem-se ou nadarem nos tanques ou rios sem licença (§21). Proíbe os ordinandos *in sacris* que passem férias fora do seminário (§23); determina que as vestes exteriores dos seminaristas sejam batinas ou samarras fechadas e meias de cor (§24) e que os que frequentem as aulas eclesiásticas se obriguem às de cantochão após as aulas da tarde (§25).

Na apresentação das normas, o bispo não divaga: são normas breves na expressão e detalhadas no conteúdo, orientando no sentido de tornar a vida dos seminaristas disciplinada, interiorizada, feita de silêncio, oração e estudo, cada vez mais monástica, separada do mundo e moralizada.

Os parágrafos 11, 13 e 18, tratam da principal preocupação de dom Viçoso em sua reforma do clero: a questão da castidade. Primeiramente, manifesta a preocupação com amizades particulares e fechadas: "evitarão amizades particulares, de que possa suspeitar mal" (§11). Em seguida, fala da castidade como uma realidade sagrada que não pode ser ofendida nem por palavras: "Se algum ofender a castidade ainda mesmo com palavras será expulso do seminário, ou gravemente castigado, se houver esperança de remédio" (§13). Os cuidados para com a castidade aparecem também no impedimento a frequência em dormitórios alheios, visitas e correspondências: "Não admitirão a ninguém em seus dormitórios; nem alguém chamará outros à portaria, ou outro qualquer lugar, para falar a alguém que o procure; nem entregarão ou receberão cartas ou qualquer outro objeto, sem primeiro passar pela mão do Revmo. Reitor" (§18).

A amizade particular, certo relacionamento que podia, em um contexto de separação e isolamento, ultrapassar a fronteira das afinidades afetivas e do companheirismo para atingir o limite da atração física e um comportamento homossexual era duplamente condenável na moral comunitária. Essa forma de amizade vinha, de certo modo, destruir a atmosfera fortemente socializada do seminário. A convivência deveria ser igual com todos os seminaristas. A formação do corpo eclesiástico deveria ser pública o mais possível, homogeneizando as relações interpessoais e grupais. Pode-se dizer, depois, que a total ausência do feminino na vida e formação do seminarista em uma fase da personalidade em que os apelos sexuais e heterosse-xuais deviam ser comuns, induzia o aparecimento de formas sublimadas de comportamento, algumas, na verdade, bem pouco sublimadas, de modo a favorecer a condenável suspeita de homossexualismo. O regulamento or-dena que se evitem essas últimas: a norma de evitar parece ter um caráter prudencial, talvez até, para afastar a possibilidade de atos contemplados no §13. Aqui, o legislador é categórico: ofensa à castidade se pune com expulsão ou, quando se tem esperança de remédio (não se declara o que e quando isso ocorre) o faltoso será gravemente castigado.

Tudo se fazia para evitar a desagregação da comunidade. Quanto aos "abusos" proibidos pela legislação, esses deveriam ser comunicados por qualquer membro da comunidade ao reitor, sob a pena de tornar-se in-curso neles: "Se alguém sabendo dos sobreditos crimes não o participar a quem governa, deverá reputar-se quase incurso neles, e como quem quer a desordem e destruição do corpo, de que é membro" (§14).

A comunidade separa-se do mundo. Essa é a condição, até mesmo fí-sica, para se formar o homem sagrado. Por isso, também o controle das relações externas se torna rigoroso, a ponto de as cartas não poderem ser entregues ou recebidas "sem primeiro passar pela mão do Rd. Reitor".

5.2. Explicação motivada dos principais artigos do Regulamento do Seminário Eclesiástico de Mariana

Além do regulamento, dom Viçoso escreveu também outro documen-to, infelizmente incompleto, sob o título: "Explicação motivada dos prin-cipais artigos do regulamento do Seminário Eclesiástico de Mariana".[17] O arquivo eclesiástico da arquidiocese conservou o manuscrito, de próprio

---

[17] Texto foi escrito por dom Viçoso, possivelmente em 1845, para auxiliar a seus formado-res na interpretação e aplicação do Regulamento do Seminário.

punho de dom Viçoso, possivelmente de 1845,[18] que serviu de base para a confecção do documento que os seminaristas deviam estudar.

O conteúdo desse documento aproxima-se muito de outros documentos escritos por dom Viçoso, especialmente as conferências que escreveu para os ordinandos. Como nos outros documentos, podemos perceber a grande influência de São Vicente de Paulo e outros expoentes da escola sacerdotal francesa. Também alguns Santos Padres da Igreja são citados de forma informal, em especial Santo Agostinho e São Jerônimo.

O estado eclesiástico é apresentado como algo sublime, divino e santo, e o seminário como o lugar privilegiado para saber se tem ou não a vocação para ele. Quando esse documento fala da fuga do pecado é enfático: "devendo os eclesiásticos passar uma vida pura e inocente, e sendo também obrigados a procurar uma santidade eminente, trabalharão os seminaristas a firmar-se cada vez mais no horror do pecado, e farão profundas reflexões sobre a grandeza, santidade, obrigações, e funções sagradas de seu estado, cuja profanação torna tão graves os pecados dos eclesiásticos" (§3).

Essa "vida pura e inocente" de que fala o documento, implica na fuga do mundo. Novamente, o eclesiástico é apresentado como um ser angelical. Os seminaristas, como escolhidos de Deus, não hão de julgar as coisas senão com as luzes do Evangelho, nem apreciar como bens sólidos a não ser os que Deus tem preparado para seus escolhidos, o que os levará "a desprezar as honras, as riquezas e os prazeres do mundo". Percebe-se que, dom Viçoso, procura fazer seus seminaristas enxergarem a vida sacerdotal de uma forma totalmente diferente da que eles conheciam no clero marianense: mancebias, simonias, desinteresse pastoral, ardente dedicação à política partidária e às profissões liberais.

O documento traz um parágrafo especial atacando esses costumes do clero de Mariana que ele tanto condenava, procurando levar seus seminaristas a não confiarem nos costumes, mas nas máximas do Evangelho: "Saibam

---

[18] Processo de Beatificação, *op. cit.*, p. 150.

que é para eles de indispensável necessidade regular sempre sua conduta pelas máximas do Evangelho e pelos sagrados cânones, e não se deixar levar do exemplo daqueles eclesiásticos, cuja vida não é conforme àquelas santas regras. Procurem gravar profundamente no coração aquele dito de S. Cipriano: 'Que aquele Senhor que disse: Eu sou o costume'". (§7)

A vida dos seminaristas deveria ser o oposto do costume dos eclesiásticos escandalosos de Mariana e o seria se trabalhassem para adquirir já as virtudes de seu futuro estado de vida. dom Viçoso nesse documento apontava as virtudes essenciais à vida do novo padre: a piedade, o espírito interior, a humildade, a mortificação, o amor da pobreza e dos pobres, o zelo da glória de Deus e da salvação das almas. Deveriam procurar agradar unicamente a Deus, "mesmo estando a sós, portem-se como se estivessem à vista de seus superiores. Lembrem-se de que Deus tem sempre os olhos fixos sobre eles, que os considera atentamente e que tem horror aos hipócritas".

Segundo ele, Deus se importa não apenas com o que é feito, mas, sobretudo, com o como é feito. A prática virtuosa era apresentada como ideal para o seminarista. Deveria fazer o bem de uma forma bem feita. Na certeza de que Deus tudo vê, os seus seminaristas deveriam empreender todos os seus esforços nesse espírito, fazendo bem os seus retiros, estudos, recreações, confissões e comunhões. O ideal de um eclesiástico modelo para o povo, que prega não apenas com a palavra, mas com o bom exemplo, não seria ensinado somente para depois das ordens sacras, mas deveria ser vivido no interior do seminário, na vivência das normas e situações concretas da vida comunitária.

Quanto às confissões, o regulamento rezava que os seminaristas poderiam escolher o seu confessor e comunicar ao reitor ou ao seminarista regente. Esse documento, explicação motivada do regulamento do seminário, determinava que os confessores seriam os mesmos diretores do seminário.[19] Isso visava dar aos confessores um conhecimento privilegiado, de

---

[19] AEAM, *Explicação Motivada, op. cit.*, fl. 04, § 14.

quanto se passava nas consciências e nas ações dos seminaristas, por mais ocultas que fossem. Incentivava-se as confissões sempre mais frequentes, "evitando nisso toda a negligência" como "um poderoso meio para reformar os costumes" e "para adiantar o caminho da virtude".

O dia, no seminário de dom Viçoso, era assim distribuído:

– 5h30: levantar.
– 5h45: Atos da manhã nos salões, ajoelhando-se no meio um atrás dos outros.
– 6h: Estudo em silêncio rigoroso.
– 7h: Missa, em seguida: almoço.
– 8h: Estudo em silêncio rigoroso.
– 9h30: Aula por duas horas.
– 11h45: Jantar e Recreação.
– 15h30: Aula por duas horas.
– 17h30: Cantochão para os eclesiásticos e recreação para os demais.
– 18h: Terço e lição espiritual por meia hora.
– 18h30: Estudo em silêncio rigoroso.
– 19h: Ceia e recreação até às 20 horas.
– 20h30: Exame de consciência, e recolher-se. É permitido até as 22 horas o estudo, e então se devem apagar as luzes particulares.[20]

5.3. Espiritualidade do Seminário

Além da disciplina e da vida virtuosa, outro elemento fundamental na formação do novo clero é a espiritualidade. Tendo apresentado um regulamento claro, exigente e bem explicado, procurou dom Viçoso também trabalhar o alicerce da vida cristã e do ministério presbiteral, a espiritua-

---

[20] PIMENTA, *op. cit.*, p. 108-109.

lidade. As grandes características dessa espiritualidade seminarística são: a vida sacramental intensa, em especial as confissões e missas, os muitos momentos de oração comunitária a cada dia, conforme o regulamento, os retiros que ele pregava para seus seminaristas ao início de cada ano escolar. Infelizmente não temos acesso a nenhum dos textos usados por ele nesses retiros. Outro elemento usado por ele foi a devoção aos santos, onde pudessem, refletindo sobre suas vidas e ações heroicas, cultivar novos valores espirituais e morais e uma nova forma de viver o ministério presbiteral.

O Arquivo Eclesiástico da Arquidiocese de Mariana conservou-nos cópia dos pequenos sermões usados por ele na pregação da trezena de Santo Antônio,[21] confeccionados para a preparação de sua festa anual, a 13 de junho. Esse santo português foi apresentado aos seminaristas, como modelo de eclesiástico a ser seguido e imitado. Português de nascimento, dom Viçoso tinha essa devoção bem enraizada em sua vida, já que esse santo era o patrono de seu país, e procurou transmiti-la a seus seminaristas em uma perspectiva profundamente catequética. Nessa trezena de reflexão e oração, Santo Antônio aparece como um eclesiástico paradigmático, um modelo a ser seguido por seus seminaristas e sacerdotes.

Essa pedagogia, no entanto, não foi nova em Mariana, pois já foi usada pelo primeiro bispo de Mariana, dom frei Manuel da Cruz, quando em 1760 mandou pintar, nas cúpulas sob o cabido de sua catedral, os retratos de vários eclesiásticos, santos bispos e sacerdotes portugueses e espanhóis, até então desconhecidos pelo clero de Minas Gerais, com o objetivo de através do incentivo dessas devoções, cultivar um novo modelo de eclesiástico, conforme as determinações do Concílio de Trento.[22] Os Santos que dom Frei Manuel da Cruz mandou retratar no Cabido da Catedral de Mariana, e que

---

[21] *Trezena de Santo Antônio*. É uma coleção de 13 pequenos sermões escritos por dom Viçoso, sobre as diversas fases da vida deste santo. O objetivo é apresentá-lo como modelo a ser seguido pelos seus seminaristas menores e maiores. In: *AEAM*: dom Antônio Ferreira Viçoso, Trezena de Santo Antônio, Setenário de N. Sra. Das Dores e Setenário de São José.

[22] Sobre isso, ver: MOTT, L. *Modelos de santidade para um clero devasso*: a propósito das pinturas do Cabido de Mariana, 1760, Revista do Departamento de História da UFMG, edição especial, "O Século XVIII", N. 9, Fafich/UFMF, Belo Horizonte (1989) 96-120.

ainda hoje lá se encontram, foram: São Torquato (arcebispo de Toledo), São Félix (arcediago em Toledo), São Lourenço (arcediago de Saragoça), São Felix (arcediago de Braga), Santo Evâncio (arcediago de Toledo), São Martinho (cônego de Coimbra), São Julião (bispo de Cuenca), São Gudila (arcediago de Toledo), São Pedro Arbués (Cônego de Saragoça). Apesar de ter construído o seminário, seu plano de reformas, no entanto, não foi satisfatório, pelos muitos conflitos enfrentados com o seu clero e especialmente, em razão da falta de formadores, já que os jesuítas, a quem encarregou de cuidarem do seminário, mal chegaram e foram expulsos da província e do país.

Estes foram os pequenos sermões compostos por dom Viçoso para a reflexão dos seminaristas na trezena de Santo Antônio: *É bom ao homem que leve o jugo do Senhor desde a mocidade. – Ainda depois de velho, segue o homem aquela vereda que principiou a trilhar desde menino. – Conduzi-lo-ei à solidão. – Com tua ciência, deve ser exemplo de boas obras. – Vós me chamastes, Senhor, estou pronto. – Fazemo-nos como loucos por amor de Cristo. – Como pregarão eles, se não forem enviados? – Estai preparados, pois virá o Filho do homem. – Para vós, nada será impossível. – Não tenhais medo daqueles que matam o corpo. – É preciosa na presença do Senhor, a morte de seus santos. – O que padecemos não tem proporção com a glória futura.*

Exemplificando, apresentamos os seguintes sermões, conforme o tema deste estudo: *conduzi-lo-ei à solidão; estais preparados, pois virá o Filho do homem; não tenhais medo daqueles que matam o corpo e o que padecemos não tem proporção com a glória futura.*

- Conduzi-lo-ei à solidão

Este sermão vem tocar em um dos pontos essenciais da formação presbiteral de dom Viçoso, o seminário como um espaço de separação do vocacionado do mundo. O tema deste sermão é: "Conduzi-lo-ei à solidão".

> Diz Nosso Senhor que Ele mesmo conduzirá ao deserto, à solidão, aqueles a quem quer santificar. (...) A solidão é a subtração do grande reboliço do mundo, da ingerência de tudo o que toca, nem está entregue aos nossos cuidados. Aqui temos nesta mesma casa, em que felizmente moramos, um deserto, uma solidão, porque livres dos cuidados da comida e da bebida, do que havemos de vestir e onde havemos de morar, estamos quase em Tebaida.[23]

Em seguida, passa a falar do exemplo do jovem Santo Antônio que viu, no mosteiro de Santo Agostinho, um lugar onde se refugiar e viver os valores evangélicos. Na base de toda essa reflexão, há consciência tão forte, em dom Viçoso e na Igreja de seu tempo, de que o mundo é lugar de perigo e condenação.

> Santos padres do mosteiro de Santo Agostinho, se vós sois testemunhas dos exercícios de piedade do noviço Antônio! Dizei-nos qual foi a sua devoção na oração, qual a austeridade de suas penitências, qual o rigor de seu silêncio, qual a aplicação nos seus estudos! Houve jamais um noviço mais piedoso, mais pobre, mais casto, mais doce e obediente, mais circunspecto e prudente! (...) Ó Santo, bem-aventurado, noviço zeloso e exato observante da disciplina monástica, olhai para todos estes noviços da vida cristã, lançai bênçãos, fazendo que este Deus menino nos abençoe, e que esta bênção nos acompanhe eternamente. Amém.[24]

- Estai preparados, pois virá o Filho do homem.

Outro elemento sempre presente na pregação moral de dom Viçoso, que aparece com muita força nessa trezena de Santo Antônio, é a questão da referência ao medo escatológico, visando à mudança de atitudes. Neste oitavo

---

[23] AEAM, *Trezena de Santo Antônio,* p. 3.
[24] *Ibidem.*

sermão o tema aparece como a base sobre a qual Santo Antônio construía as suas pregações. "Estais preparados, pois virá o Filho do homem."[25]

> Seus discursos, que tão eficazes foram para a conversão dos pecadores, versavam sobre as palavras do meu tema. Oh homens do mundo, que esquecidos da vida futura, em que daqui a pouco haveis de entrar, vos entregais aos deleites dos sentidos, aumento de vossas fortunas e honras vãs, estais prontos, pois não tarda a vinda de Jesus, juiz dos vivos e dos mortos, que de tudo vos pedirá conta. (...) Eis aqui o compêndio dos sermões de Santo Antônio, o mesmo compêndio moral do Evangelho. Estais prontos para a vinda do juiz.[26]

- Não tenhais medo daqueles que matam o corpo

Neste décimo primeiro sermão, vemos dom Viçoso ressaltar a coragem e o poder persuasivo do sermão de Santo Antônio. O tema deste sermão é: "Não tenhais medo daqueles que matam o corpo".[27] Afirmando que os que estão no mundo somente "temem o que mata o corpo e repugna à sensualidade", passa a falar da coragem dos santos, especialmente de Santo Antônio "que não temia os que matam o corpo". Cita o caso do príncipe Elesino, violento inimigo da Igreja, que se converteu diante da pregação pessoal de santo Antônio. Conclui afirmando que a única coisa que devemos temer neste mundo é o pecado:

> à vista de tal poder, ninguém tema neste mundo senão o pecado. Tudo o mais não pode fazer mal a um verdadeiro cristão. Meu santo, enchei destes sentimentos a minha alma e a de meus companheiros.

---

[25] AEAM, *Trezena de Santo Antônio*, p. 10.
[26] *Ibidem*.
[27] *Ibidem*, p. 16.

Só o pecado nos pode fazer mal, tudo o mais que a terra e o mundo dá é nada, desaparece, desvanece. Imitemos o valor dos santos, o amor da virtude, o medo do pecado e na esperança do céu, que vos desejo.[28]

- O que padecemos, não tem proporção com a glória futura

O último sermão dessa trezena fala da glória de Santo Antônio: "O que padecemos, não tem proporção com a glória futura".[29] Após uma vida de sofrimentos e privações, lembra que Santo Antônio é glorificado por Deus. Diz que quando da transferência de seus restos mortais para a basílica construída em sua memória na cidade de Pádua, que a sua língua bendita que tanto anunciou o Evangelho foi conservada. A partir daí, passa a tirar conclusões moralizantes para os seminaristas, incentivando o bom uso da língua e condenando o seu mau uso na vida de comunidade:

Bendito seja Deus! Nada mais direi, senão uma reflexão sobre este prodígio. Bendita seja a língua que se emprega nos divinos louvores e fazem bem a seu próximo. Maldita seja a língua que murmura, que mofa da religião, pronuncia palavras desonestas! Esta nunca louvará a Deus no céu, mas o blasfemará no inferno, e aquela o louvará para sempre no céu. Ó santo de nossa alma, por este ano acaba a solenidade que vos fazemos; a vossa devoção, porém, não queremos que se acabe, queremos, sim, que nos livreis de haver em nosso salão algum menino que traga a língua suja com palavras indecentes, mas que todas as nossas línguas se empreguem com vossos louvores cá na terra, e convosco louvemos a Deus para sempre na glória.[30]

---

[28] AEAM, *Trezena de Santo Antônio,* p. 17.

[29] *Ibidem*, p. 19.

[30] *Ibidem*, p. 20.

5.4. Contratação de funcionários disciplinadores

Apesar de todo o esforço de reforma, do novo regulamento, de sua explicação minuciosa, dos retiros e forte espiritualidade existente na casa, dom Viçoso não se dá por satisfeito com o desenrolar dos fatos em seu seminário. No contexto do sistema do padroado, escreve ao ministro da Justiça requerendo dinheiro para contratar e remunerar a inspetores que cuidem da vigilância dos dormitórios. Mostra que apesar de todo esforço de reforma as coisas não iam tão bem, que era preciso melhorar ainda mais a disciplina na instituição:

> ora, da boa escolha deste empregado depende o bom regime de todo o Seminário. Atualmente empregam-se nesta inspeção moços dos que parecem do melhor procedimento, por não haver com que se pague a outros, que nisto se empreguem. Muitas vezes estes são coniventes com seus companheiros, disfarçam suas infrações, por se não malquistar; e insensivelmente perde-se aquele salão, sem que o Reitor venha no conhecimento dos hipócritas, senão quando está tudo podre e infeccionado.[31]

Vemos por esse ofício, que a disciplina era realmente radical. Não bastando os exames de consciência e meditações diárias, as confissões frequentes, a direção espiritual, a vigilância de todos para com todos, era ainda necessário contratar pessoas assalariadas para cuidar da fiscalização dos dormitórios. Estas dificuldades com a disciplina geral do seminário, levaram dom Viçoso a tomar uma decisão polêmica e radical, a enfrentar os preconceitos do clero e do povo e os embargos oficiais, e entregar o seu seminário aos cuidados de uma congregação religiosa especializada na formação presbiteral.

---

[31] *Ofício ao Ministro da Justiça*, s/d, *apud* PIMENTA, *op. cit.*, p. 116.

5.5. Entrega do Seminário à Congregação da Missão

As muitas dificuldades vividas na reforma do Seminário, sobretudo, no que se refere à disciplina e ao pessoal, fizeram com que dom Viçoso tomasse uma séria decisão: entregar o Seminário para uma congregação religiosa, especializada no assunto, no caso, os lazaristas.

Segundo o historiador padre José Maria Román, (C.M), a formação presbiteral sempre fez parte da história da Congregação da Missão desde as suas origens. São Vicente de Paulo, seu fundador, pensou-a com o objetivo primeiro da evangelização dos pobres, mas ligada a esta primeira missão, estava o trabalho de reforma e formação do clero, para dar eficácia e continuidade ao trabalho missionário. Segundo ele, foi a serviço dessa missão junto ao clero, que ele, na linha do amigo e mestre Bèrulle, manteve o caráter secular de sua companhia, facilitando assim a comunhão de seus missionários com a missão, os problemas e os anseios do clero secular. Essa dupla missão está presente também na *Salvatoris nostri*, que declarava que o fim da nova congregação é de dedicar-se à evangelização e salvação dos camponeses e, nas cidades, a preparar os ordinandos para receberem dignamente as Ordens sacras (SV XIII, 260). Scus seminários funcionavam sempre como casa de missão, centro de missionários, mostrando assim a dupla face da missão de sua companhia: missão e formação do clero.[32]

Dom Viçoso pensou primeiramente nos Jesuítas e nos Redentoristas, mas não conseguiu; os primeiros por dificuldades legais com o governo imperial, ainda resultantes da expulsão de 1759, com os Redentoristas, por questões de comunicação.

Essa entrega do seminário aos padres lazaristas deu-se em três fases: A primeira abrange os anos de 1849-1852, quando chegaram da França,

---

[32] Sobre o tema ver: Román J. M. La formazione del clero nella tradizione Vincenziana. In: *Annali della Missione 95* (1988) 161-183; Molinari F. San Vincenzo de Paoli e la riforma del clero. In: *Annali della Missione 89* (1982)38-76; Mezzadri L. San Vincenzo de Paoli e i seminari. In: *Annali dell'educazione e delle istituzione scolastiche 7* (2000) 89-111.

para colaborar com dom Viçoso, os primeiros lazaristas franceses, após o reatamento das relações entre a província brasileira e a Casa-Mãe de Paris. A segunda inclui os anos de 1854-1855, quando, grassando a varíola em Mariana, separa-se o seminário maior (curso teológico) do menor (humanidades e filosofia), indo o maior para o colégio do Caraça, sob a responsabilidade integral dos lazaristas, e o menor para a fazenda que o seminário possuía em Alvinópolis, à época Paulo Moreira. Ao voltar este para Mariana, sua administração passou também inteiramente para os lazaristas, assumindo a diretoria o padre João Batista Cornagliotto.[33] A terceira fase estende-se de 1859 em diante, quando, por contrato solene entre dom Viçoso e o Superior Geral da Congregação da Missão, os dois seminários foram entregues definitivamente aos lazaristas.[34]

No seminário, sob a liderança dos lazaristas usaram-se os seguintes compêndios e autores: para o estudo de francês: Telemaques de Fénelon, dicionários e artes francesas; para o latim: Seletas Latinas, dicionários, obras de Virgílio, Horácio, Cícero, Fedro, Plutarco, Gradus ad Parnassum, *Novo método de Gramática Latina* e a Artinha de Pereira; para a matemática e geometria: os autores Bezut, Ottoni, e Paranaguá; para a Geografia: Gaultier e vários dicionários geográficos e Atlas; para humanidades: Freire e Quintiliano; filosofia: os manuais de Damirou, Storchenau e Bouvier. Para a teologia: Manuale Iures Canonici, Instituições teológicas de Bouvier, numerosos Ensaios da Supremacia do papa (autor não declarado) e alguns tratados da Religião,

---

[33] Padre João Batista Cornaglioto, francês de nascimento, assumiu o Brasil e Minas Gerais como sua pátria. Veio para o Brasil ainda seminarista, e foi em Congonhas do Campo que fez os seus votos a 17 de novembro de 1850 (cf Carta pessoal a Mons. Martin, diretor do Seminário interno de Paris, de 27 de novembro de 1849). Assumindo a missão como reitor do seminário de Mariana, sob o governo de dom Viçoso, permanecerá nesta missão durante toda a vida. Além disso, marcou profundamente a diocese com muitos escritos e sobretudo como missionário popular e pregador em festas solenes. Foi ele quem fez a oração fúnebre no funeral de dom Viçoso e no governo de dom Antônio de Sá e Benevides regulamentou os retiros espirituais para o Clero. É ele um dos grandes personagens da história desta primeira diocese de Minas Gerais, Mariana.

[34] CAMELLO, *op. cit.*, p. 343-344. Esses fatos são narrados com profundidade por: PIMENTA, *op. cit.*, p. 131-133; 143-145. Veja ainda Trindade, *Breve notícia dos Seminários de Mariana, op. cit.*, p. 50-52.

do apologista Bergier, a Teologia de Charmes, os decretos do Concílio de Trento; para a Teologia Moral e Dogmática: manuais de Jean Baptiste Bouvier: Institutiones Theologicae e Institutiones Philosophicae; para Direito Canônico: o nome de Pedro Ludovico e para a História Eclesiástica: o professor lovainense: Henrique Guilherme Wouters, para *Retórica*: texto de dom Romualdo de Souza Coelho, bispo resignatário do Pará.

A partir desses autores e bibliografia, vemos que autores galicano-jansenistas, tradicionalmente usados nos seminários no Brasil, como Natal, Alexandre, Fleury, Antoine e Collet, foram abandonados.[35] Dom Viçoso, na reforma de seu seminário, escolheu autores e obras, especialmente no campo da teologia moral e direito, que se pronunciavam decididamente pela adesão à Santa Sé. Seu "ultramontanismo"[36] opunha-se à tendência de valorizar a autonomia das Igrejas nacionais, a superioridade dos concílios sobre os papas e a autoridade dos reis na administração eclesiástica, fazendo uma opção clara e irrestrita por uma aproximação sempre maior com a Santa Sé, leia-se Pio IX.

Com a entrega do seminário a seus coirmãos lazaristas, dom Viçoso pôde, com mais estabilidade e consequente segurança, empreender a sua tão sonhada reforma dos costumes de seu clero, começando pela base, pela formação dos novos padres.

Dom Viçoso foi além do que pedia o Concílio de Trento para a formação presbiteral. Além do ano de tirocínio no seminário que exigia este concílio, exigiu: cinco anos para humanidades e quatro anos para a teologia. Via no seminário a única forma possível de se fazer a tão sonhada reforma do clero, e não via outro caminho que não o tomado por ele, entregar o seminário a comunidades dedicadas a esse emprego como os lazaristas e jesuítas, que além da boa preparação intelectual, empenhasse-se na reforma dos costumes.

---

[35] CAMELLO, *op. cit.*, p. 354.

[36] Tendência teológica que se opunha às teses liberais, galicanas e jansenistas, que sobrepunham a autoridade dos concílios ecumênicos sobre a do bispo de Roma, valorizavam a autonomia das igrejas nacionais diante da de Roma e a autoridade dos reis na administração eclesiástica. O objetivo dessa tendência foi plenamente concretizado na proclamação e promulgação do dogma da Infalibilidade papal no Concílio Vaticano I.

Na preparação imediata para a ordenação, era dom Viçoso quem pregava para os ordinandos, os Exercícios Espirituais.[37] Era um tempo próprio para a oração, aprendizagem das cerimônias e rubricas litúrgicas, muito exame de consciência (quatro vezes ao dia) e confissão. Isso foi no século XVII, nas mãos de São Vicente de Paulo e outros reformadores franceses, a semente primeira dos seminários, a oportunidade de preparação imediata para o sacerdócio, em uma época em que ainda não havia os seminários. Para dom Viçoso era a coroação de toda a preparação, aquele tempo em que, depois da formação seminarística, diante de seu bispo, o ordinando iria fazer sua preparação espiritual para receber o sacramento da Ordem. Tratava-se de um processo intenso de revisão do comportamento, reforçado pelas pregações e avisos espirituais, em uma linguagem e argumentação abertas, claras e profundamente fundamentadas nas Sagradas Escrituras e nos Santos Padres. O futuro padre poderia até transgredir as normas, mas certamente não as esqueceria.[38]

Outro instrumento usado por dom Viçoso com muito zelo, visando conhecer a conduta dos candidatos ao sacerdócio, foram os proclamas paroquiais; que deveriam ser lidos e respondidos na paróquia onde nasceu ou viveu o candidato. As respostas eram anexadas ao *Processo De genere et moribus* do candidato. Entre as vinte e quatro perguntas,[39] que eram enviadas aos párocos para se conhecer bem o candidato, colhendo testemunhos da comunidade, estavam perguntas que abrangiam todas as áreas: situação social, econômica, religiosa, saúde física e psíquica e, sobretudo, sobre a conduta moral do candidato. Essas perguntas visavam o cumprimento das exigências legais da época no sistema do padroado, e prevenir quanto aos abusos que ele combatia no meio do clero, especialmente a incontinência e a vida secularizada. O documento recomendava que a denúncia deveria ser feita em segredo ao

---

[37] O arquivo da arquidiocese de Mariana (AEAM) mantém um volume com 13 conferências de dom Viçoso, cópia das conferências usadas por dom Viçoso nestes exercícios espirituais, sob o título: *Sermonário aos Ordinandos*.

[38] CAMELLO, *op. cit.*, p 358-359.

[39] Sobre as perguntas que compunham o *Processo De genere et moribus*, para se conhecer melhor a vida dos ordinandos, vide anexo 4.

pároco, que leria as questões em voz alta na missa conventual e depois fixaria o documento na igreja no lugar para isso destinado. Findo o tempo, o pároco expediria uma certidão à câmara eclesiástica.[40]

Em Carta ao missionário padre Luís Gonzaga Ribeiro pedindo que se dispensasse de aspectos legais para a ordenação de certo jovem chamado Pio, dom Viçoso foi incisivo em negar-lhe o pedido dizendo: "Este moço nunca se ordenará sem apresentar sentença *De Genere et moribus*, de ciência, e competente e canônico patrimônio. Se a sua vocação é legítima e a sua irregularidade merecer ser dispensada, necessita correr todos estes passos".[41]

Não havendo nenhum impedimento grave, o ordinando ainda passava pelo último exame: o exame sinodal, em que o candidato era submetido a exame doutrinal e moral pelo próprio dom Viçoso ou por examinadores nomeados por ele.

Apesar de todas essas exigências, dom Viçoso não deixou de ter seus escrúpulos com relação a algumas ordenações celebradas. Em carta ao governo em 1851, dando informações sobre a instrução e moralidade do clero, após aludir às leis da Igreja e suas exigências neste aspecto, escrevia: "Porque levado da necessidade da falta de clero, as tenho algumas vezes dispensado, colho agora o fruto do mau procedimento de alguns padres a quem tenho ordenado".[42]

As decepções com relação a alguns padres ordenados por ele, diante da dispensa de algumas exigências da parte dele, levaram-no até mesmo a temer pela própria salvação; é o que vemos no testemunho do padre João de Santo Antônio, em carta enviada a dom Silvério Gomes Pimenta:

> tendo ido visitar ao nosso santo dom Viçoso, de saudosa memória, pouco antes de sua morte, no decurso de nossa conversação, disse-me ele: "Oh meu padre João, estou com muito medo do inferno".

---

[40] Cf. CAMELO, *op. cit.*, p. 360-361.

[41] *Carta ao padre Luis Gonzaga Ribeiro*, *apud* Processo de Beatificação, *op. cit.*, p. 279.

[42] AEAM, Armário de Dom Viçoso, Pasta *Relação do clero, 2º ofício em resposta à circular de 22 de setembro de 1849*.

"Por que, Exmo. Sr., V. Exa. tem trabalhado tanto para a honra e glória de Deus e a salvação das almas. Como tem medo do inferno?" "O que são estes padres?" – retorquiu ele, "estes padres que tenho ordenado?" – "Oh Exmo. Sr., V. Exa. E todos devemos dar graças a Deus! V. Exa. tem reformado o clero de quase todo o bispado, que diferença do que era antes de V. Exa., quantos padres virtuosos e zelosos da glória de Deus e salvação das almas!" "O que, padre, acabo de ordenar um; ele foi para casa, pôs logo as manguinhas de fora, o suspendi logo, com pouco mais de um mês de padre."[43]

Ser suspenso um mês depois de ordenado padre não é um fato que ponha em questão os métodos e processo da reforma, a instituição do seminário e a formação. Situações como esta com certeza aconteceram no final da vida de dom Viçoso, quando ele, temendo o inferno, tudo fazia para corrigir erros cometidos em ordenações por ele celebradas. O tormento de consciência leva o velho bispo a chamar, pouco antes de morrer, alguns padres recém-ordenados, submetê-los a exame, proibir-lhes o exercício das funções sagradas, exceto celebrar a Missa, "até que se mostrassem competentemente habilitados para o mais".[44] A olhar a questão pelo ponto de vista numérico, não havia muito com o que se preocupar, pois, a média de ordenações celebradas por dom Viçoso era de 10,6 ao ano, bem próxima da média de dom frei Cipriano, 9,8 anuais, e inferior a de dom frei José da Santíssima Trindade, que era de 12,3. Dom Viçoso ordenou 318 sacerdotes, entre os anos de 1845 e 1875.[45]

O trabalho dos lazaristas à frente da formação no seminário de Mariana conheceu dificuldades e incompreensões. Isso aparece em um ofício de dom Viçoso ao Presidente da Província de Minas, Francisco Diogo Pereira de Vasconcelos, a 1854, quando o nosso bispo questiona a exigência de reforma do clero por parte do Governo e não dá o devido apoio financeiro e

[43] AEAM, Armário Dom Viçoso, Pasta Diversos. *Carta do Padre João de Santo Antônio, Rosário de Penha, 3 de Setembro de 1909.*
[44] PIMENTA, *op. cit.*, p. 177.
[45] Cf. CAMELLO, *op. cit.*, p. 364.

moral, criticando a contratação dos missionários franceses por seus jornais oficiais, que fecham os olhos diante da contratação de agentes estrangeiros para as escolas estatais e construções de estradas e criticam a contratação dos missionários franceses para o seminário de Mariana:

> cresce a minha admiração, quando ouvindo clamar em torno de mim: 'reforme o clero'; e quando obedecendo eu a esta tão justa reclamação, preparo o edifício do Seminário Eclesiástico com imenso dispêndio, procuro na França e na Itália, não só os regulamentos dos Seminários, como zelosamente praticou o Sr. Ministro Eusébio, mas os melhores Reguladores e Diretores de Seminários Eclesiásticos, e os faço vir, com despesas que só eu sei, sem para isso exigir dos cofres públicos um vintém; faço-me surdo aos artigos das folhas que sem decoro me metiam à bulha, levados de um mal entendido espírito de nacionalidade, quando estou observando que se chamam mestres estrangeiros para os nossos Liceus, para as nossas estradas, e para objetos puramente materiais; quando enfim me esforço, quanto é possível para a reforma que a voz pública com toda a razão exige de mim, em paga dos serviços por trinta e quatro anos prestados ao Brasil, principalmente na educação da mocidade.[46]

Essas dificuldades enfrentadas pelos padres lazaristas à frente do seminário de Mariana, aparecem também em algumas cartas escritas pelo superior do seminário de Mariana, padre João Batista Cornaglioto à casa mãe de Paris, que nos fazem perceber os desafios desses padres estrangeiros, filhos de uma nação próspera e culta, em meio à pobre gente de uma sociedade nascente no interior das montanhas e florestas do Brasil. As epidemias foram constante realidade presente em suas vidas e dos seminaristas:

---

[46] *Carta ao presidente da Província, Francisco Diogo Pereira de Vasconcelos, de 1858, apud* Processo de Beatificação, *op. cit.*, p. 289-290.

pela última carta que vós tivestes a bondade de me escrever, eu vejo que vós ficastes sabendo que no ano passado nós fomos visitados por uma esquisita epidemia chamada aqui de "doença das pernas inchadas".[47] Ela atacou quase todos os seminaristas, e nós tivemos o desgosto de enviá-los para suas famílias, mais de cinquenta. Diversos entre eles não tinham mais forças de montar a cavalo nem de descer deles. Esta doença é das mais singulares. Entre aqueles que ela atacou, uns tiveram inchaço nas pernas, outros sofreram somente de dores violentas, muitos tiveram ao mesmo tempo os inchaços e as dores, mas todos baquearam numa fraqueza tão grande que depois de alguns dias, era-lhes impossível permanecer de pé. Apesar de todos os medicamentos, eles ainda perderam o apetite e o sono. O que nos causava mais pena era vê-los fazer esforços inúteis para continuar os estudos, e depois, serem obrigados, no fim, a abandonar e partir. Mas não havia outro remédio.[48]

Apesar dessas dores e decepções diante do abandono de tantos candidatos, por razões superiores à própria vontade, como a doença, vemos a alegria desses missionários diante do grande número de novas vocações ao sacerdócio e do clima harmonioso reinante entre eles:

até que outro ano escolar veio a começar, noventa e nove novos alunos já entraram no seminário; todas as classes então tomaram de novo a sua marcha de costume; e temos satisfação, vendo a harmonia e o bom espírito que reina entre nossos seminaristas. Eu não posso negar que fico vivamente comovido e todos os dias agradeço ao bom Deus da maneira que ele alivia os nossos trabalhos.[49]

---

[47] Epidemia de Varíola.
[48] ACCM, *Annales de la Congrégation de la Mission*, tome XXIV, Brésil, *op. cit.*, p. 497.
[49] *Ibidem*, p. 498.

Apesar de todas as lutas de dom Viçoso para trazer missionários europeus para Mariana e mesmo da importância da formação presbiteral na vida da Congregação da Missão, apenas dois missionários foram encarregados da direção do seminário de Mariana. Os outros ficaram no centro missionário do Caraça e em Campo Belo da Farinha Podre, na província de Goiás, em outras atividades missionárias:

> vós sabeis que somos apenas dois para carregar uma carga tão pesada. É preciso que eu exerça o cuidado desta casa, na qual, depois de quatro anos, nós edificamos com sucesso, que eu tenha a relação de todos os seminaristas, que eu cuide em lhes fornecer o tudo necessário, enfim eu exerço a vigilância sobre os alunos, os empregados e os escravos. Mas nossas ocupações não se limitam a isso: nós nos dedicamos ainda a nossas dedicadas Filhas da Caridade com suas oitenta pensionistas, o orfanato composto de quarenta crianças, o hospital etc. (...) Se nós não tivéssemos conosco algumas pessoas muito dedicadas para nos ajudar, ser-nos-ia impossível sustentar o trabalho: o que seria bem triste, porque depois de tantas dificuldades vencidas, é somente agora que vemos aparecer alguns frutos de consolação.[50]

A partir dessas muitas dificuldades enfrentadas, padre Cornaglioto pedindo da casa mãe na França mais pessoas para o trabalho, constata da grave situação religiosa da diocese de Mariana: "Podereis, pois, ser nosso intérprete junto ao nosso muito honrado pai, expondo-lhe nossos apertos e a necessidade que temos de conservar e cultivar estas jovens plantas que devem um dia florir dentro da Igreja e serão muito úteis a esta região. Eis uma prova do extremo abandono onde se encontra este país sob o aspecto espiritual".[51]

Na linha de São Vicente de Paulo e outros reformadores do clero na França do século XVII, na qual se inspirou, dom Viçoso creu profunda-

---

[50] ACCM, *Annales de la Congrégation,* p. 498.
[51] *Ibidem*, p. 499.

mente no seminário como o único meio adequado para a reforma do clero. Cria firmemente nisso, valendo-se do espírito e letra do concílio tridentino e da experiência bi-secular da Congregação da Missão. O recolhimento espiritual, o estudo, a oração, a disciplina e o afastamento do mundo, tudo isso, reforçado por uma doutrinação constante, eram os meios para se fazer nascer um novo padre separado do mundo, que assumisse a solidão como condição de vida, devotado exclusivamente a suas funções pastorais e procurando para si e para o povo uma santidade eminente.[52] Esses ideais e sua consecução, porém, esbarravam em muitas resistências sociais, apelos da natureza e da cultura e fragilidades humanas estruturais. Mas apesar dessas dificuldades, o resultado foi com certeza positivo.

Em carta ao superior geral da Congregação da Missão em Paris, o padre João Batista Cornaglioto, em 1887, já sob o episcopado de dom Antônio de Sá e Benevides, sucessor de dom Viçoso, deu boas notícias sobre o seminário em Mariana.

> É preciso que, antes de fechar esta carta, eu vos dê algumas notícias do seminário. Eu o faço com a maior boa vontade, pois que elas são excelentes sob todos os pontos de vista. De todos os seminários do Brasil, o nosso é o mais numeroso; e quanto ao espírito, ele não deixa nada a desejar. O número de alunos do seminário é neste ano em 56; e o do seminário menor, 159, num total de 215. A ordenação que teve lugar depois da Páscoa, nós tivemos quarenta e quatro ordinandos, sendo onze para o sacerdócio. Apesar de que este número seja relativamente bastante considerável, não é suficiente para as necessidades desta vasta diocese. (...) Nós ficamos felizes em ver que tudo corre ao agrado dos desejos de nosso venerável bispo. Por isso, ele não cessa de nos mostrar sua satisfação pelas novas provas de boa dedicação.[53]

---

[52] Cf. Anexo 3: *Explicação Motivada dos Principais artigos do Regulamento do Seminário Eclesiástico de Mariana, op. cit.*, fl 1.

[53] ACCM, *Annales de la Congrégation de la Mission ou Recueil de Lettres édificantes, écrites per les prêtes de cette Congrégation et par les Filles de la Charité, paraissant tous les trois mois. Tome LIII – Année 1888*, Paris, p. 294-295.

Ao fim da vida, após trinta anos de episcopado, tantas lutas e grandes frutos, ainda doíam na consciência de dom Viçoso os dolorosos limites, aqueles inevitáveis de todo projeto humano. Inevitáveis mesmo quando se tem a certeza da fé.

Considerações conclusivas

Neste capítulo vemos todo o empenho de dom Viçoso na reforma de seu clero. Luta verdadeiramente heroica! Não apenas usou todos os meios para persuadir, à luz da fé, a seus padres diocesanos da necessidade de abraçarem os novos valores que a reforma empreendia, como também, com o mesmo empenho reformou, aparelhou o seu seminário visando à formação de um novo clero. Foi levado até ao enfrentamento com padres reticentes em abandonar os antigos vícios e com as autoridades da província e do Império, que no sistema de padroado, apresentavam-se como empecilhos para as suas iniciativas de reformas. Consciente de sua missão, motivado pela força da fé e pelo temor da condenação eterna, ergueu a sua voz contra os padres que não levavam uma vida digna de seu estado, pela incontinência e por ocupações seculares, que os tornavam motivo de escândalo para o povo.

Na reforma do seminário, vemos aflorar de forma concreta a certeza de que a reforma de sua Igreja somente se daria com a formação de um novo clero. dom Viçoso se preocupou com todos os detalhes da formação; desde a infraestrutura necessária com um prédio adequado, dormitórios comuns, que favoreciam a vigilância, regras de comportamento balizadas pelo regulamento e o documento da *Explicação Motivada do Regulamento*, vigilância feita pelos formadores especializados, próprios colegas e funcionários contratados para tal função. O seminário de dom Viçoso era primeiramente um lugar de disciplina. O seminarista era um jovem de moral ilibada que deveria nesta casa de disciplina formar-se para ser um bom eclesiástico, um homem e padre exemplar, um pároco presente e que se empenharia em ser exemplo para o seu povo, um missionário que pregasse a Palavra de Deus e ensinasse a doutrina cristã.

Mas, não bastava a disciplina. Dom Viçoso construiu o seu seminário em uma base mais sólida que é a espiritualidade. A partir de sua própria experiência como um padre da missão, foi buscar, em São Vicente de Paulo e em outros mestres da espiritualidade sacerdotal francesa e nas obras do grande reformador italiano Santo Afonso Maria de Ligório, as luzes necessárias para formação do padre ideal, daquele que, em comunhão plena com o seu bispo, implementasse as reformas tão necessárias a sua Igreja. A referência principal de dom Viçoso era o Reino de Deus e o povo a ele confiado. O novo padre deveria ter consciência da dignidade de seu estado e de sua missão; ser totalmente dedicado e consagrado a ela; entregar-se todo inteiro, sacrificar-se em favor da salvação do povo, especialmente dos pobres. E isso, na busca do aperfeiçoamento na graça, da santidade pessoal e da própria salvação.

Além de uma vida sacramental intensa, especialmente o sacramento da Penitência, visto como um meio eficaz na mudança dos costumes, a devoção é incentivada nos seminaristas. Primeiramente é apresentada a devoção ao Cristo crucificado. Foi Jesus crucificado o grande modelo de novo padre, que também deveria sacrificar-se pela salvação do povo. Santos eclesiásticos são também apresentados como modelos a serem imitados. Mesmo para uma casa de formação do clero secular, o franciscano Santo Antônio foi apresentado como modelo ideal de seminarista e eclesiástico. Além de Santo Antônio, a constante referência à fidelidade de Maria Santíssima, da castidade de São José e os exemplos de missionaridade de São Vicente de Paulo, São Francisco Xavier, São Carlos Borromeu e Santo Afonso Maria de Ligório foram apresentados como luzes no caminho dos eclesiásticos em formação. Um padre santo, separado do mundo, consciente da dignidade e excelência de sua missão, disciplinado, asceta, celibatário, missionário, catequista, totalmente consagrado à Igreja e à missão, foi o que esperou dom Viçoso em suas iniciativas de reforma do seminário e do clero em geral. Tudo isso em uma pregação e iniciativas baseadas no medo escatológico.

6

Dom Viçoso e a Reforma do Povo

Algo Admirável no episcopado de dom Antônio Ferreira Viçoso foi seu zelo no pastoreio de seu povo. Tinha realmente a consciência de pastor, sentia-se responsável pela sua proteção e salvação com verdadeiro temor escatológico. Inclusive, é importante lembrar que a sua luta contra os erros de seu clero tinha por grande argumento não escandalizar o povo.

Sabemos que o povo de Mariana, como de todo o Brasil, não havia ainda conhecido o catolicismo tridentino. As poucas iniciativas de reforma, até então, restringiram-se ao clero, não envolvendo o povo em profundidade, que vivia um catolicismo tradicional, recebido ainda durante o período colonial. Riolando Azzi, estudioso desse período, caracteriza esse catolicismo como Luso-brasileiro, leigo, medieval, social e familiar.[1] Na província de Minas Gerais essas características eram ainda mais vivas, pois,

---
[1] Azzi, Elementos para a História do catolicismo Popular. In: *REB* 36 (1976) 95-103.

não foi evangelizada pelo clero e sim por leigos. Era um catolicismo em que o protagonista não era o padre, mas o beato, o ermitão, o líder comunitário, o fazendeiro que construiu a capela, a rezadeira que tinha em casa a estampa do santo de sua devoção ou uma pequena imagem, que visitava as famílias; o pai e mãe de família que celebravam com as fogueiras e muita reza as festas de São João, São Pedro, Santo Antônio; os negros que cultuavam Nossa Senhora do Rosário, Santa Efigênia, São Benedito com a festa do Reinado ou Congado; os foliões das folias de Reis e São Sebastião, os benzedores e benzedeiras, que invocavam as bênçãos de Deus sobre o povo através de ritos, que misturavam ao culto católico, elementos religiosos indígenas e africanos.

Tudo isso era muito estranho para o nosso bispo, que buscou a mudança desse quadro, através da reforma do povo, pois o via como profundamente ignorante. Era um povo que precisava ser doutrinado e moralizado conforme os padrões tridentinos. Além da falta de doutrina, muitos eram os problemas morais, que se faziam presentes na vida de seu povo, sobretudo nas regiões de mineração, lugar de aventureiros à procura de riquezas: ganância, violência e inúmeros casais amasiados. O problema ainda era agravado pela escravidão, considerada por dom Viçoso, como grande fonte de corrupção dos costumes.

A reforma do clero estabelecida por ele teve também essa preocupação. Formou padres que se desligassem das atividades temporais para cuidarem do culto e da catequese. Para isso, impôs a obrigação de pregarem, de doutrinarem o povo; traduziu-lhes catecismos e outras obras, que os ajudassem a não só se configurarem como padres reformados, mas que se tornassem capazes de reformar também a religiosidade do povo com a pregação, a catequese e o exemplo.

Dom Viçoso deu os seguintes passos visando à reforma do povo: tradução de obras estrangeiras e confecção de catecismos, instituição das Missões Perpétuas em toda a diocese, substituição das antigas devoções, por devoções europeias, no espírito tridentino. Para isso, usou da intervenção nos centros de romaria e irmandades tradicionais e importação da Europa de movimentos religiosos, que ocupassem na vida do povo o lugar das antigas irmandades, a massificação da catequese tridentina, e a abertura da diocese à ação de congregações religiosas europeias, que atuassem na assistência social e educação do povo.

6.1. Confecção de catecismos e tradução de obras de autores estrangeiros

Um dos primeiros passos de dom Viçoso na reforma de seu povo foi o uso da imprensa, com a confecção de catecismos, tradução de obras estrangeiras, textos para jornais etc. Aquilo que fez para abrir a mentalidade de seu clero para o novo momento eclesial, para as necessárias reformas no espírito tridentino, fez também o nosso bispo visando à reforma dos costumes de seu povo. Apesar da maioria de seu povo ser constituída de analfabetos, não se pode negar que, em Mariana e, sobretudo, Ouro Preto, a capital da província de Minas Gerais, havia um forte movimento cultural. As ideias resultantes das revoluções francesa e industrial, bem como do processo de independência dos Estados Unidos da América e de outros países da América do Sul,[2] estavam profundamente vivas na vida dessas comunidades e de toda a região através de militares, funcionários públicos, poetas, elementos do clero e de tantos estrangeiros, que vieram para a região em busca do enriquecimento fácil.

A Província das Minas Gerais era considerada um berço de revolucionários, palco da Inconfidência Mineira e da Revolução Republicana de 1842. A preocupação de dom Viçoso não era ainda com o advento das ideias liberais, que já recebiam profunda oposição da Igreja na Europa, mas a reforma dos costumes, a superação dos ódios políticos, que dividiam o povo,

---

[2] Nessa época o Brasil era a única Monarquia das Américas, já que em outros países, o processo de Independência foi seguido da instituição do sistema republicano.

a substituição de uma religiosidade tradicional, leiga, devocional e festiva por uma sacramental, de cunho profundamente moralizante, o sacramento do matrimônio para a grande quantidade de casais, que viviam somente amasiados, o sacramento da Penitência para um povo que, no seu parecer, vivia na completa ignorância, longe da salvação, pois como bom filho de São Vicente de Paulo, cria profundamente que era impossível a salvação àqueles que não conheciam as grandes verdades da fé.

6.1.1. Obras compostas por dom Viçoso

A – Primeira Carta Pastoral

Esta primeira Carta Pastoral de dom Viçoso é, como já falamos anteriormente, um programa pastoral, no qual os grandes temas por ele trabalhados em suas reformas são antecipados. Sobre o sacramento da Penitência e sua importância, escreve:

> além disso, deveis confessar-vos com as devidas disposições; porque se morrerdes em pecado mortal, vos condenareis. A Igreja vos ordena que vos confesseis ao menos uma vez a cada ano, desde que tendes uso da razão. Para isso é necessário saber que a confissão é um dos sete sacramentos, instituídos por Jesus Cristo, por meio do qual Sacramento e da absolvição dada pelo confessor, Cristo Senhor Nosso aplicando às almas o seu precioso sangue, perdoa todos os pecados aos que se confessam bem. 1) Para uma boa confissão é necessário que cada um se lembre dos pecados mortais, que tem cometido, por pensamento, palavras, obras e omissões, desde a última confissão boa que tem feito. 2) Antes de confessar, deve cada um arrepender-se de todo o seu coração, dos pecados que tem cometido. Deve persuadir-se que o pecado é

o mais horrendo de todos os males; ou porque tem merecido o inferno, ou porque perdeu o Céu, ou antes, porque ofendeu a Deus, bem soberano, bem infinito, digno de todo amor. 3) Deve prometer a Deus não tornar a cometer pecado algum mortal, e antes morrer do que tornar a ofendê-lo: e deve fugir das ocasiões, que podem induzir de novo ao pecado. 4) Deve dizer ao confessor todos os pecados de pensamentos, palavras e obras de que tem lembrança e quantas vezes tem cometido os ditos pecados mortais. Se voluntariamente deixar de confessar algum, por malícia, vergonha, ou negligência, a confissão não é boa, Deus não lhe perdoa algum; comete um sacrilégio, e fica ainda mais inimigo de Deus, do que era antes da confissão: Oh! Quantas almas infelizes, por temor, ou por vergonha, deixam de declarar ao confessor seus pecados vergonhosos, e se condenam cometendo um sacrilégio. 5) deve cumprir logo a penitência, que lhe dá o confessor, e cumpri-la bem.[3]

Nessa Carta Pastoral dirigida à Igreja de Mariana, vemos a radicalidade da consciência de dom Viçoso, no que se refere ao pecado e à confissão. Primeiro, diz que é possível pecar mortalmente até por pensamentos; segundo, vemos o escrúpulo ao tratar da confissão dos pecados, do perigo de sacrilégio e da consequente condenação. O centro da reflexão não reside no amor misericordioso de Deus, mas no pecado e no pecador.

O mesmo medo de sacrilégio pode ser percebido nesta Carta Pastoral quando trata do Sacramento da Eucaristia:

para bem comungar deve saber o que segue. (...) 3) Para cada um comungar, deve estar na graça de Deus, e ter limpa sua alma de todos os pecados mortais, por meio de uma boa confissão. 4) Deve estar em um perfeito jejum desde a meia noite, até o tempo de comungar. 5) Se alguém comungar, estando ainda em pecado mor-

---

[3] *Primeira Carta Pastoral*, *apud* Processo de Beatificação, *op. cit.*, p. 81-82.

tal, sem que dele se tenha confessado: se comunga depois de ter comido: se comunga muitas vezes na mesma manhã (exceto se a 2ª vez for por viático) ele recebe a Jesus Cristo, mas não recebe as suas graças; nem cumpre o preceito da comunhão pascal, e comete um horrível sacrilégio, de que Deus nos livre. 6) Quando cada um comunga, não deve tocar com o dedo a sagrada hóstia, se ela se pega ao céu da boca; mas deve fazê-la descer com a humildade, ou com água; nem deve cuspir, sem passar um quarto de hora.[4]

A Eucaristia deixa de ser força e consolação para o fraco, remédio para o doente para se tornar prêmio para o puro e santo. O merecimento toma o lugar da gratuidade; o medo de se ofender a Deus participando da ceia, sem estar devidamente preparado, toma o lugar da alegria dos que participam da festa de ação de graças, pela salvação, que o Senhor nosso Deus nos concedeu, por meio da páscoa de seu Filho Jesus.

B – *Catecismo de Mariana*

Uma obra em profunda sintonia com o conteúdo da parte sacramental da primeira Carta Pastoral, e foi amplamente difundida no meio do povo dessa diocese de Mariana, foi o *Catecismo de Mariana*.[5] Esse livro foi por várias vezes impresso por dom Viçoso e reimpresso por seus sucessores. Foi escrito sob o tradicional esquema tridentino de perguntas e respostas e acompanhado no final das lições por algum caso concreto, de tom mo-

---

[4] *Primeira Carta Pastoral*, p. 82-83.

[5] DOM VIÇOSO, *Catecismo de Marianna*, coordenado pelo Exmo. e Revmo. Sr. dom Antônio Ferreira Viçoso e reimpresso por ordem do Exmo. e Revmo. Sr. dom Antônio Maria C. de Sá e Benevides para uso da diocese, Mariana, 1885. Está organizado em quatro partes: 1) Do que devemos crer (15 lições), 2) Do que devemos obrar e evitar (21 lições), 3) Do que devemos receber e pedir (18 lições), 4) Das principais práticas do culto divino instituído pela Igreja (13 lições) e o suplemento Cartilha de Mariana, sobre o modo de ouvir a missa com Perfeição e um ato de contrição.

ralizante, em que, geralmente, aparece a já tão mencionada pedagogia do medo escatológico, visando à mudança de costumes de seus leitores. Nesse trabalho, analisaremos as lições sobre o pecado original e o sacramento da Penitência, tão central na espiritualidade e pregação de dom Viçoso.

Na sétima lição, sobre o pecado original dirá:

> em que estado foram criados Adão e Eva? R.: Em estado de justiça e inocência, de felicidade e imortalidade; Adão e Eva conservaram esta inocência? R.: Não, perderam-na pelo pecado da desobediência a Deus; em que desobedeceram eles a Deus? R.: Comendo de um fruto que Deus lhes tinha proibido comer; Que seguiu dessa desobediência? R.: Por consequência dessa desobediência Adão e Eva foram lançados fora do paraíso terrestre, condenados a comer o pão com o suor do seu rosto, ficaram sujeitos à ignorância, à concupiscência, à dor, à morte, e o que é mais terrível, à morte eterna. O pecado de Adão foi nocivo a ele só? R.: Comunicou-se a todos os seus descendentes, os quais já nascem culpados pelo pecado de seu primeiro pai, e sujeitos às mesmas misérias que ele. Como se chama este pecado? R.: Pecado original. E Deus abandonou o homem depois de seu pecado? R.: Não, dele teve dó e lhe prometeu um salvador. Com que nome era conhecido este salvador? R.: Deram-lhe muitos nomes, mas o mais célebre é o de Messias. Já veio o messias? R.: Sim: o Messias veio no tempo marcado por Deus. Quem é o Messias? R.: É Nosso Senhor Jesus Cristo.[6]

Tendo falado sobre o pecado original e suas consequências na vida da humanidade e da atitude misericordiosa de Deus de enviar-nos o Messias, dá algumas lições práticas, frisando a força destrutiva e perniciosa do pecado, dizendo que um único pecado gerou para a humanidade tão terrível consequência: "1) Temer o pecado na lembrança do castigo de um só pe-

---

[6] Dom Viçoso, *Catechismo de Marianna*, p. 31.

cado de nosso primeiro pai; 2) Louvar e agradecer à Divina Bondade que se compadeceu de nós".[7]

Na lição VIII, fala do Sacramento da Penitência e do que é necessário para bem recebê-lo. "Que é a Penitência? R.: é um Sacramento que perdoa os pecados cometidos depois do Batismo. Que é preciso para receber bem o Sacramento da Penitência? Cinco coisas: 1ª) Examinar bem a consciência; 2ª) Ter grande dor por ter ofendido a Deus; 3ª) Fazer firme propósito de não o tornar a ofender; 4ª) Confessar todos os pecados a um sacerdote aprovado; 5ª) Satisfazer a Deus".[8]

Para dom Viçoso não basta apenas confessar-se, é necessário confessar bem. Para isso, insistia na necessidade do exame de consciência. Sobre este exame de consciência disse: "Como se há de fazer o exame de consciência? R.: Há de pedir a Deus luz para conhecer os pecados, depois se haverá de indagar em que se tem pecado por pensamentos, palavras, obras e omissões".[9]

Os mandamentos da Lei de Deus e da Igreja e as obrigações de cada estado são os critérios para um bom exame de consciência: "Por onde se há de fazer o exame? R.: Pelos mandamentos de Deus e da Igreja, sobre as obrigações do próprio estado e acerca dos maus hábitos. Em que se há de considerar para bom exame? R.: Os lugares onde tem andado, as pessoas que tem frequentado, negócios que tem tratado e empregos que tem exercido. Será de necessidade o exame? R.: Sim, porque, se a ele se falta, expõe-se em fazer uma má confissão".[10] Depois de falar da necessidade do exame e dos critérios para que este aconteça, disse que confissão dos pecados deve ser humilde, sincera e inteira:

> que se há de fazer depois do exame? Pedir perdão a Deus, fazer um firme propósito de o não ofender mais, e chegar-se humildemente

---

[7] Dom Viçoso, *Catechismo de Marianna*, p. 31.

[8] *Ibidem*, p. 101.

[9] *Ibidem*, p. 102.

[10] *Ibidem*.

ao Sacramento da Penitência. (...) O que é a confissão? É a acusação de todos os pecados, feita ao padre para receber a absolvição. Que qualidade deve ter a confissão para ser boa? Deve ser humilde, sincera e inteira. (...) Humilde: declarar os pecados, com grande confusão de ter ofendido a Deus; (...) sincera: declarar os pecados como se conhecem, sem argumentar, nem diminuir, nem desculpar; (...) inteira: acusar-se ao menos de todos os pecados mortais, que se tem cometidos, e declarar o número e circunstâncias notáveis.[11]

Falando da necessidade da inteireza da confissão, falou da possibilidade de sacrilégio, se falta à confissão esta característica:

se alguém esconde voluntariamente um pecado mortal, fará uma boa confissão? R.: Fará uma confissão nula e cometerá um sacrilégio. A que é obrigado aquele que tiver cometido esse sacrilégio? R.: Deve repetir a confissão, e declarar que escondeu esse pecado. Que devem fazer os que esquecem de confessar algum pecado? Devem dizê-lo na confissão seguinte. Que há de se fazer aos pés do confessor? R.: Fazer o sinal da cruz, e dizer – padre, dá-me a vossa benção porque pequei – depois se diz o "Eu pecador" etc., que tempo há que se confessou, se recebeu a absolvição, se cumpriu a penitência: e dirá os pecados de que se lembrar.[12]

Em seguida, expôs um momento importantíssimo do Sacramento, que é o da orientação, aconselhamento e da devida penitência, em que o papel do confessor, como juiz é central. É para esse momento que dom Viçoso tanto insistia na necessidade da instrução. Pois, além de sacramento da reconciliação, era um meio eficaz de mudança nos costumes; os avisos, aconselhamentos, repreensões do confessor, bem como da imposição da penitência

---

[11] Dom Viçoso, *Catechismo de Marianna,* p. 106.
[12] *Ibidem*, p. 107-108.

são essenciais nesse processo: "Depois do que, ouça humildemente e com docilidade os avisos do confessor, e aceite a penitência que lhe impuser. Que há de fazer em quanto o padre dá a absolvição? R.: Recebê-la com grande humildade e renovar os sentimentos de dor, fazendo os atos de contrição".[13]

Depois de falar desses passos constitutivos da celebração do Sacramento, vem uma lição prática, em que insiste na necessidade da confissão anual e de se confessar muitas vezes, pelo menos uma vez por mês: "1) Confessar-se muitas vezes, e pelo menos uma vez por mês; 2) Começar a confissão pelos pecados que mais lhe custam a dizer; 3) fazer uma vez por ano uma confissão daquele ano".[14]

Na IX lição, busca dom Viçoso ajudar a seus fiéis a compreender o sentido de outro elemento essencial ao sacramento da Penitência: a contrição.

> O que é a contrição? R.: R.: É uma dor de ter ofendido a Deus com firme resolução de o não tornar a ofender. A contrição é necessária? R.: É tão necessária, que sem ela não há perdão dos pecados. Que há de fazer para ter uma boa contrição? R.: Pedi-la a Deus, e refletir sobre os motivos para a excitar. Quais os motivos próprios para excitar a contrição? R.: Há quatro principais: a bondade infinita de Deus a quem ofendemos, os benefícios que ele nos tem feito e a nossa ingratidão a ele, a paixão de Jesus Cristo de que os pecados são causa e o inferno que merecemos e o céu que perdemos. Que qualidades deve ter uma boa contrição? R.: Deve ser: 1) interior, 2) sobrenatural, 3) universal, 4) suprema. (...) Qual o efeito da contrição perfeita? R.: É de justificar o pecador ainda antes de receber o sacramento da Penitência, contanto que tenha sincero desejo de o receber. Quantas sortes há de contrição? R.: Há duas: a contrição perfeita e a imperfeita, que se acha na atrição. Que é a contrição perfeita? R.: É uma dor de ter ofendido a Deus por amor dele mesmo e porque é infinitamente bom. Que é contrição imperfeita? R.: É uma dor de ter ofendido a Deus, pela vergonha de ter cometido o pecado, ou pelo

---

[13] Dom Viçoso, *Catechismo de Marianna*, p. 108.
[14] *Ibidem*.

medo de incorrer no castigo. A contrição imperfeita justifica o pecador por si mesma? R.: Não, mas dispõe a pessoa para receber a graça de Deus no sacramento da Penitência. Que é o firme propósito? R.: É uma firme resolução e vontade determinada de não tornar a pecar, e de satisfazer a Deus e ao próximo. Fazei um ato de contrição: Meu Deus, eu tenho um extremo pesar de vos ter ofendido, porque sois infinitamente bom e amável e porque o pecado vos desagrada proponho firmemente mediante a vossa graça de vos não ofender mais e de fazer penitência.[15]

Como é comum ao final de cada lição, dom Viçoso apresentou uma orientação prática. Aqui, além do costumeiro conteúdo moralizante, aparece o recurso ao medo da morte repentina: "Quando se tem cometido um pecado mortal, encher-se de susto de morrer neste estado, e, portanto, antes que venha a morte, excitar-se a contrição perfeita".[16]

Na XI lição, falou-nos deste outro elemento da Penitência que é a satisfação. Aqui, destaca-se o papel central do confessor como juiz que julga e dá a devida penitência e a atitude de obediência e docilidade do penitente em aceitar e acolher tal julgamento e devida penitência.

O que é a satisfação? R.: É a reparação das injúrias que se faz a Deus. Pois, ainda há obrigação de satisfazer a Deus depois do pecado perdoado? R.: Sim, porque a pena eterna é ordinariamente mudada em pena temporal que se há de sofrer nesta vida ou na outra; e esta pena se expia pelas obras de penitência. Quais são estas obras de Penitência? R.: O jejum, oração, esmola e principalmente a penitência imposta pelo confessor. Há obrigação de cumprir a penitência? R.: Sim e debaixo de pecado, e deve ser o quanto antes. A Igreja não nos oferece meios de suprir a insuficiência de nossas satisfações? R.: Sim, por meio das indulgências.[17]

---

[15] Dom Viçoso, *Catechismo de Marianna*, p. 103-105.
[16] *Ibidem*, p. 105.
[17] *Ibidem*, p. 108-109.

Nesses textos, extraídos do Catecismo de Mariana, alguns elementos nos chamam a atenção. Primeiro, o método e o conteúdo, não diferem dos tradicionais catecismos tridentinos de perguntas e respostas. O seu grande objetivo é a doutrinação.

Percebe-se um cuidado muito grande no tratamento do momento da confissão; e a causa está no fato de que ela pode tornar-se um sacrilégio; a consciência de que Deus tudo vê, faz com que o pecador tudo lhe manifeste por reconhecimento de seu amor, mas, sobretudo, pelo medo de não ser perdoado, e de tornar-se ainda pior do que antes da confissão. Tal referência ao sacrilégio na confissão leva facilmente ao escrúpulo, pois deve o penitente confessar integralmente os seus pecados: por pensamentos, palavras, obras e omissões; o seu estado de vida: se é consagrado a Deus, casado ou solteiro, o lugar onde aconteceu o pecado etc.

É uma reflexão centrada no pecado. E ele é apresentado como uma ofensa a Deus. Já o pecador, arrependido, deve ter grande dor por haver ofendido a Deus. Em tudo isso, vemos que o centro da reflexão não está centrado em Deus, em sua misericórdia e vontade salvífica, mas no pecado e no pecador. Mesmo a eficácia do sacramento não reside tanto na misericórdia de Deus, que sempre toma a iniciativa da reconciliação e do perdão, mas na ação do penitente, que confessa os seus pecados de forma humilde, sincera e inteira.

Outro elemento a ser destacado é a função protagonista do confessor, apresentado como juiz do supremo tribunal da penitência, aquele que julga sobre o céu e o inferno.[18] Mais que um especialista em anunciar o amor misericordioso de Deus, é apresentado um especialista em pecado. É ele quem sabe o que é e não é pecado, ao ponto de substituir a consciência do pecador. Ele julga, repreende, aconselha, instrui e apresenta a sentença, dando ao penitente a devida penitência pelo pecado cometido. Deve ser acolhido pelo penitente em suas observações, conselhos e penitências, com humildade e docilidade. Não podemos perder de vista a visão que dom Viçoso tinha da confissão, como um precioso meio para corrigir o erro e para introduzir o

---

[18] Cf. PIMENTA, *op. cit.*, p. 79.

pecador no caminho da virtude, e também como o tribunal do juízo, onde era definida a salvação ou condenação eterna do penitente.

Além da já citada obra *Nova Missão Abreviada*, escrita a partir do Tratado da Oração de frei Luis de Granada, dom Viçoso, como pioneiro da chamada "boa imprensa", traduziu e prefaciou outras obras com a preocupação da reforma dos costumes de seu povo.

6.1.2. Obras traduzidas e prefaciadas por dom Viçoso

Além das obras de uso geral e outras, compostas e endereçadas diretamente aos sacerdotes, dom Viçoso traduziu e imprimiu vários textos populares como *Tesouro da paciência* de Theodoro de Almeida, *a Imitação de Maria Santíssima* do Padre Marchtallense, *Memorial dos Discípulos de Cristo* de Arvisenet. "Afora as obras mencionadas (...) compostas por ele, ou reimpressas por sua ordem, muitos cânticos espirituais, rosários, coroas meditadas em verso, máximas rimadas, tudo para o efeito de promover o conserto dos bons costumes, ou ao menos despertar santos afetos em quem acertasse de lê-los."[19]

Tivemos acesso na Biblioteca da Pontifícia Universidade Católica de Minas Gerais, em Belo Horizonte, na Biblioteca especial de livros antigos, em homenagem a frei Chico Van der Poel (Ofm), alguns outros livros prefaciados e profundamente recomendados por dom Antônio Ferreira Viçoso. Uma característica dessas obras, além de uma mais perfeita elaboração e encadernação, está no caráter mais rigoroso da pregação. Tirando a primeira e a quarta obras, *Thesouro do Cristão* e *Prática da Confissão*, compostas por padres de Mariana, seus discípulos (João Batista Cornaglioto e Silvério Gomes Pimenta sucessivamente), as duas outras são obras europeias, dirigidas a um público e contexto vital totalmente diferentes do de Minas Gerais de meados do século XIX, a *Preparação para a Primeira Comunhão*

---

[19] PIMENTA, *op. cit.*, p. 167-168.

e a Confirmação de Mons. Gaume, e a *Missão Abreviada* do missionário e escritor português padre Manuel José Gonçalves Couto.

A – *Thesouro do Cristão*

Entre as obras prefaciadas e incentivadas por dom Viçoso, encontramos o livro *Thesouro do Cristão*, escrito por um dos padres de São Vicente,[20] e atribuído com grande probabilidade, ao padre João Batista Cornaglioto, superior do seminário de Mariana. É um devocionário, com 468 páginas e oito capítulos. *O primeiro capítulo* é dedicado a rezas e missas. Além de diversas ladainhas, tem por centro a celebração da santa missa, com muitas orações de preparação para a Eucaristia, desagravos e orações de ação de graças. *O segundo capítulo* trata do Sacramento da Penitência, tratado como Sacramento da confissão. Traz um exame de consciência, centrado nos mandamentos e nos pecados capitais. Vemos muitas orações preparatórias, desagravos e agradecimentos. *O terceiro capítulo* é dedicado ao Sacramento da Eucaristia, trazendo advertências e também orações preparatórias, desagravos e agradecimentos. Um enfoque especial é dado à comunhão espiritual. O *quarto capítulo* trata da visita ao Santíssimo Sacramento e a Maria Santíssima. Compõe-se de esquemas para a realização dessas visitas, com muitas orações preparatórias, de adoração, desagravo, atos de contrição e ação de graças. O *Capítulo 5* é dedicado a Hinos para a benção do Santíssimo. Além de hinos cristológicos, traz também alguns marianos e outros dedicados aos santos, especialmente São Vicente de Paulo e São João Batista. *O capítulo 6* é totalmente dedicado à Paixão de Jesus, com uma narrativa da paixão baseada nos quatro Evangelhos, a Via sacra e outras devoções alusivas à paixão do Senhor.

---

[20] *Thesouro do Cristão*. Dedicado aos alunos dos seminários do Império do Brasil, por um padre de São Vicente, 3ª edição, corrigida e aumentada, Rio de Janeiro B. L. Garnier – Livreiro Editor do Instituto Imperial do Brasil. Com aprovação de dom Viçoso a 10 de maio de 1858 e de seu discípulo, bispo do Ceará dom Luis Antônio dos Santos, a 28 de agosto de 1868.

O sétimo capítulo é dedicado à variedade de devoções a Nossa Senhora, com um destaque especial à Imaculada Conceição, fruto do contexto do Concílio Vaticano I e da consequente e ainda tão recente proclamação do dogma da Imaculada Conceição de Maria; além de ser grande devoção pessoal de dom Viçoso e de seu seminário. O capítulo final é dedicado à devoção aos Santos, todos com orações de cunho moralizante, no espírito da reforma tridentina. Alguns textos dessa obra nos chamam a atenção pelo pessimismo antropológico e pelo rigor moral.

Um primeiro texto que chamamos a atenção nesta obra é o "Ato de adoração e acatação" (para depois da comunhão). Aqui, vemos de um lado uma exaltação da soberania e grandeza de Deus e de outro uma pessimista visão da pessoa humana, tratada como "vil bichinho da terra e abismo de misérias":

é possível que habite Deus em meu coração! Que esteja dentro em mim aquele que os céus não podem abranger! Ó Deus de soberana majestade, assim vos dais em comida a um vil bichinho da terra! Vós, monarca de todo o universo, abaixais assim vossa grandeza a um abismo de misérias? E quem sou eu para que vos digneis sequer de vos lembrardes de mim?! Ó comunicação inefável! Ó excesso de bondade! Meu adorável salvador, reconhecendo vossa excelência divina, prostro-me aos sagrados pés de vossa majestade, e vos adoro como o Filho Unigênito de Deus, meu primeiro princípio, meu soberano bem e meu último fim. Oh! Quão feliz me julgo por assim depender totalmente de vós! De novo vos adoro de todo o meu coração e com todos os afetos de minha alma! Oxalá pudera eu adorar-vos tão perfeitamente como vos adoram os Espíritos bem-aventurados da corte celestial! Minha alma desfalece em vossos átrios; recebei-a em vosso santuário, para que unida aos coros angélicos vos tribute louvores e adorações por séculos sem fim.[21]

---

[21] *Thesouro do Cristão*, p. 61-62.

Outro texto interessante a nossa reflexão, retirado dessa mesma obra, é o que trata do Sacramento da Confissão. Aqui vemos a confissão tratada como Tribunal da Penitência e o antigo argumento de dom Viçoso sobre a confissão frequente como meio eficaz para a mudança dos costumes. Esse texto nos retrata uma mudança de enfoque e significado do Sacramento da Penitência: de sacramento da conversão, para pecadores em pecado mortal, passa a ser um sacramento de aperfeiçoamento espiritual e devoção para gente piedosa.

Advertências: 1) A confissão repetida a miúdo preserva de grandes pecados. O meio mais eficaz de melhorar a conduta de um pecador é a confissão sincera e amiudada. Ela sara prontamente antigas chagas, preserva de outras novas, desperta o sentimento da vida espiritual, e livra a nossa morte da morte do pecado. Efeito é este prodigioso dos merecimentos de Jesus Cristo, os quais, no tribunal da Penitência, largamente são dispensados ao pecador contrito. 2) A confissão diminui o número dos pecados veniais. Se um aposento quanto mais se varre, mais asseado fica; se uma tela quanto mais se lava, mais alva se faz; se um vaso de ouro, quanto mais se limpa, mais brilhante se torna; como se não purificará cada vez mais a alma de seus pecados, sendo a miúdo lavada nas saudáveis águas que o Redentor nos deixou no Sacramento da Penitência? Nenhuma dúvida cabe, que aqueles que a miúdo se confessam mais raramente pecam, do que aqueles que deixam acumular grande número de pecados, e não aliviam sua consciência senão uma ou duas vezes ao ano. 3) A confissão fortifica no bem. Notavelmente vos enganais se imaginais que a confissão, repetida com frequência, só aos grandes pecadores é proveitosa. Bem ao contrário, as pessoas piedosas é a quem cumpre amiudar suas confissões, a fim de que sua devoção não se esfrie. Por experiência elas sabem que a confissão as faz perseverar no caminho da virtude, e lhes alcança novas graças. Se disto duvidais, experimentai e desenganar-vos-eis. 4) Antes da confissão, logo que tiverdes cuidadosamente examinado vossa consciência, fazei toda a diligência por despertar em vós o verdadeiro e sincero arrependimento de vossas culpas e um propósito firme de não tornar a cair nelas. E na verdade, se vosso arrependimento não é verdadeiro, se vossa resolução não é firme e sincera, será nula ou sacrílega vossa confissão. Para que este arrependimento seja sincero e firme esta resolução, é necessário que nasçam de um coração comovido por motivos sobrenaturais.[22]

O texto e toda a reflexão é de teor rigorista. Chama a atenção para a necessidade da atrição, a dor de ter pecado e um atento exame de consciência. No final do texto, vemos o constante chavão usado por dom Viçoso: "antes morrer que pecar".

Para este efeito pedi: primeiro a Deus que vos dê a dor tão necessária a fim de obter o perdão dos pecados, recorrendo também a Maria Santíssima e aos santos advogados para que vos obtenha, mais facilmente esta graça; segundo, depois vos recolhei dentro em vós mesmos, e com toda reflexão fazei-vos as seguintes perguntas: A quem, ofendi? Ao meu Deus, meu Senhor, meu criador e meu redentor, o melhor dos pais, aquele cuja bondade é infinita, cuja justiça é reta e inexorável? Onde? Em sua presença, em seu serviço, e por ventura de sua mesma casa? Como? Voluntariamente, de propósito deliberado, tão repetidas vezes e tão gravemente, depois de lhe haver prometido emendar-me. Por quê? Por um prazer fugitivo, por uma tênue convivência mundana. Quando? Então, mesmo que ele me beneficiava, me protegia e me preservava de males sem conta. Com quê? Com os dons que ele me havia concedido e benefícios que me havia liberalizado. Se estas reflexões vos comoverem, animai-vos então de um sincero arrependimento, e tomai a firme resolução de antes de morrer que outra vez pecar.[23]

---

[22] *Thesouro do Cristão*, p. 81-83.
[23] *Ibidem*, p. 84.

O quinto ponto, sobre o Sacramento da Penitência, trata da ação de graças e da necessidade de se cumprir fervorosamente a penitência dada pelo confessor, para não se tornar pior do que antes. Conclui dizendo:

> Cumpri com fervor a penitência que vos foi prescrita e para dardes uma prova de que vossa confissão é sincera, ponde por obra neste mesmo dia as resoluções que haveis tomado; porque se vos esquecerdes dos conselhos que o confessor vos tem dado e das promessas que tendes feito, longe de vos tornardes melhor, depois de muitas confissões, ficareis pior e vossa conversão tornar-se-á cada vez mais dificultosa.[24]

Em seguida, o autor passa a dizer dos casos em que é necessária a confissão geral:

> quando não se fez antes o devido exame; se não confessou o número de pecados segundo se recordava, em matéria ou circunstância grave; se por vergonha, medo, dúvida ou malícia, omitiu algum pecado grave, ou de indústria, ocultou alguma circunstância agravante; se não teve dor, nem propósito de emenda, ou de satisfazer ao próximo, podendo, ou de deixar a ocasião próxima; quando buscou confessor tal, que o não podia entender; quando, estando com alguma censura, não a declarou sabendo-o, ou se de indústria se fez absolver por quem não tinha jurisdição para isso. Se na confissão passada esqueceu, calou ou disfarçou advertidamente algum pecado ou circunstância que devia ser confessada; qual e por que motivo? Se se confessou sem dor de seus pecados, pesar de ter ofendido a Deus e firme propósito de emenda. Se comungou sem o recolhimento e a devoção necessária? Se não santificou o dia da comunhão? Se cumpriu a penitência que lhe dera o confessor? Se caiu nos mesmos pecados por não ter feito todos os esforços para os evitar? Se foi causa que alguém pecasse, por mau exemplo ou por sedução?[25]

---

[24] *Thesouro do Cristão,* p. 85.
[25] *Ibidem*, p. 86-87.

Em seguida, continua o autor o exame de consciência tendo como critério de reflexão o decálogo. É uma reflexão densa, detalhada e um pouco longa, por isso procurarei destacar as reflexões que foram base no processo de reforma do povo, sob a orientação de dom Viçoso.

Do Primeiro Mandamento questiona:

> Se negou ou deixou de crer algum artigo de fé ou todos em geral, que ensina a Santa Igreja Católica Apostólica Romana, e qual é este artigo. Se se expôs ao perigo de perder a fé dando ouvidos a libertinos, infiéis ou hereges, disputando com eles, ou lendo seus livros sem necessidade, e sem permissão se eles estão condenados, e sem ter a ciência necessária para não se deixar arrastar de seus erros. Se duvidou voluntariamente de algum artigo de fé, e quantas vezes. Se não sabe o necessário para salvar-se, como o mistério da Santíssima Trindade, isto é, que há um só Deus em três pessoas distintas, o da encarnação de Nosso Senhor Jesus Cristo, isto é, que a segunda pessoa se fez homem, que Jesus Cristo, Deus e homem ao mesmo tempo, sofreu morte de cruz para nos remir do pecado, e nos abrir as portas do céu, que ressuscitou e subiu ao céu, de onde há de vir a julgar os vivos e os mortos: o Credo (entendendo todos os artigos que nele se encerram); o Padre Nosso, os mandamentos de Deus e da Igreja, o ato de contrição, os deveres de seu estado; e tudo o que respeita aos sacramentos que recebeu, ou que está em idade de receber.[26]

Aqui, além da orientação doutrinal do Concílio de Trento, preocupado com a identidade doutrinária dos cristãos, vemos uma clara influência de São Vicente de Paulo, que cria ser impossível a salvação sem o conhecimento destes artigos de fé.[27]

Após refletir no exame de consciência sobre as virtudes teologais, questiona quanto aos pecados contra a virtude da religião:

---

[26] *Thesouro do Cristão,* p. 88-89.
[27] Cf. ORCAJO A. y PEREZ FLORES M. *San Vicente de Paúl II, Espiritualidad e Selección de Escritos,* Bac. p. 446.

se deixou de adorar a Deus e de rezar todos os dias, principalmente pela manhã e à noite; se blasfemou contra Deus e seus santos, ou contra a religião e seus ministros; se profanou coisas sagradas, os sacramentos, as relíquias, as imagens dos santos etc.; se tem profanado às igrejas, cometido sacrilégios, ou faltando o respeito devido à casa do Senhor, conversando, estando distraído, ou cometendo qualquer outro pecado; se tem abusado das palavras da Escritura Sagrada, metendo-as a ridículo, mofando delas, empregando-as com irrisão em cantigas ou práticas indecentes ou levianas.[28]

Dentro dessa reflexão penitencial sobre a virtude da religião, vem tocar um ponto que dom Viçoso questionou profundamente na vida de seu povo: a ignorância religiosa, especialmente a superstição:

se tem recorrido ao demônio; se tem usado de malefícios, sortilégios etc.; se tem consultado a feiticeiros, adivinhos etc.; se deu crédito a sonhos, agouros ou outras superstições; se traz consigo insalmos (orações supersticiosas), com as quais crê, saberá a hora da sua morte, ou que não morrerá sem confissão etc.; se possui ou conserva livros irreligiosos ou obscenos; se tem curado a si, ou feito curar alguém com palavras vãs e ações supersticiosas.[29]

A família foi outra grande preocupação de dom Viçoso. O problema das mancebias, dos escândalos sexuais dos senhores para com suas escravas, as infidelidades matrimoniais, o cuidado educacional e formativo dos pais para com os filhos, ocuparam grande espaço em suas pregações e escritos. Nessa reflexão penitencial sobre o quarto mandamento, vemos esses assuntos familiares aparecerem com muita força:

---

[28] *Thesouro do Cristão, op. cit.*, p. 89.
[29] *Ibidem*, p. 91.

se desobedeceu ou obedeceu com repugnância a seu pai, sua mãe, amo ou outro superior; se tem perdido o respeito ou desprezado a seus pais ou superiores; se lhes tem ódio, os tem amaldiçoado, ou lhes desejou alguma vez a morte; se não socorreu a seus pais em alguma necessidade, podendo; se teve o atrevimento de lhes pôr as mãos violentas; se resistiu a suas admoestações; e não fez caso de suas advertências, ou recebeu com indignação os castigos que lhe deram; se os incitou a encolerizar-se com suas teimas e desobediências; se tem cumprido o testamento de seus pais e pago suas dívidas; e bem assim de outras pessoas de quem ficasse testamenteiro; se lhes obedeceu em coisas contrárias à lei de Deus; se tem mofado de sacerdotes, velhos, pobres e enfermos (pais, mães e outros superiores).

Se tem ódio de algum de seus filhos ou inferiores; se dá preferência a algum sem razão; se os induziu a entrar no estado religioso, ou outro qualquer, sem vocação; se não curou de os instruir ou mandar ensinar-lhes o que era necessário, não só pelo que pertence à religião, senão aos bons costumes e deveres de seu estado; se deixou de os castigar, ou se o fez com violência e encolerizado; se os maltratou sem razão, ou os repreendeu injustamente; se provê a tudo que têm necessidade para seu sustento e vestuário; se os mandou fazer coisas contrárias à lei de Deus; se lhes não dá o tempo necessário para cumprirem os seus deveres de cristãos; se exigiu que trabalhassem mais do que suas forças permitiam; ou se foi causa de que adoecessem ou ficassem aleijados; se não teve cuidado deles em suas doenças e se lhes não acudiu em suas necessidades. Marido e mulher: Se tem faltado à fidelidade e amor conjugal, e aos mais deveres a que se obrigaram pelo sacramento do matrimônio. Se vivem separados sem causa legítima. Se tiveram ciúmes e formaram juízos temerários um do outro sem fundamento. Se se maltrataram de palavras, e se conservam má vontade um ao outro. Se não se ajudaram mutuamente em suas enfermidades e aflições. Se a mulher recusou-se a obedecer ao marido em coisas justas, ou quis governar em despeito da sua autoridade. Se o marido não teve a condescendência permitida para com sua mulher em coisas lícitas. Se dão mal exemplo a sua família e não cuidam da educação de seus filhos.[30]

Como foi exposto anteriormente, o contexto sociopolítico de Mariana era profundamente efervescente. Eram muitos os ódios políticos, bem como os conflitos oriundos da luta pelo ouro cada vez mais escasso. Na reflexão penitencial sobre o quinto mandamento, procurou-se, em plena conformidade com a pregação de dom Viçoso, ajudar aos diocesanos a superar o clima de violência:

> se tem desejado a morte, ou mal grave a alguém; se tem se alegrado do mal ou pesado-se do bem alheio; se tem tido ódio ao próximo, ou desejado vingar-se dele, e quanto durou este rancor, se tem dito palavras injuriosas; se nega a alguém o "Deus vos salve", se tem feito ou mandado fazer algum mal ao seu próximo; Se deu motivo a alguma rixa, ou a promoveu entre outros, ou se semeou discórdias, metendo enredos e cizânias; se matou, feriu ou espancou a seu próximo, e se pôs mãos violentas em pessoas eclesiásticas; se deu armas ou meios para se fazer algum dano ao próximo; Se tem excedido no castigo de seus filhos e súditos; se não quer perdoar a quem o injuriou, ainda que ele o satisfaça; Se tem procurado o aborto; se a si mesmo tem desejado a morte, ou teve graves impaciências.[31]

Em suas reformas, especialmente do clero, vemos uma preocupação muito grande de dom Viçoso com a questão da sexualidade. A sua grande preocupação com a fidelidade de seu clero ao celibato eclesiástico talvez tenha influenciado também a sua pregação e escritos dirigidos ao povo. Vemos em

---

[30] *Thesouro do Cristão*, p. 94-95.
[31] *Ibidem*, p. 96-97.

dom Viçoso um cuidado muito grande quanto à convivência entre homens e mulheres em um mesmo lugar, a proibição de bailes e até de festas religiosas e processões à noite,[32] impedindo que este encontro entre homens e mulheres, mesmo com a motivação religiosa, se tornasse motivo de pecado. Aqui vemos um rigor muito grande no tratamento da sexualidade como causa de pecado:

> se tem consentido, ou se deleitou em algum pensamento desonesto; se tem dito palavras desonestas e que provocassem pecado ou se cantou cantigas lascivas; se gabou ou jactou de ter cometido algum pecado torpe; se fez ações desonestas, ou dançou danças descompostas; se teve tatos torpes, ou cometeu por obra consumada algum pecado; se teve vistas desonestas, e se é causa por si, e por outrem, de que se conserve alguma amizade ilícita; se pôs a perigo próximo de pecar por não fugir e evitar as ocasiões; se deu ao próximo escândalo, provocando-o a pecar com o vestido, gestos, vistas etc.; se tem comido ou bebido demais, de modo que provocasse a luxúria. Neste mandamento deve declarar-se o estado de quem cometeu o pecado, e com quem se cometeu, ou desejou cometer; mas de maneira que o confessor não venha no conhecimento de tal cúmplice; e também se deve dizer se foi em igreja, ou lugar sagrado (o mais que for necessário suprirá com perguntas o confessor prudente).[33]

A província de Minas Gerais ainda hoje é uma região de mineração, de busca de ouro e outros metais preciosos. Em meados do século XIX, a população dessa região era constituída, em sua maioria, por aventureiros que deixaram Portugal e outras regiões do país para vir em busca de riquezas. As disputas, os roubos, as violências tinham lugar comum nessa diocese, situada no coração da província, em razão da busca destes ricos minerais. A reflexão sobre o sétimo e

---

[32] PIMENTA, *op. cit.*, p. 231-232 e AEAM., *Gaveta Dom Viçoso, Circular de Dom Viçoso relativa aos abusos nas processões*, pasta 2, gaveta 1, arquivo 3.

[33] *Thesouro do Cristão, op. cit.*, p. 97-98.

o décimo mandamento, em sintonia com a pregação de dom Viçoso, procurou ajudar os fiéis a caminhar na busca da harmonia e da paz:

> se tens desejado por maus meios ou por maus fins, os bens alheios. Se tem furtado, quanto? E por quantas vezes, se foi coisa sagrada ou em lugar sagrado. Se não tem restituído, podendo, o que deve, ou se tem deixado de pagar aos credores, criados e outros oficiais; e o dano que isto se lhes seguiu. Se não estorvou a seus filhos e criados que furtassem; ou se dissimulou os seus furtos. Se ocultou o que sabia era furtado. Se comprou alguma coisa, sabendo ou duvidando que era furtado. Se nas compras, vendas, tratos, pesos, medidas ou moeda, fez alguma fraude ou engano. Se moveu ou fomentou algum pleito injusto; se destruiu a fazenda da sua mulher e filhos no jogo, apropria com excesso. Se fez diligência para restituir o achado ou se ficou com ele. Se pediu emprestado sabendo que não podia pagar, ou com a intenção de não pagar. Se comprou a pessoas que sabia não poder vender; se emprestou com usura, levando juros excessivos; se é avarento, deseja amontoar riquezas, não dá esmolas do supérfluo, e até a si nega o necessário; se no jogo usou de enganos ou trapaças, e se joga jogos proibidos. Se pede esmolas sem necessidades, para viver na ociosidade.[34]

Além dos conflitos de ordem financeira, o maior conflito era com certeza o político. Palco da Inconfidência mineira, da revolução constitucionalista de 1842, de lutas abolicionistas e republicanas, a cidade e a região de Mariana era um verdadeiro barril de pólvora. O instrumento para se manter acesas essas ideias e a luta eram os pequenos jornais, carregados de denúncias nem sempre verdadeiras. A fofoca, a mentira eram uma constante na vida social e política, bem como, no dia a dia das pessoas e famílias. A reflexão penitencial sobre o oitavo mandamento vem trazer luzes para esse ambiente tão tenebroso:

---

[34] *Thesouro do Cristão*, p. 98-99.

se levantou falsos testemunhos em matéria grave ou se com seme-lhante dano mentiu ante a justiça, ou noutra parte; se subornou testemunhas, falsificou assinaturas, sonegou títulos etc.; Se mentiu e por que motivo; se violou o segredo a que lhe confiaram; se escre-veu ou publicou contra outrem sátiras ou papéis infamatórios; se fez algum juízo temerário, faltando a caridade para com o próximo; se pretendeu saber as faltas de outrem, perguntando-as, abrindo cartas, ou por outro meio injusto; se murmurou de coisa de fama ou crédito do próximo; ou se era público, ou não; ou se o disse a pessoa que não sabia; se ouviu com gosto as faltas alheias; e poden-do, não atalhou na conversação; se não restituiu a fama que tirou ao próximo, desdizendo-se ante a pessoa a quem descobriu a falta. Se ocultou a verdade, quando importava manifestá-la; se publicou al-guma coisa do próximo, ainda que verdadeira, mas estando oculta. Se com sua má língua fez perder casamento, dignidade etc. (acuse--se também se tem algum pecado acerca do seu ofício, estado ou emprego. Acuse-se dos propósitos e desejos maus, ainda que não o haja posto em obra. E se estando em dúvida se era ou não pecado, o pôs por obra. Os pecados mortais reduzem-se aos mandamentos, a saber: a soberba ao 4º; a avareza ao 7º; a luxúria e a gula ao 6º; a ira e a inveja ao 5º; a preguiça ao 10º; e assim não há que acusar--se por eles. O mesmo se entende dos pecados contra as obras de misericórdia e contra os mandamentos da Igreja.[35]

Após o detalhado exame de consciência, à luz do decálogo, segue uma reflexão para depois do exame de consciência. Nela vemos as ideias-chave que se fizeram presentes em toda a pregação moral de dom Viçoso, como a fugacidade da vida, o perigo dos prazeres mundanos, e a pedagogia do medo da morte e do inferno para a mudança dos costumes:

---

[35] *Thesouro do Cristão*, p. 99-100.

Contempla, cheio de confusão e temor tuas muitas e gravíssimas culpas; o perigo em que estiveste de seres surpreendido repentinamente pela morte e a sorte que te esperava por toda a eternidade se neste estado houvesse deixado viver... Considera por outra parte a infinita misericórdia de Deus, que por ti tantas vezes e tão gravemente ofendido te há conservado a vida que para que te arrependas e evites tua eterna condenação... Considera o teu Redentor com os braços abertos, cravado por ti numa cruz, esperando-te para restituir-te a tua amizade que perdeste por tua culpa. Em tua mão está, auxiliado pela divina graça, reconciliares-te com teu Deus... Considera o que perdes se não o fazes. Esta vida não é mais que um momento fugitivo, e chegará um dia a hora da morte, chegará talvez depressa, e então... Ai! Quantos temores te assaltarão naquela hora! Que ansiedade! Que agonia tão terrível! Uma eternidade que te espera, feliz ou desgraçada, segundo a sentença do supremo Juiz, a quem tens ofendido. Pedi-lhe que mude teu coração, que te faça abominar sinceramente tuas iniquidades, e amá-lo com toda a tua alma. Dize-lhe com viva dor e abundantes lágrimas.[36]

Em seguida vemos um belo ato de contrição, construído sob as mesmas ideias, onde, em forma de prece, aparece a necessidade da atrição, das lágrimas em consequência dos pecados cometidos e sinal de arrependimento:

senhor meu Jesus Cristo, aqui tendes rendido a vossos pés um miserável pecador, ingrato e rebelde até agora a vossos benefícios e chamamentos. Eu venho a vós, como pobre ao rico, como miserável ao misericordioso, como enfermo ao médico, como faminto ao pão da vida, como sequioso à fonte de água viva, como réu ao juiz de vivos e mortos, e como pecador a meu Deus e redentor. Favorecei-me, compadecei-vos de mim, curai minhas chagas, saciai minha fome,

---

[36] *Thesouro do Cristão*, p. 100-101.

julgai minha causa com misericórdia, e dá-me penhores de minha salvação. Deus meu, apiedai-vos de mim; Jesus, filho do Deus vivo, tende misericórdia de mim, pois é como impossível para vós o não querer perdoar ao pecador. Restitui-me a vossa graça; recebei-me em vossa amizade; não olheis a minha miséria, senão a vossa misericórdia. Dá-me, Deus meu, lágrimas de verdadeira penitência, com que me pese de vos haver ofendido, e tenha uma verdadeira dor de todos os meus pecados. Abrandai este peito empedernido; abrasai este coração gelado; guiai os meus passos; santificai meus pensamentos; refreai meus sentidos; encaminhai minha vida; para que de agora em diante vos agrade, pois até aqui tanto vos tenho ofendido. Virgem santa, mãe de graça, mãe de misericórdia, e refúgio dos pobres pecadores, intercedei por mim neste instante, para que a confissão que vou fazer, não me torne mais culpável: mas antes ache nela o perdão de todo o passado, e as graças necessárias para não pecar mais para o futuro. Anjo santo, fiel e zeloso guarda de minha alma, vós que tendes sido testemunha de minhas quedas, ajudai-me a levantar, e fazei que eu ache neste sacramento a graça de não tornar a cair nelas.[37]

B – *Manual da Primeira Comunhão e da Confirmação*

Outra obra prefaciada e incentivada por dom Viçoso foi o *Manual da Primeira Comunhão e Confirmação* de Mons.Gaume.[38] Foi traduzida do francês por uma devota senhora, professora especializada, e corrigida por dom Pedro Maria de Lacerda, arcebispo do Rio de Janeiro, um dos discípulos de dom Viçoso que foram enviados para estudar em Roma e foi eleito bispo da capital do Império.

---

[37] *Ibidem*, p. 101-102.

[38] GAUME, *Manual da Primeira Comunhão e da Confirmação,* Traduzida por dom Pedro Maria de Lacerda, arcebispo do Rio de Janeiro 14 ed., Rio de Janeiro, 1897.

Uma obra que teve a aprovação eclesiástica de dom Viçoso a 3 de setembro de 1872, e dos seguintes bispos: Manuel Joaquim da Silveira (Bahia), Sebastião Dias Laranjeira (Rio Grande do Sul), Pedro Maria de Lacerda (RJ), Antônio de Macedo Costa (Belém do Pará), Luis Antônio dos Santos (Ceará) e Lino Deodato (São Paulo).

Dom Viçoso apresenta esta obra com as seguintes palavras:

> devota Senhora (...) recebo o seu excelente livro manual da primeira Comunhão, já aprovado e recomendado pelos Srs. Bispos do Rio de Janeiro, Rio Grande do Sul, Pará e do Ceará. Depois do juízo que os ditos Srs. formaram desta excelente obra, nada tenho a dizer de novo. As cartas do Sr. Gaume são muito tocantes e a coleção que se lhe segue muito bem acolhida. Lembro para a sua consolação que grande prêmio a espera no Céu, a Sra. Professora habilitada, pois tanto concorre para muitos bons pensamentos e afetos de seus leitores. Aos seus leitores mineiros por cada vez que o lerem por um quarto de hora eu concedo 20 dias de indulgências. Abençoe Deus a Senhora Professora habilitada como lhe deseja e pede este seu servo. Antônio – bispo de Mariana. Mariana, 3 de setembro de 1872.

Esse livro de 453 páginas é dividido em duas grandes partes. A primeira é constituída por cartas dirigidas às crianças que estão se preparando para a primeira comunhão. O grande tema das cartas é a comparação do dia da primeira comunhão com o dia do Juízo final. Esse tema está presente em todas elas. A linguagem é de um grande contrato que se vai celebrar com Jesus. Se de um lado apresenta a fidelidade de Jesus até o extremo, de outro, em meio a uma linguagem dura e ameaçadora, que leva ao temor e ao medo da condenação, fala da necessidade da fidelidade da criança a este pacto com Jesus. Os temas das cartas: atualidade, o velho cacique, o jardim, o grande rei do oriente, os meninos amigos de Deus, o crime, a desgraça, a morte, os jovens selvagens, as pequenas serpentes, a guerra, as armas e o combate (capítulos XII e XIII) o naufrágio, o relógio, as mentiras, o enxerto, o cenáculo, a véspera do grande dia, o grande dia. A frase que está presente em todas as vinte cartas é "o grande dia se aproxima!".

A segunda parte é composta por textos da piedade francesa reunidos e traduzidos por dom Pedro Maria de Lacerda, arcebispo do Rio de Janeiro. É constituída de instruções, preces, meditações, cânticos e outros temas afins. Tem por título: Preparação e Ação de Graças para a Primeira Comunhão e a Confirmação.

Transcrevemos para o nosso trabalho apenas alguns trechos dessa obra tão incentivada por dom Viçoso e por todos os bispos do Brasil do final do século XIX.

A primeira eucaristia das crianças é comparada com o dia do juízo final. Nela, o juízo é antecipado. O enfoque não é colocado na graça salvadora de Cristo, que nos vem por este sacramento tão importante, mas na criança, que deve estar bem preparada para aproximar-se desse sacramento. Vemos aqui a influência do rigorismo jansenista que apresenta a Eucaristia como prêmio para os eleitos e puros, e não como remédio para o pecador. Comungar, aqui, torna-se algo perigoso; a mesa da Ceia deixa de ser o grande culto de ação de graças, para tornar-se uma antecipação do juízo final:

> É tal a influência da primeira comunhão que ouvi um dia de um célebre pregador, meu amigo, comparar o dia da primeira comunhão ao dia do Juízo final. Nesse dia, dizia ele, os meninos decidem a sua eternidade, vão todos juntos à mesma mesa, participam do mesmo banquete; mas se todos não têm as mesmas disposições voltam separados por uma distância infinita. Ao tempo que uns receberam a vida, outros receberam a morte, enquanto uns colocaram-se à direita, os outros se colocaram à esquerda; do íntimo de seus corações, eleva-se a voz de Jesus Cristo que diz a uns: Vinde benditos de meu Pai; e aos outros, Ide malditos ao fogo eterno. No dia do Juízo o filho do homem não fará mais do que manifestar, em presença das nações

reunidas, essa terrível separação começada na Mesa Santa, no dia da primeira Comunhão. A sentença suprema que ele pronunciará de seu terrível tribunal será a confirmação da que pronuncia do fundo de seu Santuário. É preciso que isso assim seja, visto que o Salvador nos diz expressamente por boca de São Paulo, que aquele que comunga mal, bebe e come a sua condenação". Estas verdades, meus queridos meninos, levaram o temor a vossas almas, eu o sei, e haveis de perdoar-me se vos disser que foi com este fim que vo-las manifestei? Sim, esta foi a minha intenção, porque o temor de Deus é o princípio da sabedoria. Sim, ainda, porque o menino o mais arriscado a fazer mal a sua primeira comunhão é aquele que menos receia de a fazer mal (...).[39]

Aqui, aparece a ideia da primeira comunhão como um contrato celebrado com Jesus. De um lado ele se dá todo inteiro à criança que o comunga; de outro, exige fidelidade a ele, em um esforço de vida pura e de doação total a Jesus.

Posso meus caros amigos, dirigir-vos os mesmos avisos: estais ainda livres enquanto é tempo, pensai bem no que ides fazer na vossa primeira comunhão! Ides tomar sobre vós uma obrigação irrevogável, concluir um grande contrato com Jesus Cristo. De sua parte Ele se dará a vós todo inteiro: o seu corpo, seu sangue, sua alma, sua divindade, seus méritos, o direito do céu, o penhor da ressurreição e da imortalidade gloriosa, em uma palavra, Ele vos dará tudo o que tem, tudo o que é dom imenso que vos tornará mais ricos que os monarcas. Porém, em troca, o que vos pede Jesus Cristo? (...) Ele quer conservar o vosso corpo preservando-o de tudo o que poderia manchar, para torná-lo seu templo e ressuscitá-lo glorioso e imortal. Sim, quer conservar o vosso espírito, livrando-o do erro. Quer esclarecê-lo

---

[39] *Manual da Primeira Comunhão e da Confirmação*, p. 26-27.

com suas luzes divinas e puras que vos farão conhecer a verdade na terra e ver a Deus no Céu. Sim, ele quer conservar o vosso coração guardando-o de todas as afeições que o poderiam arruinar; quer dar-lhe um sustento digno dele, e imortalizá-lo divinizando-o. (...) Nada de leviandade, enquanto é tempo pesai bem todas as consequências desse dom recíproco de Jesus Cristo a vós e de vós a Jesus Cristo; ide vos despojar de tudo e tudo entregar nas mãos do salvador: alma, saúde, vida, talentos, tudo deve ser empregado para a sua glória, como ele se emprega inteiramente em vosso uso.[40]

Neste contrato, celebrado na primeira comunhão, Jesus exige fidelidade, pureza, doação total, na linguagem do autor, a infidelidade, por menor que seja, corresponde a roubo, crime e profanação. Agora, não se pode perder de vista que o autor se dirige as crianças que estão prestes a celebrar a primeira comunhão:

seria um roubo, uma profanação, se fizesses servir ao mal, uma só vez sequer, em vossa vida, um só de vossos sentidos, ou uma só de vossas faculdades! (...) Que digo! Esse desgraçado menino seria muito mais criminoso, profanaria coisas muito mais sagradas do que os vasos que servem no altar. É verdade que os cibórios e os cálices contêm a Jesus Cristo, mas Ele não se incorpora com eles, não se identifica com eles, enquanto se incorpora e se identifica com o menino que comunga. (...) Esse desgraçado menino seria um ladrão, um profanador, um perjuro.[41]

O tom ameaçador aparece como conclusão da reflexão, lembrando de que o contrato com Jesus tem como testemunhas, o céu e a terra, e os anjos que tremendo rodeiam o trono de Deus:

---

[40] *Manual da Primeira Comunhão e da Confirmação*, p. 28-30.
[41] *Ibidem*, p. 31-32.

pensai bem nisso, enquanto ainda é tempo, em breve, será tarde: o grande dia aproxima-se! Tomai sentido, o céu e a terra serão testemunhas de vosso contrato, é diante dos altares, na presença dos anjos que tremendo rodeiam o trono de vosso Deus. (...) Só pretendi pois fixar vossos pensamentos na grandeza do contrato que ides concluir e das obrigações que dele resultarão.[42]

Um texto muito interessante dessa obra, repleto de expressões rigoristas é a primeira meditação, do segundo dia de retiro para os meninos da primeira comunhão, que tem por tema, o Pecado. Além de apresentá-lo como horrível abominação, que esvazia a alma da graça divina e do Espírito Santo, profana-a, tornando-a escrava do demônio. Em tom ameaçador, a partir da pedagogia do medo escatológico, convida as crianças ao arrependimento e conversão:

o pecado em uma alma é uma horrível abominação: expulsa dela a graça com todos os seus méritos, o Espírito Santo com todos os seus dons; profana o templo da divindade e nele introduz o demônio que se torna senhor dele e reina nele como um tirano. Torna o cristão culpado diante de Deus do desprezo o mais insultante, culpado de ingratidão a mais negra, culpado da morte de Jesus Cristo: haverá crime mais horrível? (...) O pecado numa alma causa nela a mais horrorosa desolação: tira-lhe a amizade de seu Deus, acabrunha-se de desgostos, a tortura de remorsos, torna a escrava do pecado e do demônio, fecha-lhe o céu e abre-lhe o inferno. Que loucura, depois disto, expôs-se a tantos males para gozar um prazer momentâneo. (...) O que pensar, então, de um menino que persevera no pecado ao aproximar-se a sua primeira comunhão? É um crime, uma desgraça que não se saberia exprimir. O único recurso que resta a esse menino tão culpado é converter-se nesse momento de sair do Retiro, por que

---

[42] *Manual da Primeira Comunhão e da Confirmação*, p. 32.

se permanecer nele ajuntará sobre a sua cabeça os carvões acesos da cólera divina, e se atrevesse a chegar-se a Mesa Santa, ela se tornaria para ele um novo calvário onde seria o algoz de seu Deus.[43]

Além da linguagem dura e ameaçadora, também histórias edificantes, de cunho moralizante eram contadas, levando às crianças o devido respeito para com o sacramento da Eucaristia. Nesta obra, vemos uma história que prevenindo quanto ao perigo desrespeito contra a Eucaristia, mostra Deus como aquele que castiga com a morte, mesmo a uma criança inconsciente do peso de seus atos contra este sacramento. O sacrilégio, por menor que seja é punido com a morte:

> Sacrilégio punido. A impiedade e o sacrilégio são de todas as idades; os castigos sobrenaturais da profanação da Santa Eucaristia pelos meninos, no dia da sua primeira comunhão, não são tão raros como se pensa. Em 1831, em Paris, um pequeno colegial (...) preparava-se a fazer com os outros a sua Primeira Comunhão. Dois ou três camaradas judeus e protestantes zombavam dele ou, para melhor dizer, zombavam com ele do Santíssimo Sacramento que ia receber. Decidiram-no a reservar o que o sacerdote lhe desse para lhes mostrar. O miserável menino cumpriu a palavra. Ajoelhou-se como os outros na Mesa Santa, recebeu a Divina Comunhão e voltou para seu lugar... Um de seus vizinhos percebeu que ele tirava alguma coisa da boca e punha em um papel. O pensamento do sacrilégio veio-lhe logo. No primeiro momento de sua indignação, levanta-se e previne o seu professor (que era o padre que refere este fato). O culpado, perturbado, por seu crime, não atreveu a guardar sobre si a hóstia santa; atirou-a ao chão debaixo de um banco, e quando acabou a cerimônia foi-se com os outros... Logo depois da Missa o cura e o vigário foram prevenidos. Achou-

---

[43] *Manual da Primeira Comunhão e da Confirmação*, p. 385-386.

-se o Santíssimo Sacramento embrulhado no papel e pisado aos pés; cheios de dor levaram-no para o Sacrário... Três meses depois, o Filho de Deus mostrava ao pequeno Judas que não se insulta impunemente o mistério de sua Eucaristia; no princípio das férias, o menino sacrílego caiu de uma árvore no jardim de seu pai, e um galho que se quebrou penetrando-lhe a garganta atravessou de lado a lado essa língua que havia sido instrumento de seu horrível atentado. Expirou à noite, sem arrependimento, sem sacramentos e em uma espécie de furor.[44]

C – Missão abreviada de padre Manoel José Gonçalves Couto

Outra obra usada por dom Viçoso e profundamente aconselhada por ele é a *Missão Abreviada,* de padre Manoel José Gonçalves Couto.[45] Uma das obras mais lidas em Portugal no século XVIII, chegou ao Brasil pelas mãos de tantos padres e bispos portugueses, como dom Antônio Ferreira Viçoso.

O autor assim apresentou a sua obra: "Para despertar os descuidados, converter os pecadores, sustentar o fruto das missões. Este livro é destinado para fazer oração, e instruções ao povo. Obra utilíssima para os párocos, para os capelães, para qualquer sacerdote que deseja salvar almas e finalmente para qualquer pessoa que faz oração pública".[46]

Na apresentação da Nova Missão Abreviada, tirada das obras de frei Luis de Granada, dom Viçoso fala da importância desta obra, dizendo: "parece-nos que supre bem a obra do padre Manuel José Gonçalves do Couto".[47]

---

[44] *Manual da Primeira Comunhão e da Confirmação,* p. 394-396.

[45] COUTO, M. J. Gonçalves (Pe.). *Missão Abreviada para despertar os descuidados, converter os pecadores e sustentar o fruto das missões.* 11ª edição, Porto, 1878.

[46] Conforme a contracapa da Undécima edição.

[47] "Extraímos das obras do padre Luis de Granada, especialmente de seu tratado da oração, este opúsculo, a que damos o título de *Nova Missão Abreviada,* porquanto é ele um excelente compêndio de tudo o que costumam pregar os missionários sobre o pecado, misérias da vida humana, novíssimos do homem, paixão de Nosso Senhor Jesus Cristo etc. Parece-nos que supre bem a obra do padre Manuel José Gonçalves Couto, que tem o mesmo título (...)".

A obra compõe-se de 709 páginas (e mais um anexo de 276 páginas), está dividida em cinco partes, que se subdividem em diversas meditações. Agora, o esquema não foge daquele das obras analisadas até aqui. Tem por centro a preocupação com a força destruidora do pecado; por método, o medo escatológico, visando à mudança nos costumes, à conversão. Dessa obra vamos analisar duas meditações que tem por títulos: "o pecado da impureza" e "são poucos os que se salvam".

O Pecado da Impureza.[48] A preocupação com o pecado no campo sexual é antiga na Igreja. Tendo já raízes bíblicas, aumenta com o encontro do cristianismo com a filosofia neoplatônica tão marcada pela negação do corpo e da sexualidade; o que não cabe aqui e agora analisar. Mas, sabemos que esta precaução quanto ao perigo de pecado no campo da sexualidade pervade toda a história da Igreja, e não podia ser diferente com dom Viçoso; foi uma de suas grandes preocupações pastorais, aparecendo de forma muito forte em todas as suas reformas, inclusive de seu povo. Foi, inclusive, conforme vimos no primeiro capítulo deste estudo, um ponto motivador da luta de nosso bispo contra a escravidão, já que esta constituía forte fonte de corrupção dos costumes dos próprios escravos, pela grande liberdade sexual entre eles, mas também das famílias abastadas da diocese, já que muitos "senhores" se achavam no direito de usar sexualmente de suas escravas. Esta convivência entre "senhores" e escravas é um capítulo à parte na história social da província de Minas Gerais e de todo o Brasil. A preocupação com o pecado da impureza é central em toda a ação pastoral de dom Viçoso.

Primeiramente, na sequela dos catecismos tridentinos, vemos que há uma ampliação do significado deste sexto mandamento: o "não cometerás adultério", torna-se o "guardarás a castidade", abrangendo assim, todos os sentidos e toda a vida sexual da pessoa, tanto solteira, quanto casada. Se a formulação é afirmativa, incentivando a prática da virtude, o conteúdo, no

---

[48] COUTO, Gonçalves. *Missão Abreviada, op. cit.*, p 328-333.

entanto, é negativo, abrangendo uma imensidade de situações de pecados neste campo sexual. O pecado sexual torna-se, aqui, causa de males pessoais e sociais e castigos divinos.

No sexto mandamento se manda guardar a castidade: Guardarás a Castidade. Aqui se proíbem todos os pecados desonestos por pensamento, por desejo, por palavra, por vista, por aceno, por toque, por obras, por brincos consigo só ou com outra pessoa. Contra este mandamento peca-se por mil modos. Só o demônio é que podia inventar tantos modos de pecar. Até os próprios casados cometem imensos pecados mortais entre si, de que não fazem caso algum, nem se confessam. Pensam eles que por estarem casados, tudo lhes é permitido, e não é assim. De sorte que diz um dos Santos Padres, 'é mais fácil um solteiro ser honesto que um casado'. (...) Ele é o pecado que deu causa a que se alagasse o mundo inteiro com o dilúvio! Ele é o que fez chover fogo lá dos céus sobre quatro cidades que as consumiu e reduziu a cinzas. Ele é o que tem vencido os homens mais fortes, mais virtuosos e mais sábios, como foram Sansão, David e Salomão. Deste pecado provêm misérias imensas e males infinitos, como são: o consumir a fazenda, estragar a saúde, e abreviar os dias da vida: excitando iras e vinganças; trazendo consigo os pecados todos, muitas desobediências, muitas murmurações, muitos escândalos, muitos roubos, muita discórdia, muitos ódios, até mortes; muitos sacrilégios nas confissões e comunhões. Ó maldito pecado! Eu te detesto e aborreço![49]

Uma das principais fontes do pensamento moral de dom Viçoso, esta obra considera o pecado sexual o mais grave, o que mais aborrece a Deus e, consequentemente, o que por ele é mais castigado, sendo o que faz com que mais almas caiam no inferno.

---

[49] COUTO, Gonçalves. *Missão Abreviada*, p. 228-231.

Eu agora, pecador desonesto, também da parte de Deus te aviso dizendo: deixa já este pecado; olha que é de todos o mais agravante; é o pecado que Deus mais aborrece e castiga; os maiores castigos que têm aparecido no mundo têm vindo por via desse maldito vício; os sagrados livros estão cheios de castigos mais terríveis e estrondosos; este pecado é o que faz cair mais almas no inferno; ele até não admite pequenez de matéria, dizem os teólogos todos: neste preceito tudo são pecados mortais, só se houver falta de advertência, ou de consentimento. Desengana-se, olha que é um artigo de fé, que os desonestos não hão de possuir o Reino dos Céus! Cada pecado que cometes é uma sentença de condenação que cai na tua alma! Então? Já com a tua alma condenada, e por tantas vezes, e ainda queres pecar mais! Ah, não sejas louco; volta agora para Deus, que te oferece a sua misericórdia.[50]

A segunda lição analisada é *Instrução 64,* que tem por título: *Poucos se Salvam.* Essa instrução traz-nos outro tema comum à literatura cristã de moral rigorista, que é o da incerteza quanto à salvação, a consciência de que são poucos os que se salvam.[51] Esse tema tão presente na história da Igreja, desde a antiguidade, marcou especialmente o início da Idade Moderna, em razão da grave crise religiosa que se abateu sobre a Europa, consequente da quebra da unidade religiosa com a Reforma Protestante. A certeza da salvação que de certa forma caracterizou a sociedade cristã medieval deu lugar a um clima de profunda incerteza, pois as seguranças foram quebradas diante da forte ação missionária protestante de cunho profundamente negativo e proselitista. Também a Reforma Católica, em uma perspectiva defensiva e, consequentemente, em clima de polêmica, insistiu neste tema. O tema constituiu-se uma realidade em muitos livros e sermões de vários reformadores e missionários católicos. A confiança na misericórdia de Deus deu lugar à insegurança, ao temor do grave juízo de Deus. Essa interpretação restritiva

---

[50] COUTO, Gonçalves. *Missão Abreviada*, p. 232-233.
[51] Cf. DELUMEAU, *op. cit.*, p. 537-548.

do projeto salvífico de Deus foi além do contexto do conflito católico-protestante do século XVI, e chegou até o século XX.

Essa obra, tão popular em Portugal e em todo o império português, é um exemplo da força desta ideia na vida da comunidade católica. Os únicos caminhos para se chegar à salvação são: a vida inocente e a penitência verdadeira, que se consegue por meio da confissão dos pecados e do esforço de emenda.

> É certo que são poucos os que se salvam, porque assim o ensina a Sagrada Escritura, e a mesma razão assim o mostra. Sobre o que deveis atender: para um cristão se salvar é necessário viver conforme as máximas de Jesus Cristo, conforme o Evangelho. Mas pergunto: será grande o número daqueles que as observam? Pequeno e muito pequeno... Também é necessário para a salvação descobrir-se qualquer por discípulo de Jesus Cristo: e quantos há que se envergonham de frequentar os sacramentos, de fazer oração, de rezar pelas contas, e até de louvar a Nosso Senhor Jesus Cristo? Também é necessário para a salvação renunciar tudo quanto se possui, ao menos quanto ao afeto, e tomar todos os dias cada um a sua cruz; é este o verdadeiro sinal dos discípulos de Jesus Cristo: mas quantos conheceis vós por este sinal? O mundo é um inimigo declarado de Jesus Cristo: se qualquer segue as máximas do mundo, nisto mesmo se declara contra Cristo (...) ninguém pode servir a dois senhores. (...) Também é necessário para a salvação ter amor aos próprios inimigos, amar a quem nos aborrece; fazer bem a quem nos faz mal, vivendo em necessidade (...). Além disto, não só é proibido reter o alheio, mas também é necessário socorrer os pobres, fazendo esmolas dos próprios bens; a humanidade cristã de nenhuma sorte consente o luxo e a vaidade (...). Ela deve fugir sempre a todos os divertimentos profanos (...). É um artigo de fé, que nem os enganadores, nem os murmuradores, nem os orgulhosos, nem os vingativos, nem os ladrões, nem os avarentos, nem os desonestos jamais entrarão no Reino dos Céus; logo, quem se salvará? Quem haverá que não es-

teja manchado em alguns desses vícios em matéria grave? Parece que muito poucos...(...) Mas, ninguém se salva sem ser inocente, ou penitente. Ora, a inocência perde-se ordinariamente quando se chega ao uso da razão; mas aonde estão os verdadeiros penitentes? Finalmente, ninguém se salva sem de alguma sorte se assemelhar a Nosso Senhor Jesus Cristo, isto é, sem ter amor a tudo quanto Ele ama e estima, e horror a tudo quanto ele detesta e abomina; mas quem tem estes afetos e sentimentos de Jesus Cristo? Só quem o imitar, de alguma sorte, será seu verdadeiro discípulo; mas quem o imita? Bem o diz o Espírito Santo: "o número dos néscios, isto é, que não cuidam em salvar-se, é infinito". Logo, salvam-se poucos, e até muito poucos em comparação com os que se perdem. (...) Alguém poderá dizer que esta doutrina é rigorosa demais; isso até faz desesperar a gente. Não é assim: quem se não salva, é porque deveras não quer salvar-se; por quanto há remédio para tudo, é mais fácil do que se pensa. (...) Para se salvar, não precisa fugir para os montes, nem de perder o juízo com as meditações, nem de abreviar os dias da vida com penitências; é necessário sim, confessar-se com verdadeiro arrependimento, e emendar-se; depois ser fervoroso no serviço do Senhor até ao fim da vida: fazei assim, meus irmãos, que já podeis esperar de Deus o perdão e salvação.[52]

D – A prática da confissão de padre Silvério Gomes Pimenta

Dom Viçoso apresenta também uma obra de seu afilhado, padre, biógrafo e posteriormente sucessor, como primeiro arcebispo de Mariana: Silvério Gomes Pimenta: *A Prática da Confissão.*[53] Um dos textos mais importantes da história da Igreja no Brasil no início do período republica-

---

[52] COUTO, Gonçalves, *op. cit.*, p. 292-296.
[53] PIMENTA S. G., *A prática da Confissão ou Instrução completa de quanto é necessário ao cristão saber para se confessar bem.* 2ª ed. Aprovação eclesiástica por Antônio Maria Correa de Sá e Benevides, em Marianna, a 22 de abril de 1888.

no, que projetou o autor como grande escritor, inclusive como membro da Academia Mineira de Letras.

O tema da obra é a prática do sacramento da Penitência; uma obra longa, que toca este tema tão central na pregação moral de dom Viçoso. Como tivemos acesso apenas ao texto da segunda edição, atualizada pelo autor, e posterior à morte de dom Viçoso, preferimos não destacar nenhum texto especial dessa obra, mas apenas a apresentação feita por dom Viçoso conservada nela, em que aparece a centralidade desse sacramento em sua pregação, e da penitência como garantia de vida feliz nesta e na outra vida, e como excelente meio para a mudança dos costumes:

> Somos informados por teólogo da nossa confiança e conceito que a presente obra do Rv. padre Silvério Gomes Pimenta é digna de aprovação e recomendação, e que sua leitura será de grande proveito às almas; pelo que permitimos a sua impressão, e muito a recomendamos a todos os fiéis nossos diocesanos. Permita Deus, que ela seja lida e tornada a ler por todos; por isso que das boas confissões depende a felicidade não só da vida futura, mas ainda mesmo da presente . Que frutos se não colhem de uma boa Missão! Que mudança de costumes! Que reforma em todos! Como porém esse santo exercício não pode ter lugar senão de muitos a muitos anos, supra essa falta esse precioso livrinho. Permita Nosso Senhor que ele seja lido uma e muitas vezes. E para que de boa mente isto se faça, nós concedemos vinte dias de indulgência a cada um dos nossos diocesanos cada vez que por ele lerem.
>
> Mariana, aos 17 de Março de 1873.
>
> † Antônio, Bispo de Mariana

6.2. Colégios católicos – Vinda das Irmãs Vicentinas

Na busca da tão sonhada reforma do povo, além da necessária e urgente reforma do clero, do novo seminário, missões populares, devoções no espírito tridentino, dom Viçoso preocupou-se também com outros dois campos importantes para a ação eclesial: as escolas e os hospitais. Para esta missão socioevangelizadora, de forma pioneira, trouxe junto com os padres lazaristas as Irmãs de Caridade, primeiras religiosas de vida ativa a aportarem no Brasil, que tiveram Mariana como o seu berço brasileiro, a partir de onde passaram a abrir casas no Rio de Janeiro, Salvador, Fortaleza e em todo o Brasil.

As Irmãs de Caridade chegaram a Mariana a 3 de Abril de 1849. Eram 12 irmãs, tendo por superiora a irmã Margarida Dubos. Em Mariana instalaram-se na Casa Providência, um asilo de órfãos, onde logo foi anexado também um hospital. Em 1850, foi criado um colégio para pensionistas do sexo feminino. Esse deveria ajudar na manutenção do asilo de órfãos e do hospital.

Em suas anotações pessoais, irmã Dubos deixou-nos algumas informações interessantes sobre a sua chegada ao Brasil, seu trabalho e visão do povo:

> quero dar-vos também uma ideia do apreço que os brasileiros dão à educação francesa, quanto à vantagem que tiram dela para o arranjo e limpeza da sua casa. Prometi às três alunas maiores com grande favor, que iriam ajudar as irmãs para aprenderem a preparar o porco que será morto na segunda-feira. Não vos posso explicar a alegria delas e os agradecimentos dos pais. A frequente recomendação deles é "Irmã, eduque minha filha como na Europa, que ela saiba fazer de tudo". Não sei se em nossas casas de França teríamos tanta liberdade. Uma palavra sobre o traje delas, que nada tem de contrário à simplicidade. A primeira coisa que reformamos foram as mangas curtas, a segunda, foi o costume de ir à missa com a cabeça coberta (...) Não sei dizer-vos minha mãe, quanto elas gostam de mangas compridas. Agora teriam vergonha

de usar outras. É assim que devagar se habituam à modéstia e à simplicidade no vestuário.[54]

Como podemos ver, a preocupação das irmãs é com uma educação integral, segundo os padrões franceses, e de conteúdo profundamente moralizante. Essa preocupação moralizante aparece também em outra de suas cartas à madre geral, agora preocupada com o ensino de música e com a presença de um professor de música junto das mulheres, irmãs e alunas.

> Depois de ter pensado diante de Deus, creio dever comunicar-vos a insistência de nossos americanos (brasileiros) querendo que suas filhas aprendam música. Resisti quanto me foi possível, mas o que aconteceu? Os pais pretextando a necessidade de suas filhas aprenderem esta arte retiraram-nas após pequena estadia em nossa casa. Ainda não fortalecidas no bem, elas são incapazes de resistir aos embalos da vida, que as esperam, e de aurar a verdadeira piedade. Prevejo ainda outra dificuldade, a inconveniência de ter um professor para ensinar música. Compreendo também quanto será maçante e penoso para uma de nossas irmãs assistirem a estas lições.[55]

O conteúdo moralizante do ensino e o rigor no interior da instituição negando o ensino de música, pintura e danças, geraram conflitos com pais e autoridades. Quando narra à superiora em nova carta a visita do ex-presidente da província de Minas Gerais ao colégio, irmã Dubos diz: "Um dos acompanhantes de Sua Exa., lamentava muito que as irmãs não fizessem ensinar música, desenho e dança, nem consentissem que professores estranhos ensinassem no seu estabelecimento. Respondi-lhe um não bem positivo sobre estes diversos pontos, convicta de que esta é a vossa vontade".[56]

---

[54] DUPOST. *História da Missão das Filhas da Caridade de São Vicente de Paulo no Brasil –* Casa Providência, mimeo, p. 115.

[55] *Ibidem*, p 164.

[56] *Ibidem*, p. 122.

Foi com certeza, um forte desafio manifestar uma nova forma de viver a vida religiosa nesta nova terra. Em Minas Gerais, apenas se conhecia a vida religiosa contemplativa, e isso através das monjas do único mosteiro existente na província, em Macaúbas. Agora, não eram monjas separadas do mundo, mas mulheres consagradas a Deus profundamente inseridas no mundo da educação feminina e nas realidades mais duras e difíceis da vida: a miséria e a enfermidade. Resistências a sua presença e à ação apareceram em Mariana desde a sua chegada, conforme nos testemunha o padre Silvério Gomes Pimenta: "Nem os pobres queriam entregar-lhes suas filhas, nem os doentes utilizar-se de seus maternais cuidados: e haviam mister catar a quem fazer benefícios, como os outros procuram quem lhes faça eles".[57]

Além de escandalizarem-se de sua vida apostólica profundamente ativa, começaram a colocar em dúvida a honestidade da vida dessas mulheres, sobretudo a sua convivência com os padres. Dom Viçoso, já bem conhecedor da sensibilidade popular, desde a sua chegada procurou precavê-las neste sentido. Ao recebê-las no primeiro dia em seu palácio, disse ao padre Cunha que as acompanhava: "mostrai-lhes tudo bem, porque elas não voltarão mais aqui". De fato quando dias após quiseram ir saudá-lo pelo dia de Páscoa, respondeu: "Dizei a nossas irmãs que eu as amo muito, e sei também que elas me estimam. Mas não posso nem recebê-las nem ir à sua residência. O clima é perverso, e por prudência devo agir assim".[58]

A missão das Irmãs da Caridade foi ainda complicada pelo fato de que havia certo dualismo no cuidado da educação da família; se de um lado, os pais eram cuidadosos na educação dos filhos, por outro lado, quase não se preocupavam com a educação das filhas; o filho era educado para viver no mundo, por isso precisava saber ler, escrever, contar; a mulher era educada para o lar, razão pela qual, pouco cuidado se manifestava em sua partici-

---

[57] PIMENTA, *op. cit.*, p. 158.

[58] TRINDADE, *Arquidiocese de Mariana,* 2. ed. v. II, p. 29-30 e Azzi, *As Filhas da Caridade e o Movimento brasileiro de Reforma Católica no Século XIX*, Convergência, Jan/Fev., N. 77/78, ano VIII, (1975), p. 241.

pação na vida escolar. Se no campo do comportamento, percebe-se uma dupla moral, no campo cultural, uma dupla educação.[59]

6.3. Novas devoções

Além da preocupação com a reforma moral, dom Viçoso muito se empenhou na implantação de uma nova espiritualidade no meio do povo. Tratou de substituir as tradicionais devoções por novas devoções, já profundamente marcadas pela espiritualidade da reforma tridentina e também pelos valores morais que incentivava.

> Não deixaremos sem particular menção suas diligências em promover as devoções aprovadas, que são mantimento sólido para a verdadeira piedade, despertam e alentam a fé, e não é raro serem princípio de mudança inteira de viver (...), favorecida com indulgências (...). A mais fecunda em frutos espirituais é a do **Mês de Maria.** Onde quer que estabelece (...) seguem-se confissões sem número, mudanças extraordinárias nos costumes. (...) Auxiliando quanto era em si as "boas" devoções, reprovava com toda energia as supersticiosas, e todas aquelas que pelo modo ou pelo tempo eram ocasionados a certos abusos. Destarte proibido o costume que existia em Ouro Preto de se cantar o terço diante de algumas imagens nas ruas, e em tempo noturno, por ver que de males deviam de nascer desta mistura de homens e mulheres em semelhantes lugares e a tais horas.[60]

No entanto, é importante lembrar que nessas novas devoções, especialmente nos novos santos apresentados como objetos de devoção para

---

[59] Cf. LEERS B. O "Ethos" Popular no Brasil. In: *Logos, Divinópolis 7* (1980) p. 56 e 60.
[60] *Circular aos párocos, apud* PIMENTA, *op. cit.*, p .231-232.

o povo, um forte conteúdo moral estava presente. Os novos santos, além de intercessores, são apresentados como modelo moral para as pessoas em suas diversas condições. Maria, agora passa a ser apresentada como Puríssima Virgem Maria, enfocando não apenas o fato de ser preservada do pecado original, mas como modelo para a juventude feminina e para as esposas; São José passa a ser apresentado não com o atributo bíblico da justiça, mas, com o da castidade: o castíssimo São José, modelo de esposo e de homem cristão. Na mesma linha são apresentados como modelos de moralidade Santo Antônio de Lisboa, Santa Luzia, São João Nepomuceno, Santa Rita de Cássia, São Luis Gonzaga, e outros. Todos apresentados como modelos de cristãos reformados, portadores de novos valores morais e espirituais.

A devoção aos santos adquiriu uma importância muito grande na espiritualidade popular. Veio em socorro aos anseios do povo, como uma mensagem de esperança, mostrando que a salvação é possível a pessoas humanas comuns. Apesar de que, os novos santos apresentados como modelos e intercessores são, em sua totalidade, membros do clero secular e regular ou de ordens religiosas femininas. No entanto, junto com Maria e São José passam a ser invocados como intercessores e protetores nas adversidades do dia a dia, e na hora da morte. Diante de uma pregação rigorista, que afastou de Jesus os atributos da compaixão e misericórdia, para ser adorado e temido como o Justo e severo Juiz, os santos tornaram esse lugar especial de ternura, de compreensão, de doçura, diante de uma religião dura e pesada, marcada pela constante tensão entre o céu e o inferno, pela incerteza quanto à salvação.

Nesse projeto de reforma da espiritualidade e dos costumes de seu povo, dom Viçoso, manifestou-se como disciplinador. Diante de antigos abusos que começaram a se repetir nas festividades do mês de Maria, lança uma circular aos párocos, datada de 24 de julho de 1873, proibindo-os. A maior preocupação é moral; é a permanência de homens e mulheres juntos, à noite, no mesmo lugar:

temos sabido que em certas festividades e procissões e com especialidade no mês de Maria, tem havido abusos que são necessários eliminar, para se não ofender ao Senhor, quando se pretende obsequiar a sua Santíssima Mãe. Portanto nas igrejas e procissões observem-se os antigos costumes e nada de novo se invente arbitrariamente com especialidade a respeito da posição do sexo feminino. As mulheres não podem acompanhar as procissões de noite: a constituição do bispado proíbe-lhes debaixo de pena de excomunhão. Fiquem elas em seu lugar, no corpo da igreja, e sem necessidade, não ocupem a capela mor. Não peguem em tochas, nem nos andores ou varas do pálio. Não entrem no corpo da procissão, mas vão atrás dela inteiramente separadas dos homens. É este o antigo costume que não é lícito arredarmo-nos. Zelem os rvdos. párocos estes costumes e não permitam que se falte a eles. Melhor será não fazer procissões que fazê-las com tais abusos.[61]

Sua preocupação com os pecados no campo da sexualidade era tão grande que, além do terço cantado nas ruas de Ouro Preto, proibiu também liturgias noturnas nas Igrejas, para não serem oportunidade de pecado.

Não podemos, meus irmãos, deixar de vos pedir pelo amor de Deus o maior respeito, a maior devoção na casa de Deus (...). E porque nos consta que há abusos em algumas das nossas Igrejas nas funções eclesiásticas, aproximando-se, ou avistando-se muito de perto os diversos sexos, e especialmente em novenas, festividades de noite. Com toda a nossa autoridade proibimos estas funções de noite, que nos dizem ser muito perigosas.[62]

---

[61] AEAM. Gaveta Dom Viçoso, *Circular de Dom Viçoso relativa aos abusos nas procissões*, Pasta 2, gaveta 1, arquivo 3.
[62] *Carta Pastoral de 28 de novembro de 1870, apud* PIMENTA, *op. cit.*, p. 234.

Além do mês de Maria, dom Viçoso suscitou na vida do povo outras devoções: *Paixão de Nosso Senhor Jesus Cristo*,[63] *Festa de Nossa Senhora Auxiliadora
dos Cristãos, escapulários de Nossa Senhora do Carmo, festas da Imaculada Conceição, São José, Santo Antônio de Lisboa, Sant'Ana, São Francisco de Borja, Santa
Úrsula e suas companheiras e outras.*[64] Além disso, organizou o calendário diocesano, substituindo festas tradicionais por festas no espírito reformado; visando
aumentar o sentimento eucarístico, fez com que se conservasse o Santíssimo
Sacramento em capelas não paroquiais. Dom Viçoso consagrou a diocese de
Mariana ao Sacratíssimo Coração de Jesus[65] a 8 de Dezembro de 1874. Além
da devoção a novos santos, criou em seu povo uma verdadeira devoção à pessoa
do papa, que passou a ser objeto de respeito, veneração e profunda obediência.

Com relação à implantação da devoção ao *Sagrado Coração de Jesus* na diocese – devoção nascida na Europa em reação ao rigor jansenista, que afastava
a muitos da Eucaristia – foi implantada em Mariana e no Brasil em um espírito contrário. Fortaleceu aqui, entre nós, uma mentalidade que em muito se aproximava da jansenista, pois aqui, o enfoque dessa devoção não foi o
amor misericordioso de Deus, que ama e quer salvar, mas o pecado e o medo
do inferno. Na novena das comunhões às primeiras sextas-feiras, colocaram a
obrigação também da confissão. Enfocaram profundamente a indignidade do
homem e da mulher pecadores, decaídos. Diminuíram ou até acabaram com
a distância entre os pecados veniais e mortais, falando-se simplesmente em
pecados no plural; fortaleceram a consciência de que para se receber o corpo

---

[63] Sobre a Paixão do Senhor, há uma obra prefaciada por dom Viçoso escrita, em sua diocese,
por um Padre da Missão (atribuída a padre João Batista Cornaglioto – Superior do Seminário), sob o título *Leituras Populares sobre a Sagrada Paixão de Nosso Senhor Jesus Cristo,
e dores de Maria Santíssima*, que encontrou grande popularidade na diocese e em todo
o Brasil, com muitas reedições. O cunho moralizante é uma constante na obra, em uma
linha que não se diferencia muito dos escritos e pregação de dom Viçoso. Sobre o tema ver
também: *Novenário de Marianna, ou Collecção das Novenas mais usadas nas Dioceses de
Marianna e S. Paulo.* Nona Edição, Teixeira e Irmão – Editores, São Paulo, 1888, p. 378-397.

[64] Sobre as novas devoções instituídas por dom Viçoso, ver: *Novenário de Marianna.*

[65] A implantação da devoção ao Sagrado Coração de Jesus, em Mariana, deu-se com o
primeiro bispo dom frei Manuel da Cruz, sob muita polêmica com o cabido local, que não
aceitava de forma alguma esta nova instituição diocesana. Sobre a introdução do culto
ao Sagrado Coração de Jesus em Mariana, ver: Mott, *op. cit.*, p. 113-117.

263

e sangue do Senhor é preciso estar em estado de graça, portanto confessados e absolvidos dos muitos e enormes pecados. Filas enormes se formaram diante dos confessionários, mas as comunhões diminuíram, pois o rigor exigido para a comunhão era tanto que somente se podia comungar no mesmo dia ou hora da confissão. Criaram o costume da comunhão fora da missa, e fortaleceram o da confissão devocional. Listas de pecados foram confeccionadas e traduzidas de manuais europeus. Os padres reformados tornaram-se especialistas em pecados e não ministros da reconciliação para o povo devoto. Além disso, pelo extremo rigor com que valorizavam o ato da confissão de todos os pecados e suas circunstâncias, unindo ao perigo de confissões sacrílegas, suscitou o escrúpulo o medo de ofender a Deus etc. Isso foi tão anunciado, e com tal rigor, que angústias e medos invadiram a vida dos fiéis, que conscientes da importância e excelência do sacramento da Eucaristia, não se achavam dignos de se aproximarem dela. Aumentou o culto de adoração ao Santíssimo Sacramento e o número de confissões, mas diminuiu enormemente as comunhões, que deviam sempre e necessariamente ser precedidas da confissão, no rigor já anteriormente apresentado. Isso fez com que se fortalecesse grandemente a influência do sacerdote na vida e na religião do povo, contribuindo grandemente para a reforma do povo, para a passagem de uma religiosidade leiga e devocional (tradicional) para uma clerical e sacramental (tridentina).

Dom Viçoso, neste campo devocional, procurou ainda assumir a responsabilidade dos Santuários, centros de peregrinação, substituindo antigas lideranças e irmandades. O santuário do Bom Jesus de Matozinhos de Congonhas do Campo, entregue aos padres lazaristas, de centro de devoções no espírito tradicional, tornou-se um forte centro de implantação do espírito tridentino, lugar de muitas pregações moralizantes, confissões e comunhões.

Dom Viçoso começou, portanto, a implantar a religiosidade tridentina. Acusada de supersticiosa, ignorância religiosa, perseguida até como inimiga da verdadeira fé, a religiosidade tradicional, devocional trazida pelo povo e pelos primeiros missionários portugueses, foi dando lugar à religiosidade tridentina, sacramental e clerical. Isso aconteceu sob verdadeiro processo de aculturação, de forma profundamente arbitrária, pois essa nova espiritualidade, centrada nos sacramentos da Penitência e da Eucaristia, importada da Europa, especialmente da França, aqui foi implantada sob uma pregação baseada em uma leitura negativa da escatologia cristã, especialmente do medo da morte repentina e dos castigos eternos do inferno.

Entenda-se aqui, não apenas a forma aculturada de como essa espiritualidade foi implantada em Minas Gerais e no Brasil, mas especialmente os meios que foram usados. Um país onde o Catolicismo era a única religião, onde a religião ocupava o centro da vida social, colocar-se contra a palavra do bispo ou do pároco não era apenas ilegal – conforme o sistema de padroado –, mas, atingia o mais profundo do ser da pessoa e da sociedade, significando não apenas a excomunhão eclesial, mas também exclusão social. Muitos grupos e pessoas passaram a ser vistos com profunda desconfiança, e até experimentaram perseguições, em razão da forte influência da palavra oficial e normas da Igreja no ethos popular. Benzedores, benzedeiras, grupos de congada, foliões de Reis e São Sebastião, experimentaram a exclusão social em razão da proibição eclesiástica. As intervenções nas irmandades e santuários, as proibições de festas populares e processões noturnas, bem como a participação de mulheres nesses eventos, por decretos e sob pena de excomunhão, sem contar a linguagem dura e rigorista dos sermões, não foi nada passivo e evangélico. É o lado negativo do processo de reforma tridentina na província de Minas Gerais e no Brasil.[66]

A obra de dom Viçoso não caiu no vazio. O processo foi continuado, aprofundado e radicalizado por seus sucessores e discípulos. Seus sucessores na diocese de Mariana foram: dom Antônio Maria de Sá e Benevides (1877-1896), que continuou a sua obra com grande fidelidade; seu discípulo e biógrafo, dom Silvério Gomes Pimenta (1897-1922) que levou à plenitude o seu plano de reformas, tornando-se pela cultura e zelo pastoral em um dos maiores no-

---

[66] Sobre o tema ver: LEERS B. O Sacramento da Reconciliação. In: *REB* 44 (1984) 299-322; do mesmo autor, Existe um Ethos Cristão? In: *REB* 34 (1974) 20-44; Hoonaert E. *Formação do Catolicismo Brasileiro 1550-1800*, Petrópolis 1974; e Oliveira P. A. R. de. Catolicismo Popular e Romanização do Catolicismo Brasileiro. In: *REB* 36 (1976) 131-141.

mes do episcopado nacional no início do período republicano; e dom Helvécio Gomes de Oliveira (1922-1960). Além de dom Silvério Gomes Pimenta, dom Viçoso fez ainda outros discípulos bispos, formados em seu seminário em Mariana e no seminário de Jacuecanga em Angra dos Reis. Através desses seus discípulos-bispos: dom José Afonso de Morais Torres (Pará) – formado no seminário de Jacuecanga –, dom João Antônio dos Santos (Diamantina), dom Luis Antônio dos Santos (Fortaleza e depois Salvador) e dom Pedro Maria de Lacerda (Rio de Janeiro), formados em Mariana e depois em Roma, no Colégio Pio Latino Americano, em 1851, e pelas novas congregações religiosas que vieram para o Brasil, o movimento expandiu-se para todo o país. Ocupando dioceses estrategicamente importantes, foram eles os grandes protagonistas da implantação da reforma tridentina na Igreja do Brasil. Esse movimento iniciado por dom Viçoso culminou no século XX, nos anos 1920 e 1930, no grande movimento de revitalização católica, marcado por grandes concentrações populares e Congressos Eucarísticos Nacionais e Internacionais, verdadeiras demonstrações de força do catolicismo brasileiro que, reformado, reafirmava-se nacionalmente após o forte impacto da proclamação da República (1889) e do consequente fim do sistema de Padroado.

6.4. Hinos e orações

Outro meio que foi usado na reforma do povo por dom Viçoso foram os hinos e orações. Como já vimos em documentos anteriores, o povo mineiro é um povo que valoriza a música, as canções. A música não é um elemento periférico na cultura, nem na religião. Mas é central. Não é à toa que vemos na catedral de Mariana um belo órgão de tubos alemão, do século XVIII, único no Brasil. O povo mineiro ama a música; é um povo que canta, que dança, que valoriza instrumentos como o acordeom, o violão, instrumentos de percussão, cavaquinho e viola caipira. As tradições mais fortes de nosso povo mineiro são as festas religiosas, especialmente festas marcadas pelos ritmos e a música, como a festa de Congado, reinado de Nossa Senhora do Rosário e Folia de Reis. Todas repletas de musicalidade, instrumentos, ritmos e danças. São festas do catolicismo tradicional, de origem portuguesa, repletas de elementos culturais de origem africana e indígena, implantadas aqui na primeira evangelização, que pela quase ausência do clero, ganhou forma e raízes culturais populares através de lideranças leigas, que passaram a tradição de pai para filho.

Também as missões populares valorizavam essa tradição festiva de nosso povo. Além dos sermões, aconteciam também procissões penitenciais e outras festivas, todas repletas de muita solenidade, devoção, mas também festa e música. O ritmo era com certeza outro, bem como os instrumentos usados. Tornaram-se tradição em nosso estado de Minas Gerais as bandas de músicas e corais, que entoavam hinos e motetes próprios para as procissões, gerando o clima de meditação e, às vezes, de alegria e júbilo. Uma coisa é certa, o hino popular ocupava um lugar especial em todos os eventos das Santas Missões. Suas letras foram carregadas de doutrina, de forma que cantando, o povo fosse levado a refletir e interiorizar os conteúdos doutrinais, que estavam sendo pregados pelos missionários. Conseguimos reunir alguns hinos que fizeram parte dessa obra missionária dos padres lazaristas em Minas Gerais. Foram reunidas a partir das obras: o *Manual das Missões*[67] e o *Novenário de Marianna*.[68]

O primeiro hino tem por título *Rogai pelas Almas*,[69] tem por objetivos: levar os fiéis a rezar pelas almas do purgatório e mostrar o purgatório como lugar de sofrimento e dor. A pedagogia do medo escatológico presente em tantos documentos estudados até aqui, aparece falando de tormentos horrorosos, padecimento no fogo, gemidos e ais. Além do objetivo de levar à conversão, visa também levar os fiéis a rezarem pelos que padecem no purgatório. E é importante frisar, que a visão do purgatório aqui presente não é de um lugar ou situação de purificação e esperança, mas de sofrimentos, castigos e dor:

---

[67] *Manual das Missões. Acompanhado de Cânticos e hinos religiosos com música para pano e órgão.* Organizado pelo R.P. H.L. da Congregação da Missão. Primeira Edição. J. A. Sain, livreiro editor, Rio de Janeiro 1896.

[68] *Novenário de Marianna – ou Collecção das Novenas mais usadas nas Dioceses de Marianna e São Paulo.* 9ª Edição, Teixeira e Irmão – Editores, São Paulo, 1888.

[69] *Manual das Missões, op. cit.,* p. 67-68.

– "Rogai pelas pobres almas, retidas n'expiação; / vivas já vos foram caras, / tende delas compaixão.

– Dai Senhor descanso eterno / aos remidos de Jesus. / Vosso coração paterno, / chame-os à eterna luz.

– A glória que a Deus devemos / nos obriga a lhe ganhar. / Por quantos meios podemos / almas que o possam louvar.

– Dai esmola de uma reza / que pode pra o céu levar. / Almas a quem tanto pesa / não poder de Deus gozar.

– Que tormentos horrorosos estão no fogo a padecer, / que gritos tão lastimosos! / Como é triste o seu gemer.

– Não sejas surdo a gemidos, / talvez, de teu pai ou mãe. / Não feche duro os ouvidos / à tristeza de seus ais.

– E talvez por teu pecado / estão teus pais a padecer. / Serás tu tão desalmado, / que não lhes queira valer.

– Teus irmãos e mais parentes / por ti estarão a penar. / Em chamas e brasas ardentes / não os quererás livrar?

– Roga pois... faze obras pias / com que podes socorrer / a tantas almas cativas / roga, roga é teu dever.

– É também nosso interesse / as almas aliviar, / que do céu estando de posse / por nós muito hão de rogar.

– Enquanto forem detidas, / em sua dura prisão, / seu sofrer reconhecidas / por nós oferecerão.

– De Deus nos obterão graças, / fé, confiança e santo amor, / vida de obras não escassas / que é do céu santo penhor".

Um segundo hino, *O Pecador chamado à conversão*,[70] tem por objetivo convidar o pecador à penitência e conversão. A referência à morte e ao inferno aparece aqui com muita clareza, visando levar o pecador ao temor e à confissão:

---

[70] *Manual das Missões*, p. 69.

– "Vem, vem pecador, onde é que escondes? / Teu Senhor te chama e tu não lhe respondes?

– Chega pecador, chega arrependido / aos pés de teu Deus que tens ofendido.

– Chora pecador, chora teu pecado / para que de Deus seja perdoado.

– Geme pecador, aos pés de Jesus / que por ti morreu lá no alto da cruz.

– Chega pecador chega à confissão, / para que de Deus mereça perdão.

– Chega pecador, com confiança e amor, / Àquele que é o teu Redentor.

– Muitos que na cama, ledos se deitarão, / deixando este mundo no inferno acordarão.

– Muitos pecadores deitam-se a dormir / sem cuidar no inferno, onde hão de cair.

– O pecador traz consigo o inferno / e o desagrado de um Deus sempiterno".

O terceiro hino, traz à reflexão dos fiéis o mistério da Paixão do Senhor, tema de grande valor na pregação de dom Viçoso e de outros missionários lazaristas. Ao mesmo tempo que possibilita a contemplação desse mistério redentor, convida o pecador ao arrependimento e à conversão. Uma pregação musicada, que tem por título: *O pecador pedindo perdão.*[71]

– "Perdão, meu Jesus;/ perdão, Deus de amor; / perdão, Deus clemente. Perdoai, Senhor (bis).

– Eis me a vossos pés, grande pecador. / Meus enormes crimes, perdoai, Senhor.

– Já os meus pecados, lamento com dor. / Estou compungido, perdoai, Senhor.

– De quanto sofreste, fui eu o causador / por estes tormentos, perdoai, Senhor.

---

[71] *Manual das Missões,* p. 70.

– Sou mais delinquente, que Judas traidor. / Mas a vós recorro, perdoai, Senhor.

– Por vossas angústias, oração, suor / e Cálice do horto, perdoai, Senhor.

– Por esta perfídia, com que o traidor / beijou vossa face, perdoai, Senhor.

– Pelas duras cordas, com que sem amor / cruéis vos ligaram, perdoai, Senhor.

– Pela crueldade dos maus e furor / com que vos levaram, perdoai, Senhor.

– Pelas bofetadas com que em seu furor / vos ferem no rosto, perdoai, Senhor.

– Por tantos açoites, que em vós com rigor / imenso então deram, perdoai, Senhor.

– Pela coroa de espinhos, que vos mandam pôr / na fronte divina, perdoai, Senhor.

– Pela indigna cana, que como impostor / levastes nas mãos, perdoai, Senhor.

– Pela santa virgem, que com grande dor / foi a vosso encontro, perdoai, Senhor.

– Pela cruz pesada, que vos pôs sem cor / pelas vossas quedas, perdoai, Senhor.

– Pelos duros cravos, que com crua dor / mãos e pés rasgaram, perdoai, Senhor.

– Pelo fel vinagre, d'extremo amargor / que a beber vos deram, perdoai, Senhor.

– Pelos impropérios do povo traidor. / Pela vossa morte, perdoai, Senhor.

– Pela cruel lança, com que um malfeitor / rasgou vosso lado, perdoai, Senhor."

O quarto hino tem por título *A Sagrada Paixão de Jesus Cristo*.[72] É outro hino que tem por centro a contemplação do mistério da Paixão do Senhor. Realiza uma transposição desse mistério para o momento atual, apresentando o pecador como responsável pela traição, perseguição, prisão, torturas e a morte de Jesus na cruz; um argumento muito presente nos sermões penitenciais, então apresentados como forma de hino.

– **Refrão**: "D'um Deus que por nós morreu, / vinde a paixão meditar. / Com o sangue que verteu, / vinde o pranto misturar, / já que foi nossa maldade/ que o fez tanto padecer; / vinde cristãos por piedade, / vinde com ele sofrer.

– De temores assaltados / no horto quando se viu. / Seu coração magoado / ânsias de morte sentiu. / Correu sangue de seu corpo / em abundante suor. / No chão cairia morto, / da vida a não ser Senhor.

– Judas, de furor levado, / o vem fingindo abraçar. / O covarde, o desalmado / assim o quer entregar. / Do traidor imitadores / sois vós que ofendeis a Deus. / Vós cristãos e pecadores / sois piores que o Judas.

– Das mãos de fero soldado / cai o nosso Redentor. / Seu rosto esbofeteado / traz sinais de seu furor. / Também vos dei bofetadas, / meu Jesus, quando pequei. / Quantas e desapiedadas / contra vós descarreguei.

– Assim, preso e amarrado / é levado a Caifás. / Por quem é mais maltratado / do que em casa de Anás. / De mil modos afrontado / nosso pio salvador / vê-se por fim condenado, como vil blasfemador.

– Na presença de Pilatos, / o povo ousa preferir / o pior dos esceleratos / ao Senhor que o vem remir. / Mais indigna preferência / tenho feito muita vez, / contra Deus dando sentença / preferindo a malvadez.

– Ai! Que suplício horroroso / vejo meu Jesus sofrer. / No seu corpo tão formoso / cruel soldado a bater. / O inocente açoitado / até sangue derramar / e eu Senhor, que sou culpado, / nem meus crimes sei chorar.

---

[72] *Manual das Missões*, p. 87-89.

– Cruel coroa de espinhos / sua fronte traspassou, / assim regalos e mimos, pra sempre condenou. / Vê cristão que muito gozas / e te entregas a folgar; / um cristão, não é de rosas / que se deve coroar.

– No divino ombro chagado / põe-lhe uma pesada cruz. / Assim, vai para o calvário / o dulcíssimo Jesus. / De ferido de cansado / vê-se três vezes cair. / Tanto, oh Deus, vos há custado / dos pecados nos remir.

– Da cruz onde está pregado / ouço uma voz de perdão: / tende pai dos céus amado, / dos algozes compaixão. / O mais horrendo atentado / não duvida perdoar, / assim quando injuriado / se deve um cristão vingar.

– Insulta ao manso cordeiro / a vil turba dos judeus, / dizem: desce do madeiro, / mostra a todos se és Deus. / Não, os pregos, povo insano, / prendem a quem é Senhor; / o que a cruz o tem pregado / é seu forte e terno amor.

– Em Jesus do lenho duro / peço-vos que não desçais, / pois pra nós é leito puro / onde a vida nos gerais. / Ao pecado assim morramos / que nos aparta de vós, só pra vós, / Senhor, vivamos, já que ides morrer por nós.

– Na cruz morre a natureza / pasma e chora o seu autor, / tudo se enche de tristeza, / tudo manifesta dor. / Tu, cristão, que vês as pedras / de dor e mágoa estalar. / Não sejas mais duro que elas, teu Deus morto vens chorar."

Outro hino, que tem por título *A voz de Deus ao Pecador*,[73] mostra-nos um lamento de Jesus dirigido ao pecador. Novamente o tema da paixão é central e expressa a consciência do Cristo que sofreu e morreu para salvar o pecador. O convite à conversão e ao sacramento da Penitência em meio a muitas lágrimas é central. Novamente o recurso ao medo da morte repentina e ao fogo do inferno aparece, como meio para levar à conversão.

– "Povo, meu povo, porque fugir de mim / se minha graça é vida para ti". / Senhor, somos culpados, perdão desgraçados / antes morrer que vosso amor perder.

---

[73] *Manual das Missões*, p. 72-73.

– Se eu sou teu Pai, deixa de me ofender, / não queiras mal a quem só bem te quer.

– Por ti tomei humana natureza / porque pagar-me com ódios e crueza.

– Por ti sofri trabalhos e pobreza / tu, para mim, só tiveste aspereza.

– Por ti morri! Serás tão desalmado / de ainda querer matar-me com o pecado.

– Eu te lavei com o meu sangue divino, / manchas-te tu em vício torpe, indigno.

– Dei-te um manjar divino, saboroso; / tu só me dás o fel mais amargoso.

– No sacramento, por ti sou todo amor. / É teu pecado, ódio, raiva e furor.

– Em ti eu penso, de noite e de dia, / lembra-te tu só de dar-me agonia.

– Não deixarás filho de me ofender, / não quererás, servindo-me viver.

– Vê que a emenda não deixa para logo. / Quem quer do inferno, não padecer o fogo.

– Olha que a morte te pode surpreender / e que a ninguém segurei o viver.

– Já que perdeste tua flor de inocência, /deves fazer sincera penitência.

– Intensa dor deves ter do pecado, / para de mim saíres perdoado.

– Chora meu povo, chora tua má lida, / no teu chorar é que acharás a vida."

Este sexto hino tem por título *o que fiz quando pequei*.[74] Traz-nos um lamento do pecador que toma consciência que o seu pecado é uma ofensa a Deus e uma ingratidão a Jesus que morreu para o seu perdão. Novamente, o tema do temor do castigo de Deus pelo pecado cometido é elemento central.

– **Refrão**: "Ai de mim, de mim pelo pecado / sem Deus e sem pai fiquei. / Céus, oh Céus, onde eu estava, / o que fiz quando pequei.

– Que desgraça foi a minha? / Do pecado, o que tirei? / Oxalá nunca eu fizesse, / o que fiz quando pequei.

---

[74] *Manual das Missões*, p. 75.

– O sangue que me remiu / muitas vezes derramei / vendo os anjos, vendo os homens, / o que fiz quando pequei?

– Graves quedas reiterando / a meu Deus crucifiquei, / grande horror ainda me causa, / o que fiz quando pequei.

– Meu Jesus, muito vos devo, / sempre assim confessarei, / pois benigno me foi, / o que fiz quando pequei.

– Se no vosso amor, ou ódio / eu estou Senhor, não sei. /O que foi grande atentado / o que fiz quando pequei.

– Meu Deus que quereis que eu faça. / Ordenai tudo farei / Se queres que eu chore, eu choro / o que fiz quando pequei.

– Por obras e pensamentos / conheço, vos agravei. / Mas sobremodo me pesa, / o que fiz quando pequei.

– Imensas graças vos rendo / porque já principiei. / A pensar e ponderar, / o que fiz quando pequei.

– Nunca mais hei de viver / sem temor, amor, nem lei; / não foi pouco ainda me assusta, / o que fiz quando pequei.

– Jesus, não me condeneis / porque muito vos custei. / E já choro e já lastimo, / o que fiz quando pequei.

– Mãe de Deus, a vosso filho, / por mim, sempre intercedeis; / pedi-lhe que me perdoe, / o que fiz quando pequei.”

Neste hino, vemos que a grande preocupação é levar o pecador à penitência. E o grande meio para que isso aconteça é o temor da condenação eterna. O título, bem resume o seu conteúdo: *Desgraça da alma pecadora.*[75]

– “Grande mal é o pecado, que condena o pecador, / que condena o pecador, / que condena o pecador (refrão).

– Olha tu, homem perdido, / que ofendendo a Deus assim / caminhas para o inferno, / retrocede ou ai de ti.

---

[75] *Manual das Missões,* p. 76.

– Os que estão lá no inferno / não pensaram de lá ir / e lá choram, e lá gemem / sem esperança de sair.

– Viver e acabar bem / não, não há de acontecer, / assim como for a vida / também a morte há de ser.

– Aproveita-te do tempo / que Deus te concede aqui; / faze, faze penitência / que hás de dar contas de ti.

– Senhor Deus misericórdia / não vos volteis contra mim, / que eu sou vossa criatura. / Não me deixeis ter mal fim.

– Oh Maria imaculada, / sede vós a nossa luz. / Que alumie as nossas almas / pra sempre, amém, Jesus."

Na mesma linha do hino anterior, vemos outro, que tem por título *Misérias do Pecador*.[76] A grande preocupação é com o pecado, apresentado como mancha, insolência e maldade. É um cântico profundamente pessimista, que proclama o poder destrutivo do pecado.

– "Somos manchados, somos culpados, / misericórdia oh Deus de amor. / Eis-nos compungidos, / piedoso Senhor. / Aceitai os gemidos de mágoa e de dor.

– Deus de clemência, / vossa indulgência / deu-me insolência, eu pecador. / Nem vossa bondade infundiu-me amor. / Nem minha maldade meteu-me o temor!

– Por vós criado e resgatado / fui tão malvado / que desprezei tantos benefícios, / que indigno pisei; / entregando a vícios a vida que herdei."

A grande preocupação com a força destrutiva do pecado, o uso pedagógico do medo, da morte repentina e do fogo do inferno, bem como a apresentação de Deus como um Juiz severíssimo, que julga em profundidade, que castiga e condena, não deixa muito espaço para a misericórdia. Este rosto

---

[76] *Manual das Missões*, p. 79.

misericordioso não é tanto do Salvador, mas de Maria. Neste hino, vemos a apresentação de Maria como mãe terna e boa que nos garante a salvação. O título do hino é *"Esperanças de um devoto da Santíssima Virgem Maria"*.[77]

– "Com minha mãe estarei / na santa glória um dia, / junto à virgem Maria / no céu triunfarei.

– **Refrão**: No céu, no céu, com minha mãe estarei, no céu, no céu, com minha mãe estarei.

– Com minha mãe estarei, / mas já que hei ofendido, / a seu Jesus querido / as culpas chorarei.

– Com minha mãe estarei / é a fé viva ardente, / com que firme, valente, / o mal evitarei.

– Com minha mãe estarei / longe falsas carícias, / prazer, torpes delícias, / o mal evitarei.

– Com minha mãe estarei firme nesta certeza, / a falsa e vã riqueza / nunca me apegarei.

– Com minha mãe estarei / desta vida mor pena, / em minha alma serena / constante sofrerei."

Ainda sobre a importância da devoção a Nossa Senhora visando o perdão dos pecados e a salvação eterna, temos na obra *Novenário de Mariana* um conjunto de significativas e belas jaculatórias.

– "Vinde vós, anjos do céu / a louvar a Mãe de Deus. / Empregai as vossas vozes / cantando louvores seus. (...)

– Porque quanto lhe devemos / de mercês e de favores. / É razão que lh'o paguemos / em obséquio de louvores.

– Se nós do inferno tememos / os tormentos e rigores / É razão que nos valhamos / desta mãe dos pecadores.

---

[77] *Manual das Missões*, p. 114-115.

– Eu Senhora, assim o creio, / nem se pode duvidar. / Que todos os que vos amam / se não hão de condenar. (...)

– Eu Senhora, sou um destes / que fiz gala de pecar. / Mas, vós sois que me livrastes / de eternamente penar.

– Gastei anos, gastei tempo, / tudo tão mal empregado. / Mas vós pedistes por mim / para não ser castigado. (...)

– Dá-lhe já todo esse amor, / entrega-lhe o coração. / E receberás na morte / perfeita consolação.

– Não ames a mais ninguém / e conseguirás vitória. / De teus vícios neste mundo / e no outro a eterna glória."[78]

Se de um lado as pregações e hinos levavam ao macabro, ao medo da morte repentina e à consequente condenação eterna, por outro lado, incentivou-se um culto à boa morte. Nossa Senhora, São José, Sant'Ana, São Joaquim e outros santos são invocados como socorro na última agonia. Nesse sentido, não é secundário, o fato do primeiro seminário de Mariana, ter por padroeira Nossa Senhora da Boa Morte.

– Amado Jesus, José, Joaquim Ana e Maria, / eu vos dou o meu coração / e a minha alma, / assisti-me por piedade, na última agonia.[79]

– "Mãe e Senhora dos Carmelitas, / olhai para as nossas almas aflitas."

– Sois a nossa mãe, desde o Calvário, / olhai para os que trazem o escapulário.

– Do purgatório do fogo ardente / livrai vossos servos benignamente. [80]

– Mártir gloriosa, Santa Filomena, / livrai-nos da culpa e da eterna pena.

---

[78] *Novenário de Marianna, op. cit.* p. 361-363.
[79] Jaculatória de domínio público.
[80] *Novenário de Marianna, op. cit.* p. 77, 107, 108, 132, 208, 240, 256-257, 295, 287, 288.

— De tantos milagres sois o instrumento, / na morte livrai-nos do eterno tormento.

— Na hora da morte, e última agonia / levai-nos à glória com Jesus e Maria.

— Sem pecado fostes penitente, / pedi por quem não é inocente.

— Com Jesus e Maria na hora da morte, / dai a quem vos serve no céu feliz sorte.

— Do Santo Rosário pela devoção / de nossos pecados dai-nos o perdão

— Diga a minha língua, de noite e de dia, / o Padre-Nosso e a Ave-Maria.

— Pela vossa morte, pela vossa cruz, / invoque eu na morte, o nome de Jesus.

— Domingos bendito, nosso protetor, / pedi por nós todos a Nosso Senhor.

— Pregaste aos hereges a santa doutrina, / por vós observemos sempre a Lei Divina.

— Rogai por nós todos à Virgem Maria / agora e nos perigos do último dia.

— Por vossas mercês, ó Virgem querida, / dai-nos a graça por Adão perdida.

— Os filhos de Eva, o vosso Jesus, / vos encomendou pregado na cruz.

— No fatal momento da hora da morte / lembrai-vos de nós, dai-nos feliz sorte.

— São Pedro e São Paulo, discípulos do Senhor, / quem poderá imitar o vosso fervor.

— Fostes pela fé martirizados, / sede de nós todos pios advogados.

— Assisti-nos ambos na hora da morte, por vós alcancemos, no céu, feliz sorte.

– José castíssimo da Virgem esposo/ valei aos aflitos, santo glorioso.

– Vós que Deus tivestes junto ao coração / ouvi benigno a nossa oração.

– Na hora da morte Jesus e Maria / com José assistam a nossa agonia.

6.5. Missões populares

Outro meio que dom Viçoso usou na reforma do povo foram as Missões populares. Primeiramente, aconteceram de forma esporádica; ele próprio pregou missões como sacerdote e como bispo; depois de forma definitiva e orgânica, tendo à frente os padres lazaristas. Se na reforma do clero, o seminário constituía um excelente meio, o mesmo se pode dizer das Missões populares, como principal meio para se conseguir a reforma do povo.

A 6 de junho de 1862, lembrava ao povo o seu objetivo, instituindo as Missões Populares na diocese: "esperamos a conversão dos pecadores, a reconciliação dos inimigos, a composição das demandas, a união dos casados que vivem apartados, a paz nas eleições, e tantos outros bons efeitos, que resultam das Missões bem reguladas".[81] Sobre o objetivo das missões, é ainda interessante ver o que ele diz em um de seus sermões de abertura das Missões Populares:

> ainda que haja negligência nos modernos cristãos em se aproveitarem das santas missões, é necessário, contudo, confessar que elas são um meio ordinário de que se serve a Divina Providência para mostrar a um povo uma especial misericórdia, porque, com os auxílios de sua graça, afervoriza os justos no seu serviço, alumia os ignorantes no seu dever, desperta os tíbios da sua preguiça, e, o que é mais para admirar, procura fazer pazes com todos os pecadores, a fim de os fazer eternamente felizes na sua glória, de modo que pode dizer-se, sem exageração que,

---

[81] *Carta Pastoral de 6 de junho de 1862*, apud PIMENTA, *op. cit.*, p. 266.

quando o Senhor manda as santas missões a uma cidade, a uma vila, a uma aldeia, renova, em certo modo, a favor daquelas almas a misericórdia que usou com todo o mundo, quando desceu a terra e, vestido de nossa carne, veio livrá-lo da escravidão do demônio.[82]

Como bispo, dom Viçoso não abandonou a sua missão como missionário popular; suas visitas pastorais passaram a ser organizadas como uma missão popular e eram consideradas tempo de salvação,[83] repletas de pregações e confissões. Os temas tratados em suas pregações eram: ódios, escândalos (sexuais), hábitos pecaminosos, reincidências inveteradas, confissões inválidas e sacrílegas. Pregava:

castigando os vícios com energia e buscando por todos os meios trazer os pecadores à penitência e ao Céu. De todos os vícios, era o da impureza o que mais ele flagelava, tornando amiúdo sobre sua hediondez, sua gravidade, suas funestas consequências no tempo, e mais funestas na eternidade. Era parte tão frequente a pregação sobre esta matéria por ser ela o mais geral e mais valente laço, com que os inimigos da alma conjurados a prendem, e mostram a perdição eterna. Olhava para sua diocese e via moças quase tão depressa perdidas, como chegadas à puberdade, de filhos ilegítimos, de uniões criminosas, de escândalos que afrontando a Deus e os homens tiravam ao vício o horror e impacto, de casamentos separados criminosamente, para mais criminosamente se enredarem os cônjuges em outras uniões. Este espetáculo rasga-lhe o coração, e o acendia em zelo contra um vício, que em estragos e perdições campeia sobre todos os mais vícios reunidos (...) todos os vícios nascem da incontinência. (...) Carregando a mão neste vício imundo, não deixava os outros em paz.[84]

---

[82] AEAM, *Missões*, primeiro volume, 1841, *Ex Libris Congregationis Missionis do Caraça*, p. 22.
[83] PIMENTA, *op. cit.*, p. 236.
[84] *Ibidem*, p. 238-239.

Como vimos neste testemunho de seu discípulo, o padre Silvério Gomes Pimenta, um dos grandes pecados que ele condenava no povo era o pecado de ordem sexual. Se a causa de tal prioridade era o contexto social de sua diocese, como vimos anteriormente, uma terra de garimpo de ouro, lugar de aventureiros, ou até, os grandes problemas na área sexual que ele combatia no seu clero, não o sabemos com certeza; o que sabemos é que este era um dos grandes temas tratados por ele em suas pregações e cuidados pastorais.

Outra preocupação pastoral expressa no testemunho do padre Silvério Gomes Pimenta era a questão das uniões ilegítimas. Dom Viçoso, como reformador dos costumes, atacou com força esse problema socioeclesial em sua diocese. Sabia da importância da família para uma nova ordem social e eclesial. Em suas visitas pastorais, organizadas como missão popular, tempo de conversão, invocando os perigos da morte e do fogo do inferno, o bispo missionário pregava contra este pecado:

> Era no ano de 1854 e achava-se ele visitando uma pequena povoação de nome Itatiaia, onde soube que viviam não menos que 50 amancebados. No dia seguinte à estação da missa pregou e carregou a mão contra este vício com tanta eficácia de razões e motivos, que logo após recolher-se ele a casa vieram muitos daqueles pecadores demandar o caminho da salvação pelo sacramento do matrimônio, e continuaram outros os dias que aí se deteve, de sorte que ao retirar-se restava só um dos 50 que achou. E este como viu partir-se o bom pastor, entrado de vergonha e de **medo** (grifo é nosso): É possível, exclama, que todos os meus companheiros se arrancaram do lodo e só eu fiquei atolado! Hoje mesmo acabarei com este viver. E sem meter tempo em meio, convida a mulher, põem-se a caminho, e alcançando o senhor bispo já no pouso, **declaram-lhe vinham fugindo do pecado e do inferno** (grifo é nosso); e no mesmo dia se casam.[85]

---

[85] PIMENTA, p. 226-227.

Não tinha a preocupação jurídica sobre a validade ou não de um casamento celebrado sob coação e grave medo, mas a preocupação com a reforma dos costumes e com a salvação eterna de seus diocesanos.

Padre Silvério Gomes Pimenta citou ainda outros exemplos da preocupação pastoral e eficácia da pregação missionária de dom Viçoso, dizendo: "De poucos prelados se poderão dizer, como o de Mariana, que regendo uma diocese vastíssima, em pessoa pregou em todas as matrizes dela, e em quase todas as capelas, e cujas ovelhas puderam ouvir a própria voz do pastor".[86]

As missões populares constituíram na maior decisão de dom Viçoso visando à reforma dos costumes de seu povo. Primeiro, foram organizadas na própria diocese de forma esporádica com padres locais, depois tomou a decisão de entregá-las sob a responsabilidade de seus coirmãos os padres lazaristas, e fez com que se tornassem perpétuas, fazendo com que os missionários retornassem periodicamente nas paróquias e comunidades dando continuidade ao trabalho e tirando maiores frutos da missão.

O historiador Maurílio Camello,[87] ex-estudante do colégio do Caraça e padre da Missão, fala-nos sobre o conteúdo da pregação dos missionários lazaristas em Minas Gerais:

> A pregação dos Lazaristas, como de praticamente todos os missionários da época, se distanciou demasiado do querigma primitivo e da catequese patrística. Particularmente na tentativa de moralizar uma sociedade mal informada e cristãmente imatura. Pode-se dizer a partir dos sermões de dom Viçoso que os grandes temas paulinos são conservados na penumbra, deixando lugar a uma 'espiritualidade do pecado', cuja força se ressalta bem mais que a força da graça, chamando-se mais a atenção para a corrupção total da natureza humana, que em si mesma

---

[86] *Ibidem*, p. 228.

[87] Maurílio Camello de Oliveira deixou-nos duas obras muito importantes para nosso tema: sua tese doutoral, em História pela Universidade de São Paulo (USP), *Dom Viçoso a Reforma do Clero*, e a obra sobre o colégio do Caraça, *Caraça, Centro Mineiro de Educação e Missão*.

só é capaz do mal. No fundo é a milenar tensão da teologia cristã, sobretudo ocidental, em compor graça e livre arbítrio, o natural e o sobrenatural. A preocupação com esta natureza decaída foi levada quase à psicose em pensadores e reformadores como Baio, Jansênio, Calvino, sem deixar de estar presente (como não podia deixar de estar, pois que tem também raízes evangélicas) em santos como São Vicente de Paulo, fundador da congregação da Missão, e cuja ligação com o pensamento jansenista é hoje julgada maior do que se pensava até pouco. Os lazaristas herdam de seu fundador uma tradição de conversão que se assentava sobretudo na purificação dos pecados, socorrida de meios como a confissão geral, a meditação da morte e da paixão de Cristo (o anúncio da ressurreição é pouco ressaltado), a frequência dos sacramentos, o pensamento dos novíssimos, que são em geral pensados com cores vivas e não raro formidáveis, pavorosas.[88]

Outro testemunho foi a carta de padre Simon ao Superior da Missão em Montargis, escrita da Bahia, possibilitando-nos perceber o rigor desta pregação missionária:

Nenhuma de vossas palavras é perdida. Falai um pouco forte, anunciai as grandes verdades da religião, falai da malícia do pecado e todo este povo, suspenso de vossos lábios, cai de joelhos e se bate no peito no rosto gritando: Misericórdia! Misericórdia! Falai dos castigos da outra vida, reservados aos pecados. Ao grito de Misericórdia eles acrescentam Ave-Maria, como para se refugiar entre os braços daquela que é justamente chamada o refúgio dos pecadores. Dai-lhes a esperança de gozar a felicidade do céu, a calma da virtude, Amém.[89]

---

[88] CAMELLO, *Caraça, Centro Mineiro de Educação e Missão*, p. 66, *apud* AZZI, *Padres da Missão e o Movimento Brasileiro de Reforma Católica no século XIX*, *Convergência* 65/66 (1974) 1240.

[89] AZZI, *op. cit.*, p. 1239.

- Sermão sobre a educação dos filhos

Este sermão expressa bem o conteúdo moral das missões populares, no qual se procurava abordar temas fundamentais para a vida da sociedade e os novos valores que dom Viçoso achava importante para a vida de seu povo. Ele era realmente um reformador dos costumes. Sua preocupação, além dos pecados, era também com a solução. Nesse sentido, preocupou-se muito seriamente com a família, com o poder e a missão insubstituível dos pais na educação dos filhos. Constatando a crise moral de seu tempo, falou da missão dos pais:

> só dos pais e só das mães dependia a reforma de tantos males, por-
> que se estes educassem bem a seus filhos, teriam restituído a reve-
> rência à Igreja, o respeito aos sacerdotes, a paz às famílias, a justiça
> aos tribunais, a retidão aos contratos e a fidelidade aos casados. Ces-
> sando os ódios, as invejas e os enganos, começaria a florescer entre
> os cristãos a piedade, a devoção e a santidade.[90]

Manifestando profundo pessimismo com relação aos costumes da época, falou desta fundamental e insubstituível missão dos pais na educação de seus filhos. Disse que a missão dos pais começa pela disposição em gerar filhos; de-pois em acolhê-los com amor, seja masculino ou feminino e por fim, em bati-zá-lo logo depois do nascimento e, com paciência, educá-los cristámente. Tudo isso foi feito sob a pedagogia do medo do juízo, quando disse "Não venham os vossos filhos a ser naquele dia do Juízo os vossos acusadores".[91] Ensinou que nessa missão da educação cristã dos filhos não bastam as carícias. Citou o exemplo de santas mães que procuraram educar cristámente os seus filhos:

> a rainha, Dona Branca (mãe de São Luis de França) tomava muitas
> vezes o seu filho nos braços e dizia banhada em lágrimas: "meu filho,

---

[90] AEAM, *Missões II, Sermão sobre a Educação dos filhos*, p. 62.
[91] *Ibidem*, p. 63.

antes te quero ver morto em meus braços do que em pecado mortal";
a mãe de São Clemente muitas vezes lhe recordava os triunfos dos
mártires e a glória que se tem no céu. E a mãe de São Bernardo não
cessava de dizer e mostrar a seus filhos quão doce era servir a Deus.[92]

Apresentando o exemplo de Suzana, que preferiu morrer a cometer o
pecado desonesto,[93] disse "que tão belos exemplos se veriam em nossos
dias se os pais educassem seus filhos no temor de Deus, no aborrecimento
ao pecado, no zelo da observância da divina Lei".[94] Dizendo que a missão
é do pai e da mãe, que nenhum pode se omitir, disse ainda que,

> não basta instruí-los e ensinar-lhes a doutrina e boas máximas, mas
> é necessário ver para que crimes eles mais se inclinam e, procurai
> desde meninos, mortificar-lhes o mau gênio, as teimas, as deso-
> bediências, a libertinagem. Repreendei-os e castigai-os. (...) É ne-
> cessário castigá-los! Castigá-los a tempo e com jeito e por crimes
> notáveis. (...) Aprendei pois, de uma vez, a corrigi-los com amor, a
> castigá-los por crimes de consideração, e não a pisar-lhe o corpo por
> cousas que nada valem.[95]

Além de tudo isso, ensinou que o mais importante, na educação dos
filhos nos bons costumes, é o bom exemplo dos pais.

Outro elemento aconselhado pelo padre Viçoso nesse sermão é a vigilância. Aqui, aconselhou um cuidado especial para com as filhas. "Assim
como crescem os filhos no corpo e idade, assim devem crescer os pais na
vigilância e o cuidado sobre eles e, começando agora, pelas filhas já grandes, digo que tendes obrigação de lhes não permitir liberdade alguma que

---

[92] AEAM, *Missões II, Sermão sobre a Educação dos filhos*, p. 64.
[93] Cf. Dn 13,23.
[94] AEAM, *Missões II, Sermão sobre a Educação dos filhos*, op. cit., p. 65.
[95] *Ibidem*, p. 65-66.

as possa pôr em perigo".[96] Aqui, vemos um fato que se tornou costume em Minas Gerais que é a dupla moral. A moral dos homens (menos rígida) e a das mulheres (mais rígida). Citando o exemplo da pomba que Noé soltou da arca e não retornou mais na terceira vez, falou do perigo de se permitir às filhas a participação em bailes, espetáculos etc. Apelando para a pedagogia do medo da morte e do inferno, alertou aos pais:

> na hora da morte, vos espero pai, falto de conselho, que dais semelhantes liberdades às vossas filhas. Na hora da morte, vos espero, mães que lhes permitis andarem descompostas em casa e pelas ruas desta cidade, e talvez nas próprias igrejas do Deus Vivo. (...) Examinai bem, bem que liberdade lhes dais, que divertimentos lhes permitis, a quem as entregais, de que vestidos usam. Algum dia, chorareis e chorareis amargamente.[97]

Lembrou que elas devem ser guardadas não apenas fora, mas também dentro de casa, porque senão, ao invés de anjos, tornar-se-ão demônios dentro de casa, cumprimentando a quem querem, bailando, fazendo acenos da janela etc.[98]

Depois de falar da educação das filhas, passou o padre Viçoso, na mesma pedagogia, a falar do cuidado para com os filhos.

> Daqui vem que, estais obrigados a vigiar por vossas filhas, também não podeis permitir liberdades aos vossos filhos e assim como não é tão fácil conter os filhos debaixo de vossas vistas quando estão já em idade, assim não podeis fazer que não tratem, que não conversem, que não vão a certos divertimentos. Estais obrigados ao menos a vigiar, com olhos atentos e ver como se portam em casa e fora dela

---

[96] AEAM, *Missões II, Sermão sobre a Educação dos filhos,* p. 67.
[97] *Ibidem*, p. 68.
[98] *Ibidem*, p. 69.

e saber com quem conversam, com quem tratam a fim de podê-los avisar, corrigir e fazer de modo que se não perca a educação que lhes destes desde meninos. (...) Convém, pois, vigiar sobre o seu procedimento, com quem acompanham, se trazem armas, se andam mal encaminhados, desonestamente, para os corrigir e ir-lhes à mão, aliás, sereis um dia castigados por Deus.[99]

Diante da atitude de pais que dizem não ter tempo de acompanhar os passos dos filhos, por terem outros afazeres, disse o padre Viçoso:

se o vosso filho estiver em perigo de cair nas mãos da justiça, deixaríeis todo outro negócio para o livrar; estando em perigo de cair nas mãos do demônio e de ser precipitado no inferno, não deveis deixar todo outro negócio para o livrar de um tal perigo e de um tal lamentável precipício? Um dos vossos principais negócios seja o de vigiar os passos dos vossos filhos: onde achardes que é necessário, avisai-os, corrigi-os, castigai-os.[100]

Depois de incentivar os pais a entregar os seus filhos nas mãos de Deus, de Nossa Senhora e dos Santos, citando o exemplo maternal de Santa Mônica, que sempre rezou pela conversão de seu filho, concluiu o sermão com um caso exemplar:

fazia oração um bom religioso e pedia ao Senhor pelas almas de seu pai e seu irmão defuntos, quando viu abrir-se a terra e por uma medonha racha, viu no meio do inferno, seu infeliz pai e o desgraçado do seu irmão, nesta infeliz figura; roíam-se e mordiam-se um ao outro como cães raivosos. 'Maldita a hora, dizia o pai, em que te gerei'; 'maldito o ponto em que te tive por pai'. 'Por te enriquecer me con-

---

[99] AEAM, *Missões II, Sermão sobre a Educação dos filhos*, p. 69-70.
[100] *Ibidem*, p. 70.

denei', dizia ao pai. E tornava o filho: 'por tomar a liberdade que me deste, me perdi para sempre; maldito sejas tu, maldito sejas tu'. E dito isto, se tornava a morder um ao outro furiosamente, como se fossem dois demônios. Eis aqui pois, pais descuidados, o inferno que vos espera se não começais, desde já, a chorar as vossas faltas, começai pois a satisfazer os vossos deveres e então escapareis do inferno e alcançareis o paraíso que o Senhor vos conceda a todos. Amém.[101]

Considerações conclusivas

Após termos refletido sobre o grande trabalho de reforma do clero tradicional e as muitas iniciativas pastorais em favor de um novo clero, que fosse exemplo para o povo, em especial o seminário, iniciamos nossa reflexão sobre as iniciativas da tão sonhada reforma moral e religiosa do povo marianense. Um trabalho também difícil, laborioso que com certeza constituiu-se no grande objetivo de dom Antônio Ferreira Viçoso, que nunca quis ser apenas cabeça de seu presbitério, mas sempre se assumiu como um pastor, um missionário feito pastor, zeloso pela salvação do povo a ele confiado. Vimos que todo o trabalho de reforma do clero e do seminário visava o bem de seu povo, a sua salvação; que o clero não apenas se dedicasse exclusivamente à Igreja e ao culto, pregasse a palavra, ensinasse a doutrina e celebrasse os sacramentos, mas acima de tudo que fosse modelo de virtudes para o seu povo. A salvação do povo era o seu grande objetivo!

Como filho de seu tempo, dom Viçoso usou os meios que lhe eram disponíveis para esse grande objetivo pastoral. Através da imprensa, ainda tão recente no mundo e rudimentar neste país e província nascentes, confeccionou catecismos, traduziu obras de autores estrangeiros, visando substituir antigas obras introduzidas pelo placet imperial, marcadas por doutrinas condenadas

---

[101] AEAM, *Missões II, Sermão sobre a Educação dos filhos*, p. 71.

pela Santa Sé; visava, sobretudo, introduzir na vida do clero e do povo uma nova forma de se viver a fé católica, bem como novos valores morais e religiosos, conforme as determinações do Concílio de Trento e do papa Pio IX. Nosso trabalho destacou o caráter rigorista de tais obras, que visando o seu objetivo, foram construídas sob uma mentalidade aterrorizante e usaram de uma pedagogia centrada no medo da morte repentina, da condenação e dos castigos eternos do inferno, para levar à confissão e à conversão. Mudança de mentalidade e costumes era o grande objetivo de tais obras.

Vimos também que, sob o mesmo objetivo, para trabalhar na mudança da mentalidade e dos costumes através da educação escolar feminina, bem como, cuidar da assistência aos doentes, na recém criada Santa Casa de Misericórdia, e aos órfãos no Orfanato, ligado a esta mesma instituição, dom viçoso trouxe da França suas coirmãs, as Irmãs da Caridade de São Vicente de Paulo, inaugurando em meio a muitas incompreensões e dificuldades uma nova forma de se viver a vida religiosa neste novo país. É um fato a ser profundamente destacado, pois Mariana constituiu-se na porta de entrada dessas religiosas de vida ativa no Brasil; a partir daí, do grande trabalho de assistência e educação realizado, alcançaram como segundo passo, a capital do Império – Rio de Janeiro –, as dioceses governadas pelos bispos formados por dom Viçoso e a quase totalidade das capitais e grandes cidades do Brasil. Foram pioneiras que abriram caminho para uma infinidade de congregações religiosas europeias reformadas, que a partir dessa época aportaram em nosso país, constituindo-se elemento essencial para a reforma do povo.

Além do uso da imprensa escrita, do trabalho pioneiro das Irmãs da Caridade, dom Viçoso usou de um meio muito simples para continuar sua missão reformadora dos costumes dos fiéis: as cartas pessoais. A exemplo do grande São Paulo, que após fundar comunidades cristãs, continuava sua ação pastoral através de cartas, assim também dom Viçoso, com suas cartas pastorais e também pessoais. Sob a mesma pedagogia aterrorizante das iniciativas anteriores, escrevia cartas a fiéis, visando a sua conversão: a reconciliação com os inimigos, a busca do casamento, o abandono do pecado e a busca do sacramento da Penitência. Manifestava-se como um fiel seguidor de Jesus Bom Pastor – com uma pedagogia diversa – que não abandonando o seu rebanho, procura a ovelha desgarrada e perdida.[102]

Por fim, intervindo nos santuários, nas antigas irmandades, nos costumes religiosos de suas paróquias, introduziu na vida de seu povo uma nova espiritualidade sob os padrões tridentino-europeus; uma espiritualidade sacramental, centrada nos sacramentos, especialmente na Penitência e Eucaristia. Junto com esta espiritualidade sacramental e com o objetivo de reforçá-la e fazer com que fosse interiormente e profundamente assumida pelo povo, incentivou a substituição de antigas devoções por novas, sobretudo, devoções cristológicas, centradas na Paixão do Senhor e na vida de novos santos, todos, apresentados como modelos da "nova" mentalidade, novos valores morais e espirituais. Vimos que isso apareceu nos novenários e coroas devocionais impressas pela gráfica diocesana, e, também, nos hinos que passaram a ser cantados nas missões populares e celebrações comuns.

---

[102] Cf. Lc 15,4-7.

7

Ideias Fundamentais que marcaram a Reforma Católica em Minas Gerais

Após refletirmos sobre o fenômeno do jansenismo, seus grandes expoentes, ideias e seus muitos conflitos na França, Países Baixos, Itália, Alemanha, Espanha e Portugal, de tê-lo reconhecido no interior de nossa pátria, chegamos à constatação de que o jansenismo foi também um fenômeno brasileiro. Entrou em nossa pátria primeiramente misturado a ideias galicanas, como o jansenismo de Pistoia, que buscava apoio no poder civil visando reformas eclesiásticas. Isso se deu através da política regalista do Marquês de Pombal e foi continuada nos períodos Colonial, Regência e Império.

Depois de termos estudado esse fenômeno multifacético do jansenismo, entramos no ponto central de nosso trabalho: a ação pastoral de dom

Antônio Ferreira Viçoso. Concluímos que dom Viçoso foi sim influenciado por ideias jansenistas, mas um jansenismo com colorido oficial e de ortodoxia, um jansenismo resultante da presença desse fenômeno no interior da França e da Europa Católica por mais de cem anos, o jansenismo como espiritualidade, organização disciplinar, mentalidade; um jansenismo inserido no ethos católico europeu, que se adequou bem às ideias de Pio IX, como aversão radical às ideias liberais e ao mundo moderno; ideias jansenistas adquiridas durante sua formação familiar, presbiteral em Portugal do início do século XIX, ainda marcadas pelo medo do terremoto que devastou Lisboa e toda a costa do país, sentido e apresentado como um castigo divino, pela insegurança e pelo medo das invasões inglesas ou francesas.

Em nosso trabalho procuramos também conhecer o conteúdo da pregação moral de dom Antônio Ferreira Viçoso, décimo bispo da diocese de Mariana, berço do catolicismo mineiro. Primeiramente, procuramos conhecer o grave contexto sócio-político-econômico e eclesial da diocese de Mariana, onde havia trabalhado anteriormente como fundador do Caraça, colégio e residência de missionários, e também como missionário popular.

Vimos que sua ação pastoral foi construída de forma indutiva, a partir do conhecimento da realidade diocesana e em profunda sintonia com a orientação do concílio de Trento e especialmente de Pio IX, a quem prestava verdadeira devoção. Suas prioridades pastorais foram a reforma do clero – priorizando o seminário – e a do povo. Para essas reformas, diante da carência de padres preparados para a formação presbiteral na mentalidade tridentina na província de Minas e no Brasil, em consequência da política pombalina contrária aos Jesuítas e às Ordens Tradicionais, dom Viçoso contou com a ajuda de seus coirmãos de congregação, os padres lazaristas e também das Irmãs da Caridade, que vieram da França, trazendo consigo, além do zelo apostólico tão característico destes filhos e filhas de São Vicente de Paulo, a mentalidade neojansenista, gestada nos muitos anos de conflitos e convivência com o fenômeno de Port-Royal.

Dessa obra de reforma eclesiástica, levada às últimas consequências pelo bispo de Mariana, ficaram-nos muitos documentos escritos: a sua primeira carta pastoral, escrita do Rio de Janeiro e datada do dia de sua ordenação episcopal, em que nos dá um verdadeiro plano pastoral, na qual estão presentes as ideias mestras de sua ação pastoral e reformadora; obras escritas e traduzidas por ele ou sob sua orientação, estatuto do seminário, cartas pastorais, cartas e bilhetes pessoais a sacerdotes, sermões etc. Das obras traduzidas destacamos: a *Nova Missão Abreviada*, escrita a partir do Tratado da Oração de frei Luis de Granada (OP) e o opúsculo *Para os meus irmãos os reverendos sacerdotes*; destacamos o estatuto do seminário Nossa Senhora da Boa Morte, escrito por ele, e que se constituiu em modelo para os outros bispos reformadores, seus discípulos, que vieram depois dele e que seguiram suas pegadas; por fim, mergulhamos em sua vastíssima correspondência pessoal, e analisamos algumas cartas às autoridades imperiais e também a seus sacerdotes.

Dessas fontes pudemos elencar algumas ideias mestras que refletem a mentalidade jansenista e que estiveram na base da ação pastoral desse grande reformador da Igreja no Brasil, grande protagonista da reforma tridentina do catolicismo mineiro e brasileiro: dom Antônio Ferreira Viçoso.

7.1. Uma nova imagem de Deus: Juiz severíssimo

Dom Antônio Ferreira Viçoso deve ser visto como um homem de seu tempo e, como tal, carregava as marcas de sua época. A imagem de Deus, que cultuava, era com certeza bem distante da imagem lucana expressa nas três parábolas da misericórdia: do Bom Pastor, da mulher que perdeu a sua drácma e do Pai misericordioso.[1] A sua imagem de Deus coincidia muito mais com a do Justo Juiz da literatura apocalíptica cristã e judaica, a imagem daquele que julga e condena e se vinga dos inimigos do povo eleito. Só que a imagem era ainda mais radical, pois para dom Viçoso ninguém estava seguro diante desse julgamento, pois os juízos de Deus são

---

[1] Cf. Lc 15,1-32.

profundíssimos, tudo vê, sonda o nosso interior, conhece o mais profundo de nossa consciência:

> apenas a alma tem saído do corpo, há de necessariamente apresentar-se no tribunal da justiça divina. Aquele Senhor Jesus, que foi constituído juiz dos vivos e mortos, e que esquadrinha os rins e o coração, e que achou maldade nos anjos, esquadrinhará com lanternas a Jerusalém; então manifestará os desejos de nosso coração, cavará na parede, mostrará abominações péssimas, gravíssimos pecados ocultos, e alheios, reputados em vida como bagatelas, e até pedirá conta de toda a palavra ociosa, que tivermos dito.[2]

Essa imagem divina aparece na grande maioria dos documentos analisados, mas de forma especial nos sermões sobre a morte, Juízo Final, o Inferno e na Nova Missão Abreviada. Deus aparece como um terrível justiceiro, que vinga com penas eternas as ofensas cometidas contra ele:

> acabado assim o processo, solicitado o Sumo Juiz por seus escolhidos para a vingança, procederá a dar a última e irrevogável sentença, sentença final de que nunca se pode apelar. Voltando-se o Juiz para a esquerda, onde estão os maus, com uma voz de trovão que seria capaz de fazer tremer o céu e a terra, dirá (...) apartai-vos de mim para sempre (...) para o fogo, para o fogo! Sim para o fogo oh sensuais, oh delicados, oh amantes do vosso corpo, oh inimigos da minha cruz, para seres sepultados em forno de horribilíssimo fogo, não por poucos dias, (...) mas para sempre, por uma eternidade, enquanto Deus for Deus. (...) E, apenas se fulminar esta sentença, abrindo-se a terra debaixo daqueles infelizes, dando mil urros de espanto e desesperação, serão precipitados no inferno, perseguidos pela Divina Justiça, ainda naqueles mesmos abismos.[3]

---

[2] DOM VIÇOSO. *Para os meus irmãos os reverendos sacerdotes, capítulo IV, §1 – vide anexo I.*
[3] AEAM, *Missões I, Juízo Universal*, cf. infra., p. 259.

Na *Nova Missão Abreviada*, tirada das obras de frei Luis de Granada, diz que Deus até colaborará com o castigo eterno dos pecadores, ajudando com o seu sopro para que o fogo nunca se apague:

> da eternidade das penas: Seu manjar é fogo que abrasa e não acaba. (...) Terão os demônios sempre o cargo de soprar (este fogo) e se eles se cansarem aí está o sopro de Deus eterno, que nunca cansará.[4]

Conforme sua pregação, um único pecado mortal é suficiente para que a condenação eterna aconteça, mesmo que a pessoa tenha vivido uma vida toda virtuosa. O resultado dessa pregação é que ninguém está seguro, é preciso estar sempre vigilante para não ofender ao Justo Juiz, por palavra, por atos ou omissões.

Podemos concluir, a partir desses documentos, que o relacionamento com Deus não se dá no amor, mas no temor. O único caminho que resta ao pecador é a conversão, a mudança nos costumes, o sacramento da Penitência com a confissão de todos os pecados, sem distinção de matéria grave ou leve e a vigilância constante para não mais cair em pecado.

7.2. Uma cosmológica negativa

Dom Viçoso tinha uma visão do mundo profundamente pessimista. Na sequela de todo o movimento jansenista, o mundo não é o lugar do seguimento, onde o cristão é chamado a ser sal e luz, não é o mundo salvo pela páscoa de Cristo, mas uma realidade má, perigosa; era visto em oposição à Igreja; lugar de desterro, vale de lágrimas e lugar de pecado. Sendo lugar de pecado, dom Viçoso propõe a fuga, o desprezo a tudo o que se refere ao mundo, pois para ele o mais importante é não pecar. As consequências da

---

[4] DOM VIÇOSO. *Nova Missão Abreviada, op. cit.,* p. 221.

ação de nosso bispo nesse aspecto foram: o afastamento do clero, das atividades e profissões seculares, especialmente da política partidária, considerada profundamente negativa. Também o povo foi influenciado; sua pregação antiliberal – fiel ao Syllabus de Pio IX – fez com que muitos se afastassem das discussões políticas, ou ao contrário, que se afastassem da Igreja, das tradicionais irmandades, refugiando-se na Maçonaria, como espaço de discussão e prática das novas ideias surgidas das Revoluções Industrial e Francesa, bem como das ideias surgidas no processo de Independência dos Estados Unidos da América. A Igreja, com isso, foi tornando-se cada vez mais um espaço feminino, com uma participação esporádica dos homens, já que eles, em sua maioria, continuaram no mundo, longe do controle do clero, dos sacramentos da Penitência e da Eucaristia, e exercendo profissões liberais e lucrativas em meio à grande efervescência política e social da época.

7.3. Uma antropologia pessimista

A base antropológica, sobre a qual dom Viçoso edificou seus escritos e sua ação pastoral, não é a do Gênesis 1,26, do homem e da mulher criados à imagem e semelhança de Deus, ou a do Salmo 8, que mostra o homem como sendo criado um pouquinho menor do que os anjos, mas cheio de graça e de valor, e muito menos a imagem do homem remido e salvo por Jesus Cristo, mas, o homem da queda, o homem que ainda não contemplou e experimentou a grandeza e a radicalidade do amor de Deus, manifestado em Cristo Jesus. Dom Viçoso professava uma antropologia profundamente pessimista. No homem e na mulher via-se não a graça, mas simplesmente o pecado, pecado de Adão e Eva que machucou profundamente a dignidade humana. Essa visão negativa do homem era radicalizada quando se tratava da mulher, vista sempre com muito preconceito, como encarnação do pecado, perigo para os sãos costumes dos eclesiásticos e para os homens em geral. Confundia a libido com a concupiscência; tudo o que se refere ao corpo, à sexualidade, era visto com desconfiança, e até mesmo como matéria proibida, pecado e pecado grave. Essa visão negativa do homem manifestou-se na ação pastoral de dom Viçoso, também na aversão radical ao mundo, às atividades seculares, às festas, e a tudo o que proporcionava prazer. É nesse sentido que vemos as proibições da participação das mulheres junto aos homens nas procissões e celebrações noturnas, bem como as proibições dos bailes e de tudo o que possibilita a união de homens e mulheres no mesmo local. "Projeta sobre a vida cristã um purismo rigorista que bloqueia qualquer tentativa de conhecimento mais profundo da sexualidade e do corpo. O clima ao mesmo tempo sacral e terrorizante paralisa toda tentativa de posicionamento sadio diante do sexo oposto"[5]. Na vida dos eclesiásticos, cultivou-se o ideal de angelismo, impondo a necessidade de vestes talares desde o início do seminário; vestes que escondiam as formas do corpo, e que afastassem a possibilidade do pecado. No que se refere à sexualidade, e ao sexo feminino como lugar de pecado, vemos em dom Viçoso verdadeira obsessão. Tudo era visto como pecado grave; vemos, em sua própria vida e em sua pregação, a luta ferrenha contra os maus pensamentos, os maus desejos, a insistência na pureza etc. A sexualidade era vista sempre como algo impuro, que contamina. Abre espaço para um verdadeiro narcisismo purista, consumindo energias, ofuscando a graça na vida dos eclesiásticos, religiosos e dos fiéis e, sobretudo, esterilizando o amor conjugal, que deverá ser casto, voltado unicamente para a procriação e educação dos filhos[6].

7.4. Marginalidade: o lugar e o papel da mulher

Neste trabalho, em vários momentos aparece a grande preocupação de dom Viçoso com a vida moral de seu clero e povo. Conforme o testemunho

---

[5] MOSER, Antônio (OFM) Educação Moral Libertadora. In: *Convergência*. Jan/Fev, n. 149, 1982, p. 140.

[6] *Ibidem*, p. 140.

de padre Silvério Gomes Pimenta, anteriormente citado, o grande pecado condenado por ele, com verdadeira obsessão, era o pecado sexual. O sexo era considerado assunto proibido. No catecismo de Mariana, quando fala do sexto e novo mandamentos não entra em detalhes, prefere silenciar. Na tradução do manual de Santo Afonso Maria de Ligório, o texto do sexto e do nono mandamentos são conservados em latim como no original. Por outro lado, o tema é tratado com extremo rigor em vários de seus sermões, nas outras obras dirigidas aos padres, como várias cartas pessoais, na *Nova Missão Abreviada* e *Para os Meus Irmãos os Reverendos Sacerdotes*. No meio do povo, condenava especialmente as relações ilegítimas: a prostituição, a promiscuidade com escravas e as mancebias. No meio do clero, o grande pecado era a incontinência.

Nesse contexto, de verdadeira obsessão contra o pecado no campo sexual, no qual a castidade era apresentada como a rainha das virtudes, a mulher aparecia como fonte de perigos e instrumento de pecado. Ela é sempre considerada como a Eva sedutora. Sua presença era vista com extrema desconfiança e sua participação eclesial era profundamente marginal. Sua presença era proibida no seminário diocesano. Nem as Irmãs de Caridade escaparam aos cuidados e preconceitos. Dom Viçoso evitou visitar e recebê-las, mesmo estando recém instaladas em Mariana.[7] Também não atendia em confissão a mulheres a sós. A participação da mulher no altar e ações litúrgicas era proibida, bem como sua participação ativa nas procissões: ela não podia carregar o andor, não podia segurar as varas do pálio, não podia andar junto aos homens nas procissões, mas devia ir atrás da procissão, em filas à parte.

> Portanto, nas Igrejas e procissões observem-se os antigos costumes e
> nada de novo se invente arbitrariamente com especialidade a respeito

---

[7] TRINDADE. *Arquidiocese de Mariana*, v. II, *loco cit.*, p. 29-30, e AZZI, *As Filhas da Caridade e o Movimento brasileiro de Reforma Católica no Século XIX*, Convergência, Jan/Fev., N. 77/78, ano VIII, (1975), p. 241.

da posição do sexo feminino. As mulheres não podem acompanhar as procissões de noite: a constituição do bispado lhes proíbe debaixo de pena de excomunhão. Fiquem elas no seu lugar no corpo da Igreja, e, sem necessidade, não ocupem a capela mor. Não peguem em tochas, nem nos andores ou varas do pálio. Não entrem no corpo da procissão, mas vão atrás dela inteiramente separadas dos homens. É este o antigo costume que não é licito arredarmo-nos. Zelem os Rvdos. párocos estes costumes e não permitam que se falte a eles. Melhor será não fazer procissões que fazê-las com tais abusos.[8]

No sermão *sobre a pureza*, ainda enquanto missionário, diz claramente "não te entretenhas, diz Deus, na companhia de mulheres, porque assim como é fácil nascer do pano a traça, tanto é fácil que da mulher nasça a iniquidade do homem. E o mesmo devemos entender que se diz das mulheres, as quais não correm menos riscos no tratar e falar livremente com homens".[9]

Alerta como esse aparece também no sermão *sobre a educação dos filhos*, no qual manifesta que os pais deveriam ter um cuidado especial na educação das filhas, não lhes possibilitando nenhuma liberdade: "assim como crescem os filhos no corpo e idade, assim devem crescer os pais na vigilância e o cuidado sobre eles e, começando agora, pelas filhas já grandes, digo que tendes obrigação de lhes não permitir liberdade alguma que as possa pôr em perigo".[10] Nesse mesmo sentido, apelando para a pedagogia do medo da morte e do inferno, alertará aos pais:

na hora da morte, vos espero pai, falto de conselho, que dais semelhantes liberdades às vossas filhas. Na hora da morte, vos espero mães, que lhes permitis andares descompostas em casa e pelas ruas desta cidade, e talvez nas próprias igrejas do Deus vivo. (...) Exa-

---

[8] AEAM, Gaveta Dom Viçoso, *Circular de Dom Viçoso relativa aos abusos nas procissões*, Pasta 2, gaveta 1, arquivo 3.
[9] AEAM, *Missões I, Pureza, op. cit.*, p. 30.
[10] AEAM, *Missões II, Educação dos filhos, op. cit.*, p. 67.

minai bem, bem que liberdade lhes dais, que divertimentos lhes permitis, a quem as entregais, de que vestidos usam. Algum dia, chorareis e chorareis amargamente.[11]

Lembra que as filhas devem ser guardadas não apenas fora, mas também dentro de casa, porque senão, ao invés de anjos, tornar-se-ão demônios dentro de casa, cumprimentando a quem querem, bailando, fazendo acenos da janela etc.[12].

Esse medo do sexo feminino, cultivado por dom Viçoso nos seus eclesiásticos e no povo, foi com certeza causa de acirramento de preconceito social, eclesiástico e teológico contra a mulher, que passou a ser vista sempre como a Eva tentadora.[13]

7.5. *A castidade como a Rainha das Virtudes*

São Paulo na *Primeira Carta aos Coríntios*, capítulo 13, ensina-nos que a Caridade é a maior e mais importante de todas as virtudes; superior até mesmo à Fé e à Esperança. Também São Vicente de Paulo, fundador da Congregação da Missão, fiel à tradição da Igreja, colocava a primazia das virtudes na caridade. No entanto, mesmo sendo dom Viçoso um fiel discípulo de São Vicente de Paulo, em sua ação pastoral e pregação moral, manifestou uma preocupação infinitamente maior em combater os pecados contra outra virtude: a Castidade. Não que tenha abandonado a Caridade, pois sempre a incentivava e praticava. Por exemplo, foi dele a iniciativa de trazer para Mariana as Irmãs de Caridade para cuidar dos órfãos, enfermos e dos pobres. Em seu sermão, ainda como padre e missionário popular no Caraça, sobre os meios para a perseverança, ensinava que junto com o amor a Deus sobre

---

[11] AEAM, *Missões II, Educação dos filhos*, p. 68.
[12] *Ibidem*, p. 69.
[13] MOSER. *Educação Libertadora, op. cit., p. 140.*

todas as coisas e a devoção a Maria Santíssima é a caridade, as boas obras que deverão revelar a conversão, e que o fiel deverá conservar, pois, no rosto do pobre se revela, para nós, o rosto de Cristo.[14] Foi um fiel discípulo de São Vicente também nesse aspecto, mas em sua ação pastoral, supervalorizou a castidade, considerando os pecados contra ela, os piores pecados.

Como missionário popular, no colégio do Caraça, em meio a um discurso aterrorizante, baseado na insegurança com relação à salvação e ao medo do inferno, condenou esse pecado como o pior entre todos os pecados através dos seguintes sermões: *a Pureza, Maus Pensamentos, Cuidado da Salvação, Meios para a Perseverança, a Educação dos Filhos* e no sermão sobre *o Juízo Universal*.

O objetivo desses sermões, mais que a valorização da virtude da castidade, foi a condenação dos pecados. Em todos eles, percebemos uma leitura negativa, procurando ver não tanto a excelência de tal estado de pureza e os seus efeitos para a vida cristã e a salvação eterna, mas, sobretudo, os pecados cometidos, denominados: desonestos ou desonrosos.

No *sermão sobre os maus pensamentos* afirma:

> o sexto mandamento nos proíbe todo tipo de impureza que possa manchar o corpo e a alma (...); que o pecado contra ele pode ser cometido por pensamento, palavras e obras; que o sexto mandamento proíbe toda e qualquer ação ou cousa desonesta, com que se possa faltar àquela amabilíssima virtude que faz dos homens anjos, a castidade.[15]

Neste outro sermão, *sobre a pureza*, mostra a força dominadora do pecado sexual na vida das pessoas, não distinguindo ninguém, e podendo a todos condenar eternamente:

> Contudo, não há pecado que mais cegue os homens e os prive daquela luz, quanto o pecado da impureza, porque para satisfazer-se,

---

[14] AEAM, *Missões II, Meios para a perseverança, op. cit.*, p. 72.
[15] AEAM, *Missões II, Os maus Pensamentos, op. cit.*, p. 31.

se fecham os olhos, para não ver os gravíssimos danos que podem dali seguir-se; não se tem respeito nem a qualidade da condição, nem ao lustre do sangue, nem da dignidade da honra e do grau. E o que mais importa, por momentâneos e sórdidos prazeres, haver de padecer e ter, no fogo, eternos tormentos e perder o nosso amabilíssimo e amantíssimo Deus, por uma eternidade.[16]

Afirma ainda que o pecado contra a pureza é o mais castigado por Deus. Que Deus tem verdadeiro ódio contra este "abominável" pecado contra a pureza, condenando tais pecadores ao fogo eterno:

assim, não há pecado mais abominável a seus divinos olhos e mais aborrecido por ele. E a razão do seu ódio infinito contra este pecado é esta: porque sendo o nosso Deus um simplíssimo e puríssimo espírito infinitamente santo, tem por isso uma suma aversão àquelas almas, que por este pecado, como que são todas de carne, todas embebidas e afogadas nesses imundos delitos de brutos. E, por isso, vedes que, querendo fazer-se homem, quis nascer de mãe que não só fosse virgem, mas, a mais pura que todas as virgens.[17]

Manifestando a dificuldade de se vencer tal pecado, que se torna um verdadeiro vício, superior até à vontade e às forças humanas, e o quanto Deus o detesta, citando São Tomás de Vila Nova, diz que "tirando fora as crianças, poucos são os adultos que se salvam em razão destes vícios".[18]

No sermão, *Meios para a Perseverança*, padre Antônio Viçoso prega que os pecados na área da sexualidade tratados como desonrosos, não são apenas fragilidade humana, mas os piores e mais perigosos pecados:

---

[16] AEAM, *Missões I, Sobre a Pureza, op. cit.*, p. 30.
[17] *Ibidem*, p. 28.
[18] *Ibidem*.

entre todos os pecados, quisera que tivésseis um particular conceito da horrível malícia que contém os pecados desonrosos. Eu sei que muitos cristãos têm este monstro como uma fragilidade, de que Deus se há de compadecer. E como veem que só os ladrões e matadores vão à forca e não veem lá ir os desonestos, cuidam que estes pecados são menos graves e maliciosos. Eis aqui um engano do demônio, com o qual tendo cegas as almas, conduzem para o inferno uma tal quantidade delas, que São Remigio diz, com grande dor, que tirando os meninos, poucos são os cristãos que se salvam e isto por causa deste maldito vício. Com efeito estes pecados desonrosos são os que têm o primeiro lugar entre todos os pecados, senão por si mesmos, ao menos pelos funestos efeitos que causam. (...) Tende, pois, sumo horror a todos os pecados mortais, mas especialmente aos desonrosos, considerando-os, como diz Santo Ambrósio, a sementeira de todos os outros vícios. Fugi-lhes com todas as forças e sem demora, porque é indigno de uma alma racional revolver-se nesse lodo como os animais imundos.[19]

Por fim, no sermão sobre o Juízo Universal fala sobre o julgamento de Deus contra os pecadores que cometeram este pecado contra a castidade:

Oh que vergonha será quando o Juiz Jesus Cristo, à face de todas as criaturas, patentear todas as nossas iniquidades, ainda as mais ocultas, as mais vergonhosas, as mais indignas! (...) Almas sensuais, fazei agora quanto quiserdes para que fique oculto o vosso pecado e as vossas impurezas com as trevas e escondidos na solidão! Jesus Cristo Juiz vos espera naquele grande dia e protesta por boca de Jeremias, que então quer descobrir e fazer patentes aos olhos de todos, os vossos pecados, com todas as suas circunstâncias, as mais feias e as mais vis.[20]

---

[19] AEAM, *Missões II, Meios para a Perseverança, op. cit.*, p. 69.
[20] AEAM, *Missões I, Juízo Universal, op. cit.*, p. 28.

Dom Viçoso manifestou essa preocupação com os pecados no campo da sexualidade não apenas em suas obras literárias e sermões, mas também em suas decisões pastorais, como foi o caso da proibição de festas religiosas noturnas, de procissões onde homens e mulheres pudessem andar juntos etc. Agora, foi nas cartas pessoais a seus padres incontinentes, que esta preocupação com a defesa da Castidade se manifestou com maior força. O medo do escândalo, de que os seus padres fizessem perder o povo a quem deviam pastorear e salvar, fez com que usasse todas as suas energias na luta contra esse pecado, que já havia se tornado um costume em sua diocese, pois grande parte do clero vivia como se fosse casado. Um exemplo dessas cartas, em que dom Viçoso expressa toda sua autoridade na defesa da castidade eclesiástica é a carta escrita ao padre M. J. Da Silva a 14 de abril de 1848, quatro anos depois de tomar posse como bispo de Mariana:

> Quando aí estive, V.M. me disse que tinham cessado seus escândalos e que tinha feito há pouco sua Confissão Geral; fiquei satisfeito. Há tempos me disseram que foi o fruto de tal confissão geral que se antes tinha amásia fora, agora a tinha em casa e continua a ter filhos. Se isto é verdade, V.M. é um padre escandaloso, é um lobo devorador, é um desgraçado, condenado, a quem era melhor nunca ter nascido. Maldito vício, infeliz vigário que não tem medo do inferno, nem de mandar para lá tantas almas com o seu exemplo péssimo. Esta é a segunda advertência que lhe faço, e estou à espera de ver o seu comportamento. Desde já declaro guerra eterna aos párocos desonestos, esteja firmemente persuadido que V. M. há de mudar inteiramente de conduta, ou lhe hei de descarregar com todas as censuras da Igreja ainda que me custe a vida, porque então morrerei mártir. Não pode sofrer-se um exemplo tal. Se dentro de 8 dias depois de receber esta V. M. não põe na rua esta mulher e o ipso eu o suspendo, e "coram Deo" fica com a censura e irregular nos atos. Não a publico para não fazer estrondo, e porque não perdi toda a esperança a seu respeito.

Mas fique certo que sendo necessário que isto se faça público, eu terei a meu favor não só a Deus por cuja causa pugno, mas também os Magistrados, até chegar ao Imperador.[21]

Por fim, um testemunho do padre Silvério Gomes Pimenta, seu grande biógrafo, e mais tarde sucessor na diocese de Mariana como primeiro arcebispo, confirmando essa preocupação de dom Viçoso quanto à castidade:

de todos os vícios, era o da impureza o que mais ele flagelava, tornando amiúdo sobre sua hediondez, sua gravidade, suas funestas consequências no tempo, e mais funestas na eternidade. Era parte para tão frequente pregação sobre esta matéria o ser ela o mais geral e mais valente laço, com que os inimigos da alma conjurados a prendem, e mostram a perdição eterna.[22]

Em todos esses documentos e iniciativas pastorais, vemos a consciência de que esse é o principal e mais pernicioso de todos os pecados, e que não há remédio mais eficaz contra ele que a fuga de ocasiões próximas:

a segunda coisa que quero que vos fique impressa no vosso coração é esta: que pretender fugir do pecado sem fugir das ocasiões próximas do pecado, que são os perigos nos quais metido o homem provavelmente peca. (...) Pretender fugir do pecado sem querer fugir das ocasiões, é o mesmo que pretender que os pés não sujem e que a água não molhe e que o fogo não queime. Fugi, pois, das ocasiões (...) e ficai persuadidos de que o pior demônio que vos pode fazer pecar é a ocasião de pecar.[23]

---

[21] *Carta ao Pe. M. J. da Silva*, *apud* Processo de Beatificação, *op. cit.*, p. 296-297.
[22] PIMENTA, *op. cit.*, p. 238.
[23] AEAM, *Missões, Meios para a Perseverança, op. cit.*, p. 69.

7.6. Espiritualidade da fuga do pecado e do medo do inferno

A espiritualidade de dom Viçoso é a espiritualidade da fuga do pecado. Mais importante que viver as virtudes era fugir do pecado. A frase que define essa espiritualidade presente em diversos de seus escritos é antes morrer que pecar. Na base dessa espiritualidade está a consciência que tinha de Deus, como um juiz severíssimo, que castiga e condena ao inferno o pecador. Dom Viçoso, mais que a Deus, temia o fogo do inferno. Esse medo escatológico que ele sentia profundamente está também presente em quase todos os seus escritos, especialmente nas obras *Nova Missão Abreviada* e *Para os meus irmãos reverendos sacerdotes*. Não era apenas um recurso pedagógico que ele usava para levar seus padres e seu povo à conversão, à mudança nos costumes, à confissão, mas algo que ele cria profundamente e temia.

7.7. Insegurança com relação à própria salvação: "são poucos os que se salvam"

A pregação moral de dom Viçoso não era de tonalidade pessimista somente com relação ao homem e ao mundo, mas também com relação à salvação eterna. Um dos temas clássicos da pregação rigorista cristã, a insegurança com relação à própria salvação, fez-se presente de forma muito forte em sua pregação moral e ação pastoral.

Essa mentalidade pervade toda reforma do clero. Acreditava que era difícil a salvação para os padres, pois se Deus era exigente com o povo, muito mais com os padres, seus escolhidos. Se de um lado elevou tão profundamente a dignidade sacerdotal, a partir da visão de sacerdócio segundo São Vicente de Paulo e outros expoentes da Escola Sacerdotal Francesa, colocando os sacerdotes como uma classe especial perante Deus, em relação ao conjunto dos batizados e da própria humanidade, manifestou também as muitas exigências de Deus com relação a eles. A preocupação com o estreito juízo dos sacerdotes está presente na quase totalidade de sua pregação e documentos dirigidos aos sacerdotes, especialmente o documento, *Para os meus irmãos, os reverendos sacerdotes*. O capítulo IV dessa pequena obra, anexada ao diretório litúrgico de sua diocese, intitula-se "Estreito juízo de um mau sacerdote". É justamente essa a mensagem desse capítulo, mostrar quão rigoroso será o juízo de Deus para com os seus escolhidos, que deverão viver uma vida separada do mundo e das pessoas, vida de santidade, de oração, pureza de costumes etc.:

> apenas a alma tem saído do corpo, há de necessariamente apresentar-se no tribunal da justiça divina. Aquele Senhor Jesus, que foi constituído juiz dos vivos e mortos, e que esquadrinha os rins e o coração, e que achou maldade nos anjos, esquadrinhará com lanternas a Jerusalém: então manifestará os desejos de nosso coração, cavará na parede, mostrará abominações péssimas, gravíssimos pecados ocultos, e alheios, reputados em vida como bagatelas, e até pedirá conta de toda a palavra ociosa, que tivermos dito. Creio tudo isso, creio: e com tudo ai! Não só não trato de fazer penitência pelos pecados passados: mas até multiplico as iniquidades sobre os cabelos de minha cabeça. Monstruosos delitos reputo por nada: entesouro contra mim a ira de Deus? Vã é a minha fé, é como a dos demônios. Além disso, cruelíssimo juízo será o dos que governam; alma por alma lhe há de exigir o Juiz. E quem é, que lhe pode resistir? Darei conta das obras alheias, ou que a não posso dar das minhas. O sangue das ovelhas se exigirá de mim.[24]

É essa consciência do rigoroso juízo de Deus para com os sacerdotes que fez com que usasse de linguagem tão clara, direta e dura contra os sacerdotes incontinentes e relaxados de sua missão, por envolvimento em questões e profissões liberais.

---

[24] *Para os meus irmãos os reverendos sacerdotes, op. cit.*, cap. IV.

> vamos ao principal, não sei como vossa mercê não teme da morte e da estreitíssima conta que tem de dar a Deus, como é que rodeado de filhos e com a mãe deles em casa, come, bebe e dorme descansado, em termos de amanhecer no inferno por séculos e por toda a eternidade?[25]

Também na reforma do povo esse pessimismo com relação à salvação está presente. Primeiramente, é interessante perceber que esta ideia já se fazia presente nos sermões de nosso bispo, quando era um padre e missionário popular no Colégio do Caraça. Até podemos dizer, que era o chão sobre o qual todos os sermões foram construídos. No temário dos sermões há a indicação de um sermão *sobre o número dos que serão salvos*, no entanto, não conseguimos ter acesso a ele.

No sermão sobre *a demora da penitência*, usando como recurso retórico a citação dos Padres da Igreja, questiona como engano tais confissões adiadas para a hora da morte. Lembra que a hora da morte é o momento da grande batalha entre o céu e o inferno, em que o inferno manifesta todo o seu poder, visando não perder aquele que viveu uma vida toda em seu serviço. Não basta apenas a confissão, é preciso uma atitude de arrependimento profundo e confessar bem seus pecados.

> Assim digo eu: não é muito que vos arrependais das ofensas divinas que cometestes, mas só por um temor servir da morte e do inferno e pela condenação iminente, de modo que, se tais penas não houvesse, também nenhum arrependimento teríeis de vosso pecado. Além disso, pensais que o demônio que, até àquela hora, tenha estado de posse da vossa alma e que, por instantes, está para o possuir de todo, deixará em paz que se lhe tirem de suas infernais garras, sem mais resistência? Antes, então, é quando ele, mais que nunca, acende o seu furor. (...) Agora, considerai que assim acontece na vossa morte. Sabe o inferno que aquele é o ponto donde tudo depende e, por isso, oh, como naquele ponto será

---

[25] *Carta ao padre. Joaquim J.F.G.*

mais cruel! Não mo quereis acreditar? Dai crédito ao Senhor no Apocalipse "Descendit ad vos diabolus habens iram magnam". Eis aí o inferno que vem contra vós com ira terribilíssima. Ei-lo aí, ei-lo aí! (...) Esperai, pois e vereis como depois chama a campo todas as fúrias infernais, esperai, pois, e verei como rodeiam o vosso leito com a mais cruel batalha.[26]

O tema aparece também no sermão *sobre a Pureza*. Falando da força sedutora e destrutiva do pecado no campo sexual em que muitos chegam a "pecar por necessidade", tamanha a força do vício, citando Santo Tomás de Vila Nova, diz "*demptis parvulis, ex adultis pauci propter hoc vitium salvantur*: com exceção das crianças, dentre os adultos são poucos os que se salvam por causa destes vícios".[27]

Também o percebemos no sermão sobre *o cuidado da salvação*. A salvação para ele está muito longe de ser gratuita, mas é fruto de muito esforço humano, de renúncias, sacrifícios e fidelidade à missão a qual cada um foi chamado, procurando fazer sua parte para corresponder à vontade de Deus em seu estado de vida. Mesmo valorizando tanto a ação deliberada do homem, mostra o padre Viçoso a salvação como uma realidade muito difícil e o faz falando da insegurança que marcou o final da vida de muitos santos:

Os santos que tinham feito mais do que nós, incomparavelmente e com tanta perfeição, choravam muitas vezes aos pés de Cristo crucificado e diziam: "oh alma minha, que pouco trabalho meu por ti, que pouco me canso". E quando se viam na hora da morte tremiam com medo de se condenar. "Salvar-me-ei, dizia São Vicente Ferrer, que tinha convertido milhares d'almas, salvar-me-ei ou condenar-me-ei? Oh céu, oh céu, exclamava São Pedro Damião do horror da sua solidão depois de tantos jejuns, depois de tantas penitências, apenas te posso esperar". Temo, chorava Santo Agostinho, depois de tantos trabalhos e de tantas

---

[26] AEAM, *Missões I, Demora da Penitência, op. cit.*, p. 35-36.
[27] AEAM, *Missões II, Pureza, op. cit.*, p. 28.

penitências, "temo o fogo eterno, temo o condenar-me para sempre". E vós, com tão poucas obras boas, feitas sabe Deus como, julgais que já tendes feito muito para vos salvar, quando os santos tanto temiam?[28]

Além de estar implícita ou explicitamente em seus sermões missionários, tal ideia se faz presente também nas obras que traduziu e incentivou entre seu povo e o clero. Na obra amplamente divulgada e usada por missionários e os párocos em seus sermões, a *Nova Missão Abreviada*, expressa esse pessimismo com relação à salvação:

> e não pense alguém que se desculpa com a sua inocência dizendo: que estas ameaças não dizem com ele, mas sim com os homens injustos e desalmados. Porque justo era São Jerônimo; e, contudo, disto dizia: que cada vez que se lembrava do dia do juízo, tremia-lhe o coração e o corpo. (...) Portanto a todos convém viver com temor deste dia, por muito justificadamente que vivam, pois o dia é tão temeroso e a nossa vida tão culpada e o juiz tão justo, sobretudo seus juízos tão profundos, que ninguém sabe a sorte que lhe há de caber, senão que (como diz o Salvador) dois estavam no campo, a um tomarão e a outro deixarão: dois na mesma cama, a um tomarão, a outro deixarão: dois moendo no moinho, a um levarão, a outro deixarão: nas quais palavras se dá a entender que de um mesmo estado e modo de vida, uns serão levados ao céu e outros ao inferno, para que ninguém se tenha por seguro enquanto vive neste mundo.[29]

Em outra lição dessa obra, sobre o sacramento da Extrema Unção e as Agonias da Morte, vemos esta insegurança com relação à salvação desenhada de forma dramática, em cores vivas, no contexto da última agonia e da morte iminente.

---

[28] AEAM, *Missões II, Cuidado da Salvação, op. cit.*, p. 30.
[29] DOM VIÇOSO. *Nova Missão Abreviada, op. cit.*, p. 163.

Chegando já a doença às últimas, começa a Igreja a ajudar a seus filhos com orações e sacramentos e com tudo o que pode. E por que a necessidade é tão grande, pois naquele ponto se há de determinar o que para sempre há de ser, apressa-se a chamar por todos os santos, para que todos o ajudem em tão grande perigo. (...) Aqui é o temer e o tremer, ainda dos muitos esforçados. Estando neste passo o bem--aventurado Hilarião, começou a tremer e a recusar a saída, e o santo varão esforçava-se dizendo: sai alma, sai fora, de que temes? Setenta anos há que serves a Cristo, e ainda temes a morte? Se temia esta saída quem tantos anos havia servido a Cristo, que fará quem talvez a outros tantos anos que o ofende? Aonde irá? Por quem chamará? Que conselho tomará? Oh! se pudessem os homens entender até onde chega essa perplexidade e aflição! Rogo-te que imagines agora, que tal estaria o coração do patriarca Isaac, quando seu pai o tinha sobre a lenha atado de pés e mãos para o sacrificar. Em cima de si via reluzir a espada do pai, por baixo de si via arder a chama do fogo; os moços que podiam valer tinham ficado na subida do monte: ele estava atado de pés e mãos para não poder fugir nem defender-se, pois que tal estaria então o coração deste santo moço quando assim se visse? Pois muito mais apertada estará a alma do mau nesta hora, porque a nenhuma parte voltará os olhos que não seja causas de turbação e temor. Se olha para cima vê a espada da divina justiça, que o está ameaçando; se olha para baixo vê a sepultura aberta que o está esperando; se olha para dentro de si vê a consciência que o está remordendo; se olha ao redor de si pensa que estão ali os anjos e os demônios esperando cada uma das partes a quem há de caber a presa. Se lanças os olhos para trás vê como já os criados e os parentes, e os bens desta vida ficam cá, e não lhe podem valer, pois só ele sai desta vida e tudo mais cá fica. Finalmente se depois de tudo isto volta os olhos para dentro, e olha para si mesmo, espantado de si ver; e se possível fosse quereria fugir de si. Sair do corpo lhe é intolerável, ficar nele é impossível; dilatar a saída lhe não é concebido. O passado lhe parece um sopro e o futuro (como ele é) parece infinito. Pois que fará um miserável cercado de tantas angústias? Oh loucura e cegueira dos filhos de Adão, que para tal transe se não querem prover com tempo.[30]

A obra *Missão Abreviada,* do padre M. J. Gonçalves do Couto, trata explicitamente desse tema, na *lição 64.* Em meio a já citada confusão entre os conceitos de mundo, há uma argumentação globalizante e genérica, conclui que são *poucos os que se Salvam.*

É certo que são poucos os que se salvam, porque assim o ensina a Sagrada Escritura, e a mesma razão assim o mostra. Sobre o que deveis atender: para um cristão se salvar é necessário viver conforme as máximas de Jesus Cristo, conforme o Evangelho. Mas pergunto: será grande o número daqueles que as observam? Pequeno e muito pequeno... Também é necessário para a salvação descobrir-se qualquer por discípulo de Jesus Cristo: e quantos há que se envergonham de frequentar os sacramentos, de fazer oração, de rezar pelas contas, e até de louvar a Nosso Senhor Jesus Cristo? Também é necessário para a salvação renunciar tudo quanto se possui, ao menos quanto ao afeto, e tomar todos os dias cada um a sua cruz; é este o verdadeiro sinal dos discípulos de Jesus Cristo: mas quantos conheceis vós por este sinal? O mundo é um inimigo declarado de Jesus Cristo: se qualquer segue as máximas do mundo, nisto mesmo se declara contra Cristo (...) ninguém pode servir a dois senhores. (...) Também é necessário para a salvação ter amor aos próprios inimigos, amar a quem nos aborrece; fazer bem a quem nos faz mal, vivendo em necessidade (...). Além disto, não só é proibido reter o alheio, mas também é necessário socorrer aos pobres, fazendo esmolas dos próprios bens; a humanidade cristã de nenhuma sorte consente o luxo e a vaidade (...). Ela deve fugir sempre a todos os divertimentos

---

[30] DOM VIÇOSO. *Nova Missão Abreviada,* p. 140-144.

profanos (...). É um artigo de fé, que nem os enganadores, nem os murmuradores, nem os orgulhosos, nem os vingativos, nem os ladrões, nem os avarentos, nem os desonestos jamais entrarão no Reino dos Céus; logo, quem se salvará? Quem haverá que não esteja manchado em alguns desses vícios em matéria grave? Parece que muito poucos... (...) Mas, ninguém se salva sem ser inocente, ou penitente. (...) Bem o diz o Espírito Santo: "o número dos néscios, isto é, que não cuidam em salvar-se, é infinito". Logo, salvam-se poucos, e até muito poucos em comparação com os que se perdem. (...) Alguém poderá dizer que esta doutrina é rigorosa demais; isso até faz desesperar a gente. Não é assim: quem se não salva, é porque deveras não quer salvar-se; por quanto há remédio para tudo, é mais fácil do que se pensa. (...) Para se salvar, não precisa fugir para os montes, nem de perder o juízo com as medita- ções, nem de abreviar os dias da vida com penitências; é necessário sim, confessar-se com verdadeiro arrependimento, e emendar-se; depois ser fervoroso no serviço do Senhor até ao fim da vida: fazei assim, meus irmãos, que já podeis esperar de Deus o perdão e salvação.[31]

Vemos, portanto, que para dom Viçoso, na fidelidade ao concílio tri- dentino, a salvação é graça de Deus sim, mas é também esforço humano, renúncias, obras de misericórdia, fidelidade à missão e às obrigações próprias de cada estado de vida. Essa sua visão o distancia muito da visão protes- tante e jansenista, que sob o mesmo rigor afirmavam que a salvação era para um grupo seleto de fiéis, só que eleitos pela predestinação de Deus. Para dom Viçoso, a salvação é uma tarefa difícil, mas é possível a todas as pessoas; basta querer e agir em busca dessa salvação:

Aplicai-vos, trabalhai e suai para manter-vos no vosso estado, pois esta é a vontade de Deus, mas primeiro vede lá, se esta aplicação, este trabalho

---

[31] COUTO, Gonçalves, *op. cit.*, p. 292-296.

é conforme com as leis do Senhor e com a vantagem da nossa alma. Em uma palavra, pretendo dizer-vos que estais obrigados a fazer servir à eterna salvação tudo o que fazeis, que dizeis e que pensais, desde pela manhã até à noite, procurando dirigir tudo para a glória de Deus e de fazê-lo segundo o ditame da santa lei, para haver de alcançar dele o mérito e a recompensa, com que se desperta as almas santas para obrar, segundo os ditames desta santa lei e conseguir a glória.[32]

7.8. *Privatismo narcisístico*

A forte pregação de dom Viçoso, visando à mudança dos costumes de seu clero e de seu povo, levou a uma moral privatista e narcisista. O padre, o fiel deveria voltar-se para si mesmo, vigiar-se constantemente contra toda possibilidade de pecado. O mundo e os outros deixam de ser o seu horizonte. Este passou a ser o seu corpo, seus órgãos genitais, seus pensamentos, desejos etc. O importante era vigiar-se para não cair nas ciladas do maligno, para não pecar. Apesar de sua grande atuação social, preocupando-se com os idosos, as crianças órfãs, os enfermos, a questão da escravidão, a ótica principal de sua moral era o indivíduo. O princípio regulador de sua teologia moral é o antigo chavão das missões populares pré-concílio Vaticano II: Salva a tua alma. O mito de narciso foi relido às avessas, pois o homem contempla-se não em suas qualidades, mas em seus defeitos e pecados.

Apesar desse enfoque individualista, por outro lado, o padre deveria assumir o presbitério, viver em profunda comunhão e estrita obediência ao seu bispo, como podemos sentir na análise do estatuto do seminário, profundamente marcado por um espírito comunitarista. Se no seminário e no exercício do presbitério, o sentido comunitário deveria prevalecer na luta contra o pecado, o que fala é o indivíduo.

---

[32] AEAM, Missões II, *Cuidado da salvação, op. cit.*, p. 27-28.

7.9. A centralidade do sacramento da penitência na hierarquia dos sacramentos

O sacramento da Penitência, mais que sacramento da Reconciliação, era visto como meio para a emenda do pecador. O centro do sacramento, como era comum na disciplina sacramental pós-tridentina, era a confissão inteira dos pecados. A imagem que tinha do confessionário não era o lugar do perdão, mas do juízo. O confessor, vigário de Cristo, era também visto como juiz; deveria ser também severíssimo, perscrutar a vida do penitente sobre todos os pecados, por pensamentos, palavras, obras e omissões. Omitir pecados ao confessor, até mesmo por esquecimento, era considerado ofensa a Deus, sacrilégio. Nessa mentalidade, a atitude do penitente que procura o sacramento não era a confiança no amor misericordioso de Deus, mas o medo da condenação futura. Para os padres e seminaristas, a confissão era aconselhada e até exigida mensal e quinzenalmente. O mesmo se exigiu do povo, sobretudo após a introdução da devoção ao Sagrado Coração de Jesus, com a novena das nove primeiras sextas-feiras de comunhões, precedidas da confissão. O sacramento da confissão deixou de ser sacramento da reconciliação do pecador com Deus para tornar-se simplesmente um rito mecânico e devocional, celebrado em clima de profundo rigor e escrúpulos.

Na reforma do clero, o padre era formado acima de tudo para ser confessor, julgar sobre o céu e o inferno, razão pela qual se insistia tanto na leitura de livros de moral. Também, a eficácia das missões populares e das visitas pastorais era medida em parte pelo número de confissões atendidas. O próprio dom Viçoso, nas visitas pastorais, organizadas como missões populares, dedicava grande parte de seu tempo ao atendimento às confissões.

No que se refere à hierarquia dos sacramentos houve uma profunda mudança; se na Tradição Apostólica e Novo Testamento sempre se valorizou mais o Batismo e a Eucaristia como centros da espiritualidade cristã, na práxis sacramental de dom Viçoso, o centro tornou-se o sacramento da Penitência.

7.10. Eucaristia: prêmio para os puros

Além da primazia do sacramento da Penitência no conjunto dos sacramentos, vemos em dom Viçoso uma visão um tanto estreita com relação à Eucaristia. Esse sacramento não é apresentado como alimento para todos os fiéis que buscam uma vida de comunhão com o Senhor, mas apenas para os santos e puros. A reflexão sobre o sacramento da Eucaristia aparece em vários de seus documentos, mas em especial nos seguintes: *Primeira Carta Pastoral*, *Catecismo de Mariana* e nos sermões *sobre a Missa*, sobre a *Comunhão Geral e despedida da Missão*, e em especial na obra por ele prefaciada e incentivada, a *Preparação para a Primeira Comunhão e a Confirmação*, de Gaume.

Na Primeira Carta Pastoral, fiel à teologia sacramental tridentina, fala das condições e dos cuidados necessários para se poder comungar:

> para bem comungar deve saber o que segue: 1) Que a comunhão é um dos sete sacramentos, que Jesus instituiu. 2) Cristo, verdadeiro Deus e verdadeiro homem acha-se em corpo, alma e divindade na hóstia consagrada e em cada uma de suas partículas. 3) Para cada um comungar, deve estar na graça de Deus, e ter limpa sua alma de todos pecados mortais, por meio de uma boa confissão. 4) Deve estar em um perfeito jejum desde a meia noite, até o tempo de comungar. 5) Se alguém comungar, estando ainda em pecado mortal, sem que dele se tenha confessado: se comunga depois de ter comido: se comunga muitas vezes na mesma manhã (exceto se a 2ª vez for por viático) ele recebe a Jesus Cristo, mas não recebe a sua graça; nem cumpre o preceito da comunhão pascal, e comete um horrível sacrilégio, de que Deus nos livre. 6) Quando cada um comunga, não deve tocar com o dedo a sagrada hóstia, se ela se pega ao céu da boca; mas deve fazê-la descer com a umidade, ou com água; nem deve cuspir, sem passar um quarto de hora.[33]

---

[33] *Primeira Carta Pastoral, apud* PIMENTA, *op. cit.*, p. 82-83.

Essa mesma reflexão aparece no Catecismo de Mariana, em forma de perguntas e respostas.

O tema aparece com muita força nos dois sermões missionários acima mencionados. No primeiro sermão, sobre *a Missa*, o objetivo é ensinar o que se deve fazer para bem participar da celebração eucarística. A grande lição é quanto à necessidade da preparação:

> Se Deus manda que todos se preparem para qualquer oração que tenha de se fazer (...), que não pretenderá de quem terá que fazer a maior de todas as orações e devoções que é assistir a Santa Missa? É, pois, certo, que a Santa Igreja requer que os fiéis se preparem do modo devido para assistir ao santo Sacrifício da Missa.[34]

Tratando com pessimismo o ser humano considerado miserável criatura e vilíssimo bicho da terra, fala do devido respeito que se deve ter perante tão santo sacramento:

> bem podeis conhecer que nós, miseráveis criaturas, nós, vilíssimos bichos da terra, assistamos com todo respeito e toda reverência possível. (...) Este respeito deve produzir em nós este efeito de nos fazer compostos no exterior e no interior. (...) Que irreverências (exteriores) são capazes de fazer irritar contra nós o céu, a terra, os anjos e o mesmo demônio.[35]

Nesse mesmo sentido, apresentando a Missa como santo e terrível sacrifício, fala da importância da participação como honra ao Senhor e a manifestação do respeito nas vestes e na devida atenção:

> avivada deste modo a vossa fé, fará que vós vades não por costume, não por ver e ser visto, mas sim para honrar o Senhor e tratar com

---

[34] AEAM, *Missões II, A Missa, op. cit.* p. 53.
[35]*Ibidem*, p. 55.

Ele dos negócios da vossa alma, fará que ponhais à parte todos os pensamentos da terra, que não leveis cães à Igreja, nem outra cousa alguma que possa perturbar-vos, em tempo tão santo, e que procureis ir sem fausto, vaidade e imodéstia, com um traje próprio, composto e devoto, quando for possível ao vosso estado.[36]

O sermão termina com um incentivo à participação diária da Santa Missa, como meio especial de santificação:

aqui acabaria com remorsos, se vos não tornasse a pedir que sejais frequentes a assistir à Santa Missa. É esta uma das mais belas e proveitosas devoções que se podem praticar. As almas, que tomam a peito os negócios da salvação, não deixam passar dia algum sem que se achem presentes à celebração deste sacrifício, por maiores que sejam as suas ocupações, por mais que se achem embaraçados em negócios. (...) E ouvia com disposições, com respeito, com recolhimento, e vos achareis consolados na vida e contentes na morte, contentes e felizes por toda a eternidade, que o Senhor vos conceda, amém.[37]

O sermão final, *Comunhão Geral e despedida da Missão*, não tem a preocupação de ensinar a participar da liturgia eucarística, mas falar das disposições interiores necessárias para bem recebê-la e manter-se na amizade do Senhor. Tendo por ponto de partida a expressão evangélica lucana "Senhor eu não sou digno...",[38] apresenta a Eucaristia, não como remédio e força para o fraco e o pecador que busca a conversão, mas prêmio para o puro.

Ora, pois ânimo! Não desmaieis, ponde as vossas forças assim da alma como do corpo, para chegardes a esta sagrada mesa, a receber o vosso

---

[36] AEAM, *Missões II, A Missa, op. cit.* p. 53.
[37] *Ibidem*, p. 61.
[38] Lc 7,6.

Deus, o vosso amado Redentor. (...) Vinde com todo respeito e reverência (...), vinde adorá-lo. Mas disse pouco! Vinde comer e comungar aquela carne sagrada do Cordeiro Imaculado de Deus. (...) Vinde beber aquele sangue precioso que nos remiu e por nós foi derramado entre tantas penas e tormentos, em uma cruz. Mas, ah, meu divino Senhor, se os vossos servos não se atrevem a se aproximar de vossa celestial mesa, estando cheios de virtudes e perfeições, como me hei de eu atrever, que sou miserável pecador? Se os céus, sendo tão grandes, não podem compreender a vossa grandeza, como o poderei eu fazer, sendo pó e cinza e um vil bichinho da terra, a vós que sois o santo dos santos?[39]

Agora, o rigor na apresentação desse sacramento, e todo um discurso baseado no cuidado contra o perigo de sacrilégios e suas consequências, aparece de forma especial na obra prefaciada e incentivada por dom Viçoso, *Preparação para a Primeira Comunhão e a Confirmação,* de Mons. Gaume. Uma obra dirigida a crianças que se preparam para a primeira comunhão. Esse dia tão importante na vida da criança é comparado ao dia do juízo final, quando estará em jogo a salvação ou a condenação eterna daquele que comunga. Esta comunhão exige preparação e verdadeiro temor. É nesta obra que podemos ver com mais clareza, a apresentação da Eucaristia como prêmio para os puros.

> É preciso que isso assim seja, visto que o Salvador nos diz expressamente por boca de São. Paulo, que aquele que comunga mal, bebe e come a sua condenação. Estas verdades, meus queridos meninos, levaram o temor às vossas almas, eu o sei, e haveis de perdoar-me se vos disser que foi com este fim que vo-las manifestei? Sim, esta foi a minha intenção, porque o temor de Deus é o princípio da sabedoria. Sim, ainda, porque o menino o mais arriscado a fazer mal a sua primeira comunhão é aquele que menos receia de a fazer mal.[40]

---

[39] AEAM, *Missões II, Comunhão Geral e Despedida da Missão, op. cit.*, p. 53.
[40] GAUME, *Preparação para a primeira comunhão, op. cit.*, p. 26.

Falando do pecado como horrível abominação, e de suas consequências perniciosas, afirma que aquele que comunga sem a necessária pureza, torna-se algoz de Cristo:

> O pecado em uma alma é uma horrível abominação: expulsa dela a graça com todos os seus méritos, o Espírito Santo com todos os seus dons; profana o templo da divindade e nele introduz o demônio que se torna senhor dele e reina nele como um tirano. Torna o cristão culpado diante de Deus, do desprezo o mais insultante, culpado de ingratidão a mas negra, culpado da morte de Jesus Cristo: haverá crime mais horrível?. (...) O pecado numa alma causa nela a mais horrorosa desolação: tira-lhe a amizade de seu Deus, acabrunha-se de desgostos, a tortura de remorsos, torna a escrava do pecado e do demônio, fecha-lhe o céu e abre-lhe o inferno. Que loucura, depois disto, expôs-se a tantos males para gozar um prazer momentâneo. (...) O que pensar, então, de um menino que persevera no pecado ao aproximar-se a sua primeira comunhão? É um crime, uma desgraça que não se saberia exprimir. O único recurso que resta a esse menino tão culpado é converter-se nesse momento de sair do Retiro, por que se permanecer nele ajuntará sobre a sua cabeça os carvões acesos da cólera divina, e se atrevesse a chegar-se a Mesa Santa, ela se tornaria para ele um novo calvário onde seria o algoz de seu Deus.[41]

---

[41] GAUME, *Preparação para a primeira comunhão*, p. 32.

Conclusão

Concluindo nosso trabalho, podemos dizer que esse complexo e multifacético fenômeno chamado jansenismo é caracterizado por uma moral e espiritualidade do temor. O medo de não pertencer ao número dos eleitos – pequeno grupo – invade todo o movimento. Desenvolve-se em seu interior gélido rigorismo que se manifesta em penitências extravagantes, em pessimismo e desprezo da natureza humana e, nesse sentido, de tudo o que se refere à sexualidade, prazeres e até do próprio matrimônio. A perfeição cristã é vista como abandono do mundo e até mesmo dos afetos com familiares e amigos etc. Deus é visto como um juiz severíssimo e vingador. Deus é tornado distante, onipotente e onisciente – deve ser adorado – decide arbitrariamente sobre o destino dos homens. Para os jansenistas tudo depende de Deus e nada dos homens.

O jansenismo como movimento reformador na Igreja teve alguns aspectos positivos. No campo dogmático, destacou o senso mistérico da fé, dando ênfase à onipotência divina, diante da qual o homem deve assumir uma atitude de adoração respeitosa. No campo moral, reagiu contra a mentalidade laxista e descompromissada; propôs uma autenticidade da vida cristã, com renovação de vida e conversão interior; propôs na liturgia um culto mais puro e, em tudo, um retorno às genuínas fontes do cristianismo, os Santos Padres e a Sagrada Escritura.

Pecou pelo excesso, pelo radicalismo e graves desvios (talvez em consequência da polêmica) e por seu caráter a-histórico, manifestado no fechamento aos novos tempos e na absolutização do passado. Seu rigor e pessimismo com relação à natureza humana afastaram a muitos da mesa da Eucaristia, fazendo com que se considerassem totalmente indignos dela. Concebeu a Igreja como a comunidade dos fortes, dos puros e dos santos, afastando dela os fracos e pecadores. Conceberam a Igreja como aquele lugar onde os fortes, privilegiados pela eleição divina, encontram-se para "agradecer a Deus não serem como os demais homens, fracos, infiéis e pecadores" (Lc18,11).[1] Sua disciplina rigorista e a supervalorização da graça em detrimento da ação livre do homem levaram muitas pessoas ao desânimo, fazendo com que se desanimassem da luta e do esforço pela renovação interior.

A presença dessas ideias na França e toda a Europa Católica por mais de cem anos deixou suas marcas, sua influência, penetrando profundamente no ethos católico. Condenado como doutrina e movimento, o jansenismo continuou vivo como mentalidade,[2] que influenciou a Europa Católica, e invadiu a vida religiosa e moral das colônias, inclusive do Brasil.

No campo disciplinar, valorizando a autoridade e independência dos bispos e, mesmo, buscando apoio no poder civil, caiu no Episcopalismo nacional, reforçou o regalismo que no Brasil tomou a forma de Padroado. É essa a linha teológica do Sínodo italiano de Pistoia, bem como da *Teologia de Lyon*, do *Catecismo de Montpellier* e da *Tentativa Theologica* do padre Antônio Pereira de Figueiredo, impostas pela reforma educacional pombalina para todo o império português, no governo de dom José I.

Nesse contexto podemos entender toda a ação reformadora do marquês de Pombal. De formação regalista e jansenista, não apenas perseguiu obstinadamente os jesuítas em todo o império, característica comum a todos os jansenistas, como realizou reformas eclesiásticas a partir do poder civil, fechando-se à relação com a Santa Sé, levando os bispos portugueses a uma dependência radical do poder civil para todas as iniciativas pastorais e administrativas. A Santa Sé passou a ser vista como um poder despótico estrangeiro, e o papa, como um rei estrangeiro sem nenhum poder

---

[1] In: HENRIQUE CRISTIANO (...), *História do Cristianismo, Estudos e documentos*, HI 65, p. 10.
[2] HENRIQUE CRISTIANO (...), *op. cit.*, HI 65, p. 9, n. 330.

de intervenção no interior do império. Na esteira de Pombal, vimos que essa mesma política regalista estendeu-se para o Brasil durante o período colonial, na regência, com a forte presença de Diogo Antônio Feijó e os Padres do Patrocínio de Itu, e no primeiro e segundo impérios. Os bispos foram tornados membros da corte e funcionários reais, universidades e escolas regidas pelos jesuítas foram fechadas, a censura estatal proibiu livros e documentos oficiais da Igreja, impondo uma literatura eivada de ideias galicanas e jansenistas para a formação do povo e do clero. O sonho de uma Igreja nacional independente da Santa Sé foi levado às últimas consequências, só não conseguindo pleno sucesso em razão da ação dos bispos reformadores, que, sob a influência de Pio IX, passaram a questionar o regime do padroado e a exigir a necessária autonomia para o cumprimento da missão eclesial e o crescimento da Igreja em todos os níveis.

Dom Vital e dom Macedo Costa, bispos das dioceses de Olinda e Belém do Pará, são os bispos reformadores mais reconhecidos pela história nacional. Foram eles considerados mártires dessa luta dos bispos reformadores, por terem conhecido a perseguição e a prisão. Mas, com certeza, a ação reformadora que conheceu maior eficácia e tornou-se referência paradigmática para outros bispos católicos brasileiros foi a ação de dom Antônio Ferreira Viçoso à frente da diocese mineira de Mariana.

A missão e obra de dom Antônio Ferreira Viçoso deve ser compreendida em um horizonte mais amplo do que o da reforma do catolicismo mineiro. Dom Viçoso era um padre da Congregação da Missão, fundada por São Vicente de Paulo, com a finalidade de ajudar na reforma tridentina do clero e do povo, e desde o início, contrária ao espírito e ao movimento liberal surgidos da Revolução Francesa. Esse é o berço e a escola de dom Viçoso: uma congregação tridentina, marcada por forte rigorismo moral e por uma espiritualidade e postura de aversão ao mundo moderno.

A obra de dom Viçoso à frente da Igreja de Mariana e do Brasil teve com certeza um lado profundamente positivo. Venceu de uma forma definitiva as pretensões de eclesiásticos e políticos regalistas que visavam criar uma Igreja nacional independente de Roma, nos moldes galicanos. Tornou o catolicismo mineiro realmente Católico Romano, unindo de forma definitiva o catolicismo mineiro e depois brasileiro, livre das amarras do padroado, à Igreja de Roma. Sua obra insere-se plenamente no movimento encabeçado por Pio IX de concentração das decisões eclesiásticas na Igreja de Roma e de seu bispo, movimento levado à plenitude e codificado nas conclusões do concílio Vaticano I (1869-1870), no dogma do primado e infalibilidade papal proclamado nesse concílio.

O nosso trabalho concentrou-se mais nos limites da ação desse grande bispo reformador da Igreja no Brasil. Mergulhamos em suas iniciativas pastorais buscando as ideias, os fundamentos de sua ação pastoral e a sua relação com o fenômeno multifacético do jansenismo, no caso do neojansenismo francês, que influenciou profundamente a vida eclesial e eclesiástica brasileira.

De seu trabalho levantamos algumas características que foram uma constante em suas iniciativas pastorais, e que o aproximaram da mentalidade jansenista que tão fortemente marcou a vida católica europeia nos séculos XVII e XVIII como: o forte enfoque em uma antropologia baseada na natureza decaída, uma verdadeira aversão à corporeidade, sobretudo à sexualidade e vida prazerosa, à política (considerada coisa suja) e as realidades terrenas; Deus como Juiz Severíssimo (mais preocupado em condenar e castigar os pecadores que em salvar); uma pedagogia missionária visando à conversão centrada no medo escatológico, na morte repentina e nos castigos eternos do inferno; uma cosmologia negativa e consequente espiritualidade da fuga do mundo (considerado perigoso e contrário à salvação); uma espiritualidade do medo da morte e consequente fuga do pecado; marginalização da mulher (considerada a Eva pecadora e até a personificação da serpente sedutora); a castidade como rainha das virtudes; a centralidade do Sacramento da Penitência na hierarquia dos Sacramentos; que a Eucaristia é um sacramento para poucos, somente para os justos, puros e santos; que a salvação é uma tarefa difícil, para poucos, o que levou a certo privatismo religioso narcisístico, em que o fiel era levado a estar centrado em si mesmo, vigiando sobre suas ações, pensamentos, palavras, tudo fazendo para fugir às ocasiões de pecado e salvando a própria alma.

A grande diferença do jansenismo tradicional é que, sob a influência das ideias protestantes, consideravam Deus como Senhor absoluto do destino da humanidade, salvando e condenando a quem queria. Para dom Viçoso, a atenção estava em Deus sim, considerado Justo Juiz, que percuta os rins e o coração, mas também no bom uso do livre arbítrio, na escolha e esforço pessoal em lutar contra o pecado e em viver uma vida pura.

Bibliografia

AEAM: Arquivo Episcopal da Arquidiocese de Mariana.

Dom Viçoso, *Catechismo de Marianna,* Coordenado pelo Exmo. e Revmo. Sr. Dom Antônio Ferreira Viçoso e reimpresso por ordem do Exmo. e Revmo. Sr. Dom Antônio Maria C. de Sá e Benevides, para uso em sua diocese. 7. ed., Marianna Typografia (Antiga Bom Ladrão), 1885.

_____. *Para os meus irmãos os reverendos sacerdotes*, apud *Diretorium ad Divinum Officium Recitandum*, Typografia Episcopali, Marianne, 1857.

_____. *Explicação motivada dos principais artigos do regulamento do Seminário Eclesiástico de Mariana (Documento Manuscrito).*

_____. *Nova Missão Abreviada.* Prefácio de D. Antônio Ferreira Viçoso, composta das obras de Luis de Granada, especialmente o seu tratado da Oração. Typ. De J. A. R. de Morais – editor, Marianna, 1872.

Compêndio de Theologia Moral de Santo Affonso Maria de Ligório. Redigido pelo Padre José Frassinetti, traduzido do italiano, da 5 ed. de Gênova, 1865, por ordem de Exmo. e Revmo. Sr. Dom Antônio Ferreira Viçoso – Conde da Conceição – bispo de Mariana. Rio de Janeiro, B.L. Garnier, livreiro editor, 1872.

Ex Libris Congregationis Missionis do Caraça, mimeo, 1841 (Sermonário de Pe. Viçoso para as Missões Populares, Conferências Espirituais aos Ordinandos e ao Clero em geral, Trezena de Santo Antônio, Novena de Nossa Senhora das Dores, Novena de São José).

Manual das Missões. Lisboa, Tipographia Universal, 1866.

Pimenta, S. G. *Vida de Dom Antônio Ferreira Viçoso – bispo de Mariana, conde da Conceição*. 3. ed., TYp. Archiepiscopal, Marianna, Marianna 1920. *Regulamento do Seminário.*

Rodrigues, F. C. (mons.). *Cadernos Históricos do Arquivo Eclesiástico da Arquidiocese de Mariana*, I, *As Primeiras Visitas Pastorais no Bispado de Mariana* (mimeo), Mariana 1999.

_____. *Cadernos Históricos do Arquivo Eclesiástico da Arquidiocese de Mariana*, II, *Visitas Pastorais de Dom frei Cipriano de São José*, (mimeo), Mariana 1999.

Arquivo da Casa Geral da Congregação da Missão em Roma (ACCM)

Annales de la Congrégation de la Mission, ou Recueil de Lettres Édifiantes, Ecrites par les Prêtes de Cette Congrégation employés dans les Missions étrangéres, Paris, Près Saint-Sulpice, Tome XIV (1849); XVIII (1853); XXIV, n. 1 (1859).

Annales de la Congrégation de la Mission, ou Recueil de Lettres édificantes, écrites per les prêtes de cette Congrégation et par les Filles de la Charité, paraissant tous les trois mois. Tome LIII, Paris, Année 1888.

Compêndio da História da Congregação da Missão em Portugal – terceira parte – *Desde a supressão das Ordens Religiosas até a vinda dos Lazaristas Franceses (1834-1857),* (mimeo).

Processo de Beatificação. *Marianen Beatificationis et canonizationis servi Dei Antonii Ferreira Viçoso (1787-1875) episcopi Marianensis e Congregatione Missionis. Positivo super vita, virtutibus et fama sanctitatis*, Roma 2001.

-328-

Biblioteca Frei Chico Van Der Poel – Pontifícia Universidade Católica de Minas Gerais

Constituições Primeiras do Arcebiscopado da Bahia feitas e ordenadas pelo Ilustríssimo e Reverendíssimo senhor dom Sebastião Monteiro da Vide, 5º arcebispo do dito Arcebispado, e do Conselho de Sua Majestade. Propostas e Aceitas em o Sínodo Diocesano, que o dito senhor celebrou em 12 de junho de 1707, São Paulo 1853.

CORNAGLIOTO, J.B. *Leituras Populares sobre a Sagrada Paixão de Nosso Senhor Jesus Christo, e dores de Maria Santíssima.* Ilustradas com exemplos extrahidos dos melhores autores por um sacerdote da Congregação da Missão. 2. ed., Rio de Janeiro, 1883.

COUTO, M. J. Gonçalves (Pe.). *Missão Abreviada para despertar os Descuidados, converter os pecadores e sustentar o fruto das Missões.* 11. ed.: Porto, 1878.

Estrada Real para os Céus dos Céus. Coleção Espiritual de Instruções, orações, de todos os atos de piedade necessários ao verdadeiro cristão, com os quais pode afoitamente caminhar pelo verdadeiro caminho que conduz à glória, despido de escrúpulos, assazonados com os sentimentos e espírito da verdadeira religião, e conformes aos diferentes estados e condições do homem. Com licença da comissão de censura.Tirada de vários autores, por um sócio da sociedade Cristã, A. C. De A. G. Coimbra, na Real imprensa da Universidade, 1821.

GAUME (Mons.). *Manual da Primeira Comunhão e da Confirmação.* Para uso de meninos e meninas que se prepararam para receber estes Sacramentos. Traduzida para o Português da 14ª ed. Rio de Janeiro, 1897. (Com aprovação dos bispos: Manuel Joaquim da Silveira (Bahia), Sebastião Dias Laranjeira (Rio Grande do Sul), Pedro Maria de Lacerda (RJ), Antônio de Macedo Costa (Belém do Pará), Luis Antônio dos Santos (Ceará), dom Antônio Viçoso (Mariana, 3 de setembro de 1872), e Lino Deodato (São Paulo).

PIMENTA S. G. *A prática da Confissão ou Instrução completa de quanto é necessário ao cristão saber para se confessar bem.* 2. ed. Aprovação eclesiástica por Antônio Maria Correa de Sá e Benevides, em Marianna, a 22 de abril de 1888.

R.P.H.L. da Congregação da Missão, *Manual das Missões* – Acompanhado de Cânticos e hinos religiosos com música para piano e órgão. (Org.). 1. ed., Rio de Janeiro, 1896.

Thesouro do Christão. Dedicado aos alunos dos seminários do Império do Brasil, por um padre de S.Vicente. 3. ed., corrigida e aumentada. Rio de Janeiro, Aprovação de dom Viçoso a 10 de maio de 1858 e dom Luis Antônio dos Santos, em Mariana a 28 de agosto de 1868.

Thesourinho do Christão. Por um sacerdote da Congregação da Missão. 2. ed. melhorada, Rio de Janeiro, 1887 (Com aprovação de D. Antônio Maria de Sá e Benevides, bispo de Mariana, sucessor de dom Viçoso). Traz o mesmo conteúdo do Thesouro do Christão. Só que em uma encadernação de bolso.

Livros e Artigos

ALMEIDA, Luís Castanho de (Cônego). O Marquês de Pombal segundo os Contemporâneos. In: *Revista Vozes de Petrópolis*, Setembro-Outubro (1947), p. 595-605.

_____. Diogo Antônio Feijó: Notas para um estudo sobre o Sacerdote. In: *Revista Vozes de Petrópolis*, Março-Abril (1947), p. 212-243.

_____. Notas para a História dos Seminários. In: *REB*, v. 9, Fasc. 1, (1949), p. 114-130.

_____. Formação Intelectual de Feijó e do Clero de sua época. In: *REB*, Fasc. 3, (1948), v. 8, p. 617-633.

ALMEIDA, Luís Castanho de (Cônego). Feijó em luta com o Papa. Sua Retratação e Morte Piedosa. In: *Revista Vozes de Petrópolis*, Julho-Agosto (1947), p. 452-460.

AZZI, Riolando. Elementos para a história do Catolicismo popular. In: *REB*, Fasc. 141 (1976), v. 36, p. 95-130.

_____. O Movimento de Reforma Católica no Século XIX. In: *REB*, Fasc. 135 (1974), v. 34, p. 646-662.

_____. Os Padres da Missão e o Movimento de Reforma Católica no Século XIX. In: *Convergência*, ano VII, n. 76 (1974), p. 1237-1256.

_____. As Filhas da Caridade e o Movimento Brasileiro de Reforma Católica no Século XIX. In: *Convergência*, Ano VIII, n. 77/78 (1975) p. 232-249.

_____. Os Religiosos e o Movimento de Reforma Católica no Brasil durante o Século XIX. In: *Convergência*. Ano 8, n. 82 (1975), p. 301-317.

_____. Os Jesuítas e a Formação do Clero no Brasil. In: *Convergência*. Ano IX, n. 89 (1976), p. 44-59.

_____. Os Padres Capuchinhos e o Movimento Brasileiro de Reforma Católica no Século XIX. In: *Convergência*, n. 82 (1975).

_____. Os Bispos Religiosos Durante a Época Imperial no Brasil. In: *Convergência*. Ano IX, n. 89 (1976), p. 237-255.

_____. Eremitas e Irmãos: Uma forma de Vida Religiosa no Brasil Antigo – I parte. In: *Convergência*, n. 94, (1976) p. 370-383.

_____. Eremitas e Irmãos: Uma forma de Vida Religiosa no Brasil Antigo – II parte. In: *Convergência*, n. 95 (1976), p. 430-441.

_____. A vinda dos Redentoristas para o Brasil na Última Década do Século Passado. In: *Convergência*. Ano X, n. 104 (1977), p. 367-382.

_____. A Catequese no Brasil. Considerações Históricas. In: *Convergência*. Ano X, n. 104 (1977), p. 491-512.

Azzi, Riolando. Dom José Afonso de Moraes Torres, Ex-lazarista, no bispado do Pará. In: *Convergência*. Ano XVII, n. 149 (1982), p. 177-192.

_____. Um Franciscano entre os Reformadores. In: *Convergência*. Ano XVII, n. 157 (1982) p. 564-576.

_____. Um Religioso à frente da Reforma Católica no Brasil: Dom Antônio Ferreira Viçoso *(1844-1875)*. In: *Convergência.* Ano XVIII, n. 159 (1983), p. 112-128.

_____. A Segunda Evangelização do Brasil. In: *Convergência*. Ano XXV, n. 229 (1990), p. 433-448.

_____. Família e Valores na Sociedade Brasileira numa perspectiva Histórica (1870-1950). In: *Síntese*, nova fase, n. 41, v. XV, 1987, p. 87-109.

_____. *O Episcopado do Brasil frente ao Catolicismo Popular.* Petrópolis: Vozes, 1977.

Bartoli, Silvana. *Angélique Arnauld. Relazione su Port-Royal.* L'autobiografia di uma monaca ribelle. Sallerio Editore, Palermo, 2003.

Beozzo, José Oscar. *Leis e Regimentos das Missões*. São Paulo: Paulinas, 1983.

Bidegáin, Ana Maria. *História dos Cristãos na América Latina*. Tomo I, trad. Jaime A. Clasen. Petrópolis: Vozes, 1993, p. 324.

Brandão, Ascânio (Pe.). São Vicente de Paulo Mestre e Modelo da Vida Sacerdotal. In: *REB*, Fasc. 2 (1944), v. 4, p. 304-314.

Camello, Maurício José de Oliveira. *Caraça:* Centro Mineiro de Educação e Missão (1820-1830). Belo Horizonte: São Vicente, 1973.

_____. *Dom Antônio Ferreira Viçoso e a Reforma do Clero em Minas Gerais no Século XIX.* Tese apresentada ao Departamento de História da

Faculdade de Filosofia, Letras e Ciências Humanas da Universidade de São Paulo para obtenção de grau de Doutor. São Paulo, 1986, p. 529.

COLBERT, C. J. Catecismos da diocese de Montpellier, impressos por ordem do bispo Carlos Joaquim Colbert, traduzidos na língua portuguesa para por eles ensinar A Doutrina Cristã aos meninos das Escolas dos Reinos, e domínios de Portugal. Typografia de Manoel Antônio da Silva Serva, Ano M.DCCC. XVII. Texto completo, tradução em língua portuguesa, de 1817. In: *www. brasiliana.usp.br.*

CARREYRE, J. Jansénisme. In: *Dictionaire de Théologie Catholique (DTC).* Contenant: l'esposé des doctrines de la théologie catholique. Leurs preuves et leur histoire. A . Vacante, E. Mangenot e E. Amann (Dir), Tome Huitiène, première partie (Isaac – Jeûne), Libraire Letouzey et Ané, Paris, 1924, col. 318-530.

CÂMARA, Jaime (cardeal-arcebispo do Rio de Janeiro). *Apontamentos de História Eclesiástica.* 3. ed., Vozes: Petrópolis, p. 378, 1957, p. 282-289.

COMBLIN, José. Para uma tipologia do Catolicismo no Brasil. In: *REB*, v. 28, Fasc. 1 (1968), p. 46-73.

MELO, Amarildo José de. *A Influência do Jansenismo na formação do ethos católico brasileiro.* Uma reflexão a partir da ação reformadora de dom Antônio Ferreira Viçoso. Dissertação de Mestrado, FAJE-BH, 2001 (mimeo).

_____. *Dom Antônio Ferreira Viçoso (1787-1875) e sua obra reformadora da Igreja em Minas Gerais:* uma releitura teológico moral. Dissertatio ad doctoratu in theologia morali consequendum, Moderador Pe. Sabatino Majorano, Pontificia Universitas lateranensis, Accademia Alfonsiana, Roma, 2005.

DEVIGILI, Gamaliel (Ofm). Hermenêutica do Ethos. In: *REB*, Fasc. 133 (1974), v. 34, p. 5-19.

DELUMEAU, J. *O Pecado e o Medo.* A culpabilização no Ocidente nos séculos 13-18. 2 volumes, Tradução de Álvaro Lorencini, Edusp, Bauru, 2003.

_____. *La Confessione e il Perdono.* Le Difficoltà della Confessione dal XIII al XVIII Secolo. San Paolo, Consello Balsamo, 1992.

_____. *Il Cattolicesimo dallo XVI al XVIII secolo.* Milano: Mursia, 1976.

_____. *La Paura in Occidente.* Torino, 1979.

DENZINGER, H; HUNERMANN, P. *El Magisterio de la Iglesia:* Enchiridion Simbolorum Definitionum et Declarationum de Rebus Fidei et Morum. Barcelona, 2000.

DORNAS, F. J. *O Padroado e a Igreja no Brasil.* São Paulo, 1938.

DULONG, C. *La vita quotidiana delle donne nella Francia di Luigi XIV.* Milano, 1986.

DUPUY, Michel. Jansénisme. In: *Dictionnaire de Spiritualité*, Ascetique et Mystique, Doctrine et Histoire. Coord.: A . Rayez, A. Derville et A. Solignac, SJ., Avec le concours d'un grande nombre de collaborateurs. Fasc. LII-LIII Jacob – S. Jean Fischer.Paris: Beauchesne, 1972, col. 102-148.

EGAS, Eugênio; Diogo Antônio Feijó. Typografia Levi, 1913, 2 volumes.

FIGUEIREDO, L. R. de A. *Barrocas Famílias:* Vida Familiar em Minas Gerais no século XVIII. São Paulo, 1997.

FIGUEIREDO, Antônio Pereira de (Pe.). Tentativa Theologica. Texto digitalizado completo in *books.google.com.br/books?id=cmVRZFQZ3LIC*

FISICHELLA, R. *Storia della Teologia 3* – Da Vitus Pichler a Henri de Lubac, Roma,1996.

Freitas, José Higino de. *Aplicação no Brasil do Decreto Tridentino sobre os Seminários até 1889.* Belo Horizonte: O lutador, 1979.

Granada, L. (OP). *Libro de Oración.* Madrid: BAC, 1999.

Hoonaert, Eduardo. *Formação do Catolicismo Brasileiro 1550-1800.* Petrópolis: Vozes, 1974.

_____. *História da Igreja no Brasil, Ensaio e Interpretação a partir do Povo.* CEHILA, tomo 2. Petrópolis: Vozes, 1977.

_____. Para uma História da Igreja no Brasil. In: *REB*, v. 33, fasc. 129, (1973).

_____. Para uma História da Igreja no Brasil II. In: *REB*, v. 34, fasc. 133, (1974).

Haring, Bernhard. *Minhas Esperanças para a Igreja* – Críticas e Estímulos. Aparecida: Santuário/Paulus, 2000, p. 163.

Hoornaert, Eduardo. Para Uma História da Igreja no Brasil I. In: *REB*, v. 33, Fasc. 129 (1973), p. 117-138

_____. Para uma História da Igreja no Brasil II. In: *REB*, v. 34, Fasc.133 (1974), p. 123-131.

_____. *Formação do Catolicismo brasileiro 1500-1800.* Petrópolis: Vozes, 1974.

_____. (Org.). *História da Igreja no Brasil.* Tomo II: *História da Igreja no Brasil, primeira época.* Petrópolis: Vozes, 1977.

Huby, José. *CHRISTUS,* História das Religiões. Tradução e prefácio de Antônio Pinto de Carvalho. São Paulo: Saraiva, 1956, 4 volumes, 1274p.

JEDIN, Hubert. *Manual de Historia de la Iglesia.* v. VI, Biblioteca Herder, Barcelona, ES, 1978, p. 17-114.

LEERS, Bernardino (Ofm). *O Ministério da Reconciliação.* Uma Ética Profissional para Confessores. Petrópolis: Vozes, 1988, p. 214.

_____. Moral Cristã e Autoridade do Magistério Eclesiástico – conflito e diálogo. In *Teologia Moral na América Latina.* Aparecida-SP: Santuário, 1991.

_____. *Catolicismo Popular e Mundo Rural* – Um ensaio Pastoral. Petrópolis: Vozes, 1977, p. 228.

_____. *Jeito Brasileiro e Norma Absoluta. Pastoral 7.* Petrópolis: Vozes, 1982.

_____. Existe um Ethos Cristão? In: *REB.* Fasc. 133 (1974) v 34, p. 20-44.

_____. Pecadofobia e sua gênese. Um projeto de pesquisa. In: *REB.* Fasc. 235 (1999), v. 59, p. 515-529.

_____. Evangelização e Mundo Rural. In: *Convergência,* v. 157 (1982), p. 544-557.

_____. Fé e ethos Cultural. In: *Convergência,* Ano XXV, n. 229 (1990), p. 497-512.

_____. O Sacramento da Reconciliação. In: *REB,* v. 44, fasc.174 (1984), p. 299-232.

_____. O Jeitismo Brasileiro. In: *Logos,* 9 (1982) INESP, Divinópolis, 10, p. 45-58.

_____. O Ethos Popular no Brasil. In: *Logos,* INESP, Divinópolis 7 (1980), p. 52-66.

LIBÂNIO, J. B. Pecado e Culpa. In: *REB* v. 34, Fasc. 133, (1974), p. 108-127.

_____. *A Volta à Grande Disciplina* – Reflexão teológico-pastoral sobre a atual conjuntura da Igreja. Coleção Teologia e Evangelização – IV. São Paulo: Loyola, 1983, p. 180.

LUSTOSA, Oscar de Figueiredo. Pio IX e o Catolicismo no Brasil. In: *REB*, v.40, (1980) p. 270-285.

_____. *A Presença da Igreja no Brasil*. São Paulo: GIRO, 1977.

MARIN, Darci L (dir. editorial). *Documentos de Gregório XVI e de Pio IX (1831-1878)*. São Paulo: Paulus, 1999, p. 332.

MARTINA, Giacomo. Trad. Orlando Soares Moreira. *História da Igreja. De Lutero a Nossos Dias*. II A Era do Absolutismo. São Paulo: Loyola, 1996, p. 195-240.

MATOS, H. C. J. *Introdução à história da Igreja*. Belo Horizonte, 1987.

_____. *Nossa história*: 500 anos de presença da Igreja Católica no Brasil, – Coleção Igreja na História – Tomo 1 (*período colonial*). São Paulo, 2001.

MATOS, H. C. J. *Nossa história*: 500 anos de presença da Igreja Católica no Brasil. Tomo 2 (*período imperial e transição republicana*) – Coleção Igreja na História – São Paulo, 2002.

_____. *Nossa história:* 500 anos de presença da Igreja Católica no Brasil. Tomo 3 (*período republicano e atualidade*) – Coleção Igreja na História. São Paulo, 2003.

MATTOSO, J. *História de Portugal*, v. 5, *O liberalismo* (1807-1890). Lisboa, 1993.

MEZZADRI, L. e altri. *Le Missioni Popolari della Congregazione Della Missione nei sec. XVII-XVIII*, Studi e Documenti, II. Edizione: Milano, 2002.

_____. *La Lode della Gloria. Il sacerdozio nell'ecole française. XVII-XX secolo*. Milano,1989.

_____. *Fra Giansenisti e Antigiansenisti – Vincente Di Paoli e la Congregazione della Missione (1624-1737)*, Firenze, 1977.

MEZZADRI, L. Adorazione, Sacrificio e Missione. Le dimensioni del presbiterato nella Scuola Francese del 600. In: *Communio* 150 (1996) p. 32-46.

_____. *Gesù* Cristo modello del sacerdozio missionario secondo S. Vincenzo de Paoli. In: *Divus Thomas* 78 (1985), p. 247-275.

_____. La sequela di Cristo secondo San Vincenzo de Paoli. In: *Annali della Missioni* 97 (1990), p. 229-241.

_____. Per un Ritiro Spirituale Vincenziano. In: *Annali della Missioni* 91 (1984), p. 6-34.

_____. San Vincenzo de Paoli e i Seminari. In: *Annali di Storia dell'educazione e delle Istituzione Scolastiche* 7 (2000), p. 89-111.

_____. Istruire i semplici e cambiare il loro cuore. La predicazione lazarista, *in Devozioni e pietà popolare fra Seicento e Settecento:* il ruolo delle Congregazioni e degli ordini religiosi, a cura de S. Nanni, in *Dimensioni e Problemi della Ricerca Storica* 2 (1994), p. 172-187.

_____. La Congregazione della Missione di S. Vincenzo de Paoli e le Missioni Popolari. In: *Annali della Missioni* 94 (1987), p. 217-274.

_____. San Vincenzo de Paoli e la Religiosità popolare. In: *Annali della Missione* 89 (1982), p. 77-102.

_____. San Vincenzo de Paoli e la Festa. In: *Communio* 62/63 (1982), p. 113-119.

_____. Date a Dio per il servizio dei Poveri. Fondatori e fondatrici di Congregazioni femminili nel sec. XVII. In: *Annali della Missione* 98 (1991), p. 47-58.

_____. Santa Luiza e le Donne del suo tempo. In: *Annali della Missione* 98 (1991), p. 93-116.

MEZZADRI, L.; PERES, Flores M. *La Regola delle Figlie della Carità di S. Vincenzo de Paoli*. Milano, 1986.

MOLINARI, F. San Vincenzo de Paoli i la riforma del clero. In: *Annali della Missione* 89 (1982), p. 38-76.

MORONI, G. *Dizionario de erudizione storico-eclesiástica*, v VIII, Venezia, 1851, p. 293-295.

MOSER, Antônio (Ofm). Educação Moral Libertadora. In: *Convergência*, Ano XVII, n. 149 (1982), p. 138-150.

MOTT, L. Modelos de santidade para um clero devasso: a propósito das pinturas do Cabido de Mariana, 1760. In: *Revista do Departamento de História da UFMG*. Edição Especial: "O Século XVIII". N. 9, Fafich. Ufmg, Belo Horizonte (1989), p. 96-120.

MOURA, Caetano Lopes de (tradutor). *Mês de Maria ou Nova Imitação da Santíssima Virgem.* J.P. Aillaud, Guilhard e Cia., 1870.

NOGUEIRA, E. D. O Padroado de Portugal no Ultramar. In: *Lumen* 16 (1952), p. 211-221; 17 (1952), p. 280-290.

OLIVEIRA, Pedro A. Ribeiro de. *Religião e Dominação de Classe.* Gênese, estrutura e função do Catolicismo Romanizado no Brasil. Petrópolis: Vozes, 1985.

_____. Catolicismo Popular e Romanização do Catolicismo Brasileiro. In: *REB*, v. 36, fasc. 141, (1976), p. 131-141.

ORCAJO, A.; FLORES M. P. *San Vicente de Paul II* – Espiritualidad u selección de escritos. Madrid: BAC, 1984.

PASCAL, B. *Pensamentos.* Trad. Sérgio Milliet, Introdução e notas: Ch. M. Granges, Col. Os Pensadores, Abril-Cultural, São Paulo, SP, 1979, p. 1-39, 137-172, 235-247, 149-164, 264-276.

PLOUGERON, Bernard. Como explicar as pretensões do Jansenismo à catolicidade. Trad. Maria M. Endlich Orth. In: *Concilium 2271*, 1997/3, Petrópolis: Vozes, p. 95-103.

PIRES, Heliodoro. Galicanismo e Jansenismo em França e no Brasil. In: *Revista de Cultura*. Petrópolis, RJ: Vozes, Nov/Dez/, 1953, p. 297-606.

_____. *A Paisagem Espiritual do Brasil no Século XVIII*. São Paulo: São Paulo, 1937.

_____. A Teologia na Biblioteca Nacional e na História Brasileira. In: *REB*, v. 9, Fasc. 2, (1949), p. 333-345.

_____. Uma Teologia Jansenista no Brasil. In: *REB*, v. 8, fasc. 2, (1948), p. 327-340.

_____. Professores de Teologia no Brasil Colonial. In: *REB*, v.10, fasc. 2, (1950), p. 303-313.

_____. Os Construtores da História Eclesiástica no Brasil. In: *REB*, v.3, fasc. 1, (1943), p. 79-95.

PIERRARD, Pierre. *História da Igreja*. São Paulo: São Paulo,1982, p. 198-201.

PIMENTA, Silvério Gomes (Padre). *Vida de Dom Antônio Ferreira Viçoso – bispo de Mariana, conde da Conceição*. 3. ed. Revisada pelo autor, Typ. Archiepiscopal, Marianna, 1920, p. 364.

PIO IX. Qui Pluribus (Erros da época). In: *Documentos de Gregório XVI e de Pio IX (1831-1878)*, São Paulo 1999, p. 81-99.

_____. In: *Suprema Petri (A unidade da Igreja)*. In: *Documentos de Gregório XVI e de Pio IX (1831-1878)*, São Paulo 1999, p. 108-120.

_____. Amantíssimi Redemptoris (Vida e empenho pastoral dos presbíteros). In: *Documentos de Gregório XVI e de Pio IX (1831-1878)*, São Paulo 1999, p. 202-211.

Pio IX. Cum nuper annua (A formação do Clero). In: *Documentos de Gregório XVI e de Pio IX (1831-1878)*, São Paulo 1999, p. 194-201.

_____. Quanta Cura (Condenação e proscrição dos graves erros do tempo presente). In: *Documentos de Gregório XVI e de Pio IX (1831-1878)*, São Paulo 1999, p. 248-259.

_____. Syllabus. In*: Documentos de Gregório XVI e de Pio IX (1831-1878)*, São Paulo 1999, p. 260-275.

Préclin E.; Jarry E. *Storia Della Chiesa* – dalle Origini ai Nostri Giorni,(v. XIX/II) *Le lotte politiche e dottrinali nei secoli XVII e XVIII(1648-1789)*,(v. XX) *Crisi Rivoluzionaria e liberali (1789-1846)* de Leflon J., (v.XXI) *Il Pontificato de Pio IX*, di Aubert R., (v.XX/1) *La Crisi Rivoluzionaria(1789-1815)* di Zaccaria G., (v. XXII) *La Chiesa alla fine del secolo XIX e al Principio del XX (1878-1922)* di Brusley E., Duroselle J.B. e altri, (v. XXII/2). *Restaurazione e Crisi Liberale (1815-1846)* di Nazelli A., Torino 1975.

Quantin, J.L. *Il Rigorismo Cristiano*, Milano, 2002.

Rahner, K. Y MUNSTER . Jansenismo . In: *Sacramentum Mundi, Enciclopedia teologica. Tomo cuarto.* Barcelona: Herder, 1973, Col 2-7.

Rahner, Karl; Vorgrimler, Herbert (dir.). Jansenismo. In: *Diccionario Teológico*. Barcelona: Herder, 1996, p. 355

Rogier, L.J.(dir.). *Nova História da Igreja.* Petrópolis: Vozes, 1971, v. III, 1971, p. 219-230.

Rubert, Arlindo (padre). Os Bispos do Brasil no Concílio Vaticano I (1869-1870). In: *REB*, v. 29, Fasc.1, (1969), p. 103-120.

S. Vincenzo Di Paoli, *Perfezione evangelica. Tutto il pensiero de S. Vincenzo di Paoli esposto con le sue parole*, Roma, 1990.

S. Vincenzo Di Paoli, *Conferenze spirituali alle Figlie della Carità*. A cura di A. Bugnini, Roma, 1989.

_____. *Pensiero*. A cura di A. Bugnini. Roma, 1989.

Sayes, José Antônio. *Antropologia del hombre caído*. El pecado original. Historia Salutis, Série monográfica de teologia dogmática, Biblioteca de Autores Cristianos (BAC), La Editorial Católica, SA., Madrid, 1991, p. 393.

Serrão, J.V. *História de Portugal*. O Despotismo iluminado (1750-1807), Lisboa 2000, v. VI.

_____. *História de Portugal*. A Instauração do Liberalismo (1807-1832), Lisboa 2000, v. VII.

Silva Neto, Belchior José da. *Dom Viçoso: Apóstolo de Minas*. Belo Horizonte: Imprensa Oficial, 1965.

Silveira, Ildefonso (Ofm). Plano Arrojado de Reorganização das Dioceses Brasileiras – *1819*. In: *REB*, v. 32, fasc.128, (1972), p. 894-904.

_____. A Portaria de Feijó para a Reforma dos Regulares. In: *REB*. v. 18, fasc. 2, (1958), p. 425-439.

Trindade, Raimundo (cônego). *Arquidiocese de Mariana. Subsídios para a sua História*. 2. ed., Belo Horizonte: Imprensa Oficial, 1953, 2 vol.

_____. *Breve História dos Seminários de Mariana*. Mariana: Arquiepiscopal, 1951.

Vasconcelos, Diogo de. *Resumo da História da Archidiocese de Mariana*. Typ. Archepiscopal, Mariana, 1919, p. 16.

Vainfas, R. *Trópico dos Pecados*. Moral, Sexualidade e Inquisição no Brasil. Rio de Janeiro, 1989.

VILLOSLADA, Ricardo Garcia (Pe.). El Jansenismo e el partido jansenista. In: *Historia de la Iglesia Catolica, IV Edad Moderna, La época del absolutismo monárquico (1648-1814)*, Madrid, Biblioteca de Autores Cristianos, (BAC), 1980, p. 297-408.

_____. El Jansenismo. In: *Historia de la Iglesia Catolica.* Biblioteca de autores Cristianos (BAC), Madrid, ES, 2. ed., v. IV, p. 184-260.

VIDAL, Marciano. *Dicionário de Moral – Dicionário de Ética Teológica.* Trad. A. Maia da Rocha e J. Sameiro. Editora Santuário, Aparecida, SP, Brasil e Editorial Perpétuo Socorro (EPS) Porto, Portugal.

_____. *La Morale de Sant'Alfonso. Dal Rigorismo alla Benignità*, Roma 1992.

VILANOVA, E. *Historia dela Teologia Cristiana*, tomo III, siglos XVIII XIX Y XX, Barcelona, 1992.

ZAGHENI, Guido. José Maria de Almeida (trad.) *Curso de História da Igreja.* São Paulo: Paulus, 1999, p. 288-326. v. 3.

ZICO, José (Padre CM.). Os Lazaristas do Caraça. In: *REB*, v. 41, fasc. 163, (1987), p. 4485-4509.